DIX JOURNÉES QUI ONT FAIT LE QUÉBEC

est le mille seizième ouvrage

publié chez

VLB ÉDITEUR.

Directeur littéraire : Alain-Nicolas Renaud
Direction artistique et infographie : Gianni Caccia

Catalogage avant publication de Bibliothèque et Archives nationales du Québec
et de Bibliothèque et Archives Canada
Vedette principale au titre :
    Dix journées qui ont fait le Québec.
    ISBN 978-2-89649-455-2
    1. Québec (Province) – Histoire. I. Graveline, Pierre, 1952-   .
    FC2911.D59 2013   971.4   C2013-942009-6

VLB ÉDITEUR
Groupe Ville-Marie Littérature inc.*
Une société de Québecor Média
1010, rue de La Gauchetière Est
Montréal (Québec) H2L 2N5
Tél. : 514 523-7993, poste 4201
Téléc. : 514 282-7530
Courriel : vml@groupevml.com
Vice-président à l'édition : Martin Balthazar

DISTRIBUTEUR :
Les Messageries ADP inc.*
2315, rue de la Province
Longueuil (Québec) J4G 1G4
Tél. : 450 640-1234
Téléc. : 450 674-6237
* filiale du Groupe Sogides inc.,
   filiale de Québecor Média inc.

VLB ÉDITEUR bénéficie du soutien de la Société de développement des entreprises culturelles du Québec (SODEC)
pour son programme d'édition.
Gouvernement du Québec – Programme de crédit d'impôt pour l'édition de livres – Gestion SODEC.
Nous reconnaissons l'aide financière du gouvernement du Canada par l'entremise du Fonds du livre du Canada
pour nos activités d'édition.
Nous remercions le Conseil des arts du Canada de l'aide accordée à notre programme de publication.

Fondation
Lionel-Groulx

Dépôt légal : 4e trimestre 2013

DIX JOURNÉES QUI ONT FAIT LE QUÉBEC

DIX JOURNÉES
QUI ONT FAIT LE QUÉBEC

SOUS LA DIRECTION DE PIERRE GRAVELINE

avec la collaboration de Myriam D'Arcy

Jacques Lacoursière ▪ Jean-Claude Germain

Denys Delâge ▪ Denis Vaugeois ▪ Gilles Laporte

Eugénie Brouillet ▪ Béatrice Richard

Marie Lavigne ▪ Éric Bédard

Mathieu Bock-Côté

vlb éditeur

« Un peuple ne se sépare pas de son passé,
pas plus qu'un fleuve ne se sépare de sa source,
la sève d'un arbre, de son terroir. »

LIONEL GROULX

L'histoire du Québec : notre grande aventure

Dans la vie des nations comme dans celle des individus, il y a des journées qui ne sont vraiment pas comme les autres, des journées qui traversent le temps, des journées qui font l'histoire.

De la fondation de Québec le 3 juillet 1608 au référendum sur l'indépendance du 30 octobre 1995, en passant par la fondation de Montréal, la conclusion de la Grande Paix entre les Français et les Amérindiens, la signature du traité de Paris, l'Assemblée des Six Comtés des Patriotes, l'adoption de l'Acte de l'Amérique du Nord britannique, l'émeute à Québec contre la conscription, la proclamation du droit de vote des femmes et l'élection de Jean Lesage qui sonne le début de la Révolution tranquille, cet ouvrage captivant retrace dix de ces journées extraordinaires qui ont engagé l'avenir de la nation québécoise, et qui ont fait de cette nation ce qu'elle est aujourd'hui.

Comprenons-nous bien : ces journées ne sont pas les seules à avoir marqué l'histoire du Québec. Sur le plan politique, on peut aussi penser au 10 février 1841, jour de la proclamation de l'Acte d'Union de 1840, qui, au lendemain de l'écrasement de l'insurrection des Patriotes, représente une véritable deuxième conquête, politique celle-ci, qui marque la mise en minorité de notre nation ; au 16 octobre 1970, jour de l'imposition au Québec de l'odieuse Loi sur les mesures de guerre par le gouvernement de Pierre Elliott Trudeau ; ou encore au 17 avril 1982, date de la proclamation de la nouvelle constitution canadienne au mépris de l'opposition unanime de l'Assemblée nationale du Québec. Mais les dix journées ici retenues sont sans conteste des journées marquantes, décisives, mémorables, qui permettent à la lectrice, au lecteur, de découvrir sous un éclairage inédit certains des plus grands événements de l'histoire du Québec.

Ces dix journées nous sont racontées par autant d'auteurs qui se penchent chacun à leur façon sur notre passé et posent sur celui-ci un regard original : regards d'historiens pour Éric Bédard, Jacques Lacoursière, Gilles Laporte, Marie Lavigne, Béatrice Richard et Denis Vaugeois ; regard de conteur et de vulgarisateur pour Jean-Claude Germain ; regard de juriste constitutionnaliste pour Eugénie Brouillet ; regards de sociologues de l'histoire pour Mathieu Bock-Côté et Denys Delâge – des regards différents, donc, mais toujours documentés et passionnants.

Les auteurs ont d'abord été des conférenciers qui ont exposé le fruit de leurs recherches et de leurs réflexions sur notre histoire dans le cadre d'une série de grandes conférences initiée par la Fondation Lionel-Groulx et présentée de 2011 à 2013, chaque fois devant une salle comble, à l'Auditorium de la Grande Bibliothèque de Montréal en partenariat avec Bibliothèque et Archives nationales du Québec. Ces conférences ont aussi fait l'objet d'une diffusion télévisuelle sur les ondes de MAtv, autre partenaire de ce grand projet.

Ces *Dix journées qui ont fait le Québec* constituent donc la mémoire et le prolongement d'un cycle de conférences dont le remarquable succès témoigne sans équivoque de l'intérêt que portent les Québécoises et les Québécois à leur histoire nationale.

La publication du présent ouvrage s'inscrit dans un ensemble d'actions menées par la Fondation Lionel-Groulx – seule fondation à se consacrer à cette mission – pour promouvoir la connaissance de l'histoire du Québec.

À nos yeux, la connaissance de l'histoire – culturelle, économique et sociale bien sûr, mais aussi et tout autant politique – est une condition incontournable de la vitalité démocratique d'une nation. Sans une connaissance adéquate de notre histoire nationale, de ses événements majeurs et de ses figures marquantes, comment les jeunes générations de Québécoises et de Québécois pourraient-elles exercer leurs droits et s'acquitter de leurs devoirs de citoyens en connaissance de cause ? Comment les enfants des nouveaux arrivants pourraient-ils s'intégrer, pleinement, à leur société d'accueil ? Et comment pourrions-nous tous échapper à « la dictature du présent » et projeter le Québec dans l'avenir en s'inspirant des leçons de son passé ?

L'histoire du Québec, c'est l'histoire d'une nation d'origine française, enracinée depuis quatre siècles en Amérique du Nord. C'est l'histoire de femmes et d'hommes courageux qui, en particulier depuis la Conquête, n'ont jamais cessé de lutter pour leur langue, leur culture, leur liberté. Certains voudraient effacer cette histoire de notre mémoire. Nous croyons au contraire qu'il est essentiel de la transmettre. Bien sûr, il faut le faire de façon non partisane, en exposant les diverses interprétations historiques et en encourageant le développement de la pensée critique. Il faut le faire avec intelligence, mais il faut absolument le faire.

L'histoire du Québec, nous l'affirmons avec conviction, est une histoire remarquable à bien des égards, qui mérite d'être enseignée et racontée à notre jeunesse et à tous ceux et celles qui sont venus d'ailleurs pour l'écrire avec nous. Parce que l'histoire du Québec, c'est notre histoire, notre héritage commun, notre grande aventure.

PIERRE GRAVELINE
Directeur général de la Fondation Lionel-Groulx

I

3 juillet 1608

La fondation de Québec : les Français s'installent en Amérique du Nord

par JACQUES LACOURSIÈRE, *historien*

Depuis le 3 juillet 1608, il y a toujours eu une présence francophone en Amérique du Nord. Le petit poste de traite des débuts deviendra la capitale de la Nouvelle-France, puis celle du Canada-Uni, et enfin, celle de la province de Québec. Samuel de Champlain avait visité Québec dès le 22 juin 1603. Il était alors accompagné de François Gravé Du Pont, le capitaine du navire à bord duquel le futur « père de la Nouvelle-France » avait fait la traversée.

Gravé Du Pont est un personnage important tant à la fin du XVIe siècle qu'au début du XVIIe. Ses activités de traite l'ont mené jusqu'à Trois-Rivières dès 1599, et il sera présent à la capitulation de Québec, après le deuxième siège des frères Kirke, en 1629. Pour Marcel Trudel, « son amitié indéfectible pour Champlain, les services personnels qu'il a rendus aux Récollets, l'aide qu'il a parfois apportée à l'exploration alors qu'il n'était chargé que de la traite, sa popularité auprès des Sauvages, font de Gravé un personnage fort sympathique[1] ». L'historien Denis Vaugeois considère même qu'il mériterait, bien plus que Pierre Du Gua de Monts, le titre de cofondateur de Québec. C'est sans doute Gravé Du Pont qui est à l'origine de l'apparition des toponymes « Québec » et « Trois-Rivières » sur la carte de l'océan Atlantique dessinée en 1601 par Guillaume Levasseur.

En 1603, Champlain visite la vallée du Saint-Laurent à l'invitation d'Aymar de Chaste, le titulaire du monopole de commerce. Gravé Du Pont ramenait de France deux Montagnais (Innus) que Pierre de Chauvin de Tonnetuit avait embarqués avec lui l'année précédente pour les présenter au roi. Champlain raconte qu'après les réjouissances d'usage chez plusieurs nations indiennes, un des deux Montagnais avait pris la parole pour raconter la réception qu'on avait faite à son compagnon et à lui à Paris, et « le bon traitement » qu'on leur avait réservé. Le même aurait aussi souligné que « sadite Majesté leur voulait du bien et désirait peupler leur terre et faire paix avec leurs ennemis (qui sont les Iroquois) ou leur envoyer des forces pour les vaincre ». Puis ce fut au tour d'Anadabijou, le chef des Montagnais de la région, de prendre la parole. Toujours selon Champlain, il « dit qu'il était fort aise que sadite Majesté peuplât leur terre et fît la guerre à leurs ennemis, qu'il n'y avait nation au monde à qui ils voulaient plus de bien qu'aux Français[2] ». Analysant les propos d'Anadabijou, l'historien Alain Beaulieu parle d'un « pacte ». La question est importante, puisque l'on peut se demander si la fondation de Québec fait partie de ce prétendu pacte et donc si la ville se situe sur un territoire revendiqué par les Montagnais. Pour Beaulieu, la chose est claire : « La rencontre diplomatique de 1603, écrit-il, constitue un événement historique de grande importance, qui contribue à jeter les bases d'un réseau d'alliances franco-amérindien. Cette rencontre ouvre aussi la voie à un établissement d'une colonie française en Amérique du Nord et elle établit les fondements de la politique indienne de la France dans cette région, une politique où les Français aspirent à jouer le rôle d'arbitre parmi les nations autochtones. Ce rôle leur sera finalement reconnu en 1701, lors de la Grande Paix de Montréal[3]. »

Pour l'historienne Olive Patricia Dickason, il ne fait pas de doute non plus qu'il s'agit bien d'un pacte : « À l'époque, Champlain se joint aux célébrations de la victoire à l'invi-

« Champlain était attiré par la vallée du Saint-Laurent à cause de son grand fleuve et de l'abondance des fourrures ».

L'arrivée de Champlain à Québec en 1608, par G. A. Reid (1909). BAC

tation du chef montagnais Anadabijou et conclut avec lui et les siens un pacte d'amitié en vertu duquel les Français peuvent s'établir en pays montagnais, mais sans qu'il soit question d'un droit de propriété[4]. »

Dans *Des Sauvages*, l'ouvrage où il raconte son voyage, Champlain décrit ainsi le site de Québec : « Nous vînmes mouiller l'ancre à Québec, qui est un détroit de ladite rivière de Canada [l'ancien nom du fleuve Saint-Laurent], qui a quelque trois cents pas de large ; il y a à ce détroit du côté du nord une montagne assez haute qui va en abaissant des deux côtés ; tout le reste est pays uni et beau, où il y a de bonnes terres pleines d'arbres, comme chênes, cyprès, boulles [des bouleaux], sapins et trembles, et autres arbres fruitiers sauvages et vignes ; ce qui fait qu'à mon opinion si elles étaient cultivées, elles seraient bonnes comme les nôtres. Il y a le long de la côte dudit Québec des diamants dans des rochers d'ardoise qui sont meilleurs que ceux d'Alençon[5]. » Soulignons que, lorsque Champlain parle de diamants, il désigne en fait des cristaux de roche (c'était aussi la nature des « diamants d'Alençon »).

Champlain et Gravé Du Pont sont de retour en France le 20 septembre de l'année 1603. Ils apprennent alors qu'Aymar de Chaste est décédé depuis quelques mois. Du Gua de Monts héritera de son monopole au début du mois de novembre, avec le titre de lieutenant général. Sa commission précise que sont concernés les « côtes, terres et confins de l'Acadie, du Canada et autres lieux en Nouvelle-France[6] ». Il est aussi soumis à l'obligation d'établir dans sa colonie soixante nouveaux colons chaque année. Pour financer le projet d'établissement, Du Gua De Monts met sur pied une compagnie commerciale qui regroupe des actionnaires de plusieurs ports de France. Comme il garde un mauvais souvenir de son voyage à Tadoussac en 1600, il songe à fonder un établissement plus accueillant, plus facilement défendable et situé sur les côtes de l'océan Atlantique.

Quant à Champlain, il favorise plutôt un endroit sur le fleuve, peut-être Québec. Dans son imposant ouvrage *Le rêve de Champlain*, David Hackett Fischer écrit à ce sujet : « Champlain était attiré par la vallée du Saint-Laurent à cause de son grand fleuve et de l'abondance des fourrures. En remontant le fleuve, plaidait-il, on se rapprocherait du Sud avec son climat plus chaud et ses terres plus fertiles. Et si l'on se fiait aux témoignages des Indiens concernant les grandes masses d'eau à l'ouest, on trouverait peut-être de ce côté un passage vers la Chine[7]. » Tout comme Jacques Cartier avant lui, et bien d'autres après lui, Samuel de Champlain rêvait de trouver le chemin qui conduirait au Japon et à la Chine. En 2008, l'historien Gilbert Pilleul, alors secrétaire général de la Commission franco-québécoise sur les lieux de mémoire communs, écrivait dans *Québecensia*, le journal de la Société historique de Québec : « La Nouvelle-France est née le 3 juillet 1608. Samuel de Champlain, qui vient d'arriver à Québec, étape ultime de sa troisième traversée de l'Atlantique, retrouve le lieu où Jacques Cartier avait hiverné. Le site est agréable et,

Castor du Canada, lithographie française de 1819.
BAC

Carte geographique de la Nouelle Franse en son vray meridien, par Samuel de Champlain (1613).
BAC

jugeant cette pointe de Québec d'un grand intérêt stratégique, il ordonne immédiatement d'y bâtir une "habitation". Premier habitat permanent en Amérique du Nord, Québec, d'abord modeste habitation, devient rapidement la capitale de la Nouvelle-France, plus tard celle de la province, et demeure aujourd'hui le centre majeur – avec Montréal – de l'Amérique française (ou francophone)[8]. »

Du Gua De Monts était le chef, et c'est son choix qui triomphe : l'Acadie sera donc le lieu de l'établissement. Selon Marcel Trudel, la décision était la bonne. « Quand les Français reviennent en Amérique du Nord en 1604, écrit-il dans le deuxième tome de son *Histoire de la Nouvelle-France*, c'est du côté de l'Acadie qu'ils se tournent pour chercher un lieu qui réunisse les conditions idéales de colonisation : proximité de la mer, voisinage d'indigènes dociles, abondance de mines, fertilité du sol et cours d'eau qui puissent mener vers l'Asie[9]. »

Conformément au souhait d'Henri IV, le nouvel établissement ne devra accepter que « la religion catholique, apostolique et romaine, en permettant à chacun de pratiquer sa propre religion[10] ». Même si Champlain avait repéré un endroit qui lui semblait plus agréable, De Monts choisit l'île Sainte-Croix comme emplacement « temporaire ».

L'endroit est facile à défendre, et Champlain est tout de même séduit par le site, un « lieu que nous jugeâmes le meilleur tant pour la situation, bon pays, que pour la communication que nous prétendions avec les sauvages de ces côtes et du dedans des terres », écrit-il[11]. Rapidement, on construit une habitation et l'on se prépare à affronter l'hiver. Craignant une attaque, De Monts fait installer des canons. Dès le début du mois d'octobre, la neige commence à tomber. Le scorbut fait son apparition et, sur les 79 Français – tous des hommes – présents sur l'île Sainte-Croix, 35 meurent du « mal de terre », et 20 autres échappent de peu à la mort. Le lieu apparaît de plus en plus insalubre.

Décision est donc prise de déplacer l'établissement dans un lieu qui sera beaucoup plus agréable, Port-Royal, que Samuel de Champlain avait déjà visité et décrit ainsi : « L'un des beaux ports que j'eusse vu en toutes ces côtes, où il pourrait avoir deux mille vaisseaux en sûreté[12]. » Le déménagement a lieu à la fin du mois d'août 1605 : la charpente des maisons est transportée à Port-Royal. De Monts décide de retourner en France, laissant le commandement du lieu à Gravé Du Pont. Quant à Champlain, il demeure dans la région pour « faire de nouvelles découvertes vers la Floride ».

L'hiver 1605-1606 est à peine moins désastreux que le précédent : encore 12 décès liés au scorbut sont à déplorer parmi les 45 Français présents à Port-Royal. Mais la colonie s'agrandit tout de même avec l'arrivée de la cinquantaine de recrues qui accompagnent Jean de Biencourt de Poutrincourt, qui avait obtenu de De Monts la concession du nouvel établissement. Poutrincourt avait alors le titre de lieutenant-gouverneur de l'Acadie. Parmi les arrivants, on compte Marc Lescarbot, avocat et poète parisien, et l'apothicaire Louis Hébert. Une nouvelle vie commence pour Port-Royal. « Le sieur de Poutrincourt, affectionné à cette entreprise comme pour soi-même, écrit Lescarbot, mit une partie de ses gens en besogne au labourage et à la culture de la terre, tandis que les autres s'occupaient à nettoyer les chambres et chacun à appareiller ce qui était de son métier[13]. »

Les hivers en Nouvelle-France se suivent mais ne se ressemblent pas. Ainsi, celui de 1606-1607 fut, à Port-Royal, l'un des plus joyeux. Le scorbut fit peu de victimes, et Champlain avait mis sur pied l'Ordre de Bon-Temps, que l'on peut considérer comme le premier club gastronomique en Amérique du Nord. Lescarbot avait fait appel à son talent de poète pour présenter les onze menus en vers. Mais cette confrérie de bons vivants aura la vie courte, puisque Du Gua De Monts verra son monopole annulé précocement. Le 24 mai 1607, les habitants de Port-Royal apprennent la nouvelle, qui signifie pour eux un retour en France. Nombreux étaient les marchands qui n'acceptaient pas que le commerce des fourrures ne soit pas libre, et certains des bailleurs de fonds de De Monts avaient quitté sa compagnie, ce qui explique que celle-ci se soit trouvée acculée à la faillite. Au cours des mois de juillet et d'août, les Français quittent donc un lieu qu'ils en étaient venus à considérer comme un paradis.

L'hiver 1605-1606 est à peine moins désastreux que le précédent : encore 12 décès liés au scorbut sont à déplorer parmi les 45 Français présents à Port-Royal.

L'astrolabe dit de Champlain, daté de 1603 et dont la provenance est sujette à caution, est conservé au Musée canadien des civilisations.

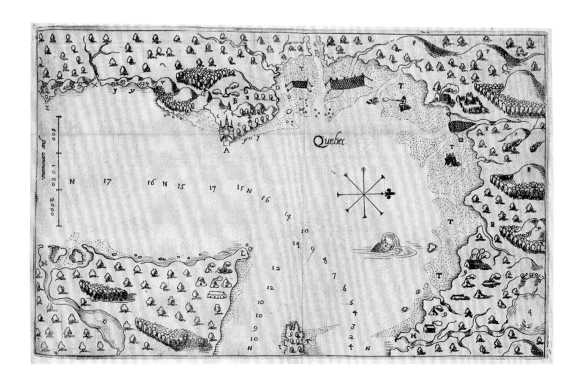

Carte des environs de Québec figurant dans *Les voyages du sieur de Champlain* (1613).
BAC

Mais De Monts ne lâche pas prise. Il a certes perdu le monopole de la traite des fourrures, mais il tient à continuer à assurer une présence française en Amérique du Nord. Il réussit à convaincre Henri IV de lui accorder à nouveau un monopole, mais pour une année seulement. Comme il veut demeurer en France pour surveiller ses affaires, il nomme Samuel de Champlain son « lieutenant » et le charge de voir à l'établissement d'un poste de traite à Québec. Le 7 janvier 1608, le roi signe les lettres rétablissant le monopole de De Monts. Le texte précise les buts visés : « Sur l'avis qui nous a été donné par ceux qui sont venus de la Nouvelle-France de la bonté et fertilité des terres dudit pays et que les peuples de celui-ci sont disposés à recevoir la connaissance de Dieu, nous avons résolu de faire continuer l'habitation qui avait été ci-devant commencée audit pays, afin que nos sujets y puissent aller librement trafiquer. Et sur l'offre que le sieur de Mons, gentilhomme ordinaire de notre chambre et notre lieutenant général audit pays, nous aurait proposé de faire ladite habitation, en lui donnant quelque moyen et commodité d'en supporter la dépense, nous avons eu agréable de lui permettre et assurer qu'il ne serait permis à aucun de nos sujets qu'à lui de trafiquer de pelleteries et autres marchandises durant le temps d'un an seulement ès terres, pays, ports, rivières et avenues de l'étendue de sa charge, ce que nous voulons avoir lieu[14]. » Le roi permet aussi à De Monts d'arrêter ou de faire arrêter les contrebandiers, de saisir leurs navires, etc.

Samuel de Champlain et sans doute François Gravé Du Pont font valoir à Du Gua De Monts plusieurs raisons qui militent en faveur d'un établissement à Québec plutôt qu'en Acadie. Marcel Trudel résume ainsi ces raisons : « On serait mieux à l'abri de la concurrence européenne et le pays serait plus facile à défendre ; on profiterait de la ligue des indigènes, alliés à d'autres nations qui vivent sur les bords d'une mer intérieure ; la traite promettait d'y être plus fructueuse qu'en Acadie et c'est le Saint-Laurent qui offrait la plus grande possibilité de conduire en Asie[15]. » De plus, selon Champlain, la plus forte présence d'indiens facilitera leur conversion au catholicisme (pourtant, aucun prêtre ne sera du premier voyage). Par ailleurs, la France et l'Angleterre sont rivales en Amérique du Nord. Or la fondation de Jamestown, en 1607, facilite la formation d'un groupe de colonies anglaises dans la partie sud de l'Amérique. La Hollande est aussi à craindre. Certes, le poste de Québec, à cause de l'hiver et du gel des eaux du fleuve Saint-Laurent, est isolé et quasi inaccessible six mois par année. Mais selon Champlain, l'Acadie serait décidément plus difficile à défendre.

À partir de la mi-février 1608, De Monts commence donc à engager des hommes prêts à se rendre à Québec pour travailler à l'établissement d'une habitation en Nouvelle-France, dans la partie qu'on appelle alors Canada, soit la vallée du Saint-Laurent. Leur engagement est d'une durée de deux ans. Le contrat précise que les signataires s'engagent à servir le sieur De Monts et qu'ils devront faire ce que lui ou ses remplaçants leur commanderont. Le contrat fixe aussi le salaire de chacun selon son métier. Les engagés seront nourris pour la durée de leur engagement. Comme l'écrit David Hackett Fischer, « plusieurs jeunes gens seraient du voyage, et deux d'entre eux allaient jouer un rôle important dans l'histoire de la Nouvelle-France : Étienne Brûlé et Nicolas Marsolet[16] ». Pour Champlain, il était important que de jeunes Français aillent vivre chez les indigènes pour apprendre leur langue, afin de ne pas être à la merci de traducteurs amérindiens qui déformaient parfois les propos tenus.

Champlain, désormais lieutenant de De Monts en Nouvelle-France, et Gravé Du Pont quittent le port de Honfleur en direction de Québec au mois d'avril 1608. Le premier fait probablement la traversée à bord du *Don de Dieu*, et le second commande *Le Lièvre*. Les deux hommes ont des tâches bien précises : Champlain doit établir un poste à Québec, alors que Gravé Du Pont fera la traite des fourrures à Tadoussac et devra ramener en France peaux et poissons pour financer le coût de l'établissement. Il arrive le premier à Tadoussac, où il trouve un navire basque qui fait la traite des fourrures, malgré l'interdiction royale. Entre Français et Basques, la situation se détériore. Champlain raconte ainsi ce qui s'est passé à son arrivée :

Le premier fait probablement la traversée à bord du *Don de Dieu,* et le second commande *Le Lièvre.* Les deux hommes ont des tâches bien précises : Champlain doit établir un poste à Québec, alors que Gravé Du Pont fera la traite des fourrures à Tadoussac [...].

La réplique du *Don de Dieu*, navire de Champlain, construite pour le tricentenaire de Québec en 1908.

Notre vaisseau ne put entrer dans le port pour n'avoir pas le vent et la marée propres. Je fis aussitôt mettre notre bateau hors du vaisseau pour aller au port voir si Pont-Gravé était arrivé. Comme j'étais en chemin, je rencontrai une chaloupe et le pilote de Pont-Gravé et un Basque, qui me venaient avertir de ce qui leur était survenu pour avoir voulu faire quelques défenses aux vaisseaux basques de ne traiter suivant la commission que le sieur de Mons avait obtenue de Sa Majesté, qu'aucun vaisseau ne pourrait traiter sans la permission du sieur de Mons, comme il était porté par celle-ci, et que nonobstant les significations que put faire Pont-Gravé de la part de Sa Majesté, ils ne laissaient pas de traiter la force à la main, et qu'ils s'étaient mis en armes et se maintenaient si bien dans leur vaisseau que, faisant jouer tous leurs canons sur celui de Pont-Gravé et tirant force coups de mousquets il fut fort blessé et trois des siens, dont il y en eut un qui mourut, sans que Pont-Gravé fît aucune résistance car, dès la première salve de mousquets qu'ils tirèrent il fut abattu par terre. Les Basques vinrent à bord du vaisseau et enlevèrent tout, le canon et les armes qui étaient dedans, disant qu'ils traiteraient nonobstant les défenses du Roi, et quand ils seraient prêts de partir pour aller en France, ils lui rendraient son canon et ses munitions, et que ce qu'ils en faisaient était pour être en sûreté. Entendant toutes ces nouvelles, cela me fâcha fort pour le commencement d'une affaire dont nous nous fussions bien passés[17].

L'attaque d'un campement agnier par les Français et leurs alliés, dans Les voyages du sieur de Champlain (1613).
BAC

Champlain se rend ensuite à terre rencontrer Gravé Du Pont, blessé. « Nous considérâmes, ajoute Champlain, que nous ne pouvions entrer audit port que par force et que l'habitation ne fût perdue pour cette année[18]. » C'est ensuite que le lieutenant de De Monts rend visite au maître du navire basque ; il est bien traité, mais il apprendra plus tard que quatre de ses hommes avaient été soudoyés par le Basque Darrerche.

Champlain emploie quelques jours à remonter la rivière Saguenay. Il apprend par des Indiens qu'en cinquante jours environ, on peut atteindre une mer salée qui conduit peut-être en Asie. Le 30 juin, il quitte Tadoussac pour Québec dans une barque, laissant le *Don de Dieu*, qui ne peut remonter le fleuve. Tout au long du voyage, il note les différents endroits qu'il voit sur la rive nord : l'île aux Lièvres, l'île aux Coudres, la rivière du Gouffre, le cap de Tourmente « où l'eau commence à être douce », puis l'île d'Orléans. Champlain est surtout intéressé par la chute Montmorency. Il la décrit ainsi : « Du côté nord, [l'île] est fort plaisante pour la quantité de bois et de prairies qu'il y a, mais il est fort dangereux d'y passer, à cause de la quantité de pointes et de rochers qui sont entre la grande terre et l'île, où il y a quantité de beaux chênes et noyers en quelques endroits et à l'embouchure des vignes et autres bois comme nous avons en France. Ce lieu est le commencement du beau et bon pays de la grande rivière. [...] Au bout de l'île, il y a un torrent d'eau du côté du nord qui vient d'un lac qui vient à quelque dix lieues dedans les terres et qui descend de dessus une côte qui a près de 25 toises de haut, au-dessus de laquelle la terre est unie et plaisante à voir, bien que dans le pays on voit de hautes montagnes qui paraissent être éloignées de 15 à 20 lieues[19]. » Samuel de Champlain arrive à Québec le 3 juillet 1608. Il faut bien sûr se demander qui a fondé Québec. Est-ce Champlain, Pierre Du Gua de Monts, ou les deux ensemble ? Et que sait-on au juste de ces personnages ?

Champlain est, bien entendu, le mieux connu des deux. On ignore la date de sa naissance, sinon qu'elle est comprise entre les années 1567 et 1580. Plusieurs historiens privilégient toutefois l'année 1570. Dans le premier tome du *Dictionnaire biographique du Canada*, Trudel écrit : « Il serait né vers 1570, peut-être en 1567, ou plus tard, vers 1580[20]. » Quant à Fischer, après une analyse détaillée des différentes hypothèses sur le sujet, il se prononce ainsi : « J'en conclus que Champlain est né vers 1570, plus ou moins quelques années[21]. » Mais ce n'est là qu'un élément de ce que l'on appelle « l'énigme Champlain ». Ainsi, était-il noble ? Fischer se demande même si le futur « père de la Nouvelle-France » ne serait pas l'un des enfants naturels du roi Henri IV. Il vaut la peine de le citer sur ce sujet :

Détail de l'*Étude pour L'arrivée de Samuel de Champlain à Québec*, par Marc-Aurèle de Foy Suzor-Coté (1908 ou 1909).
MNBAQ

On sait qu'Henri le Grand était généreux envers ses amis, mais les nombreuses gratifications dont Champlain et les siens profitèrent constituaient des actes d'une largesse extraordinaire. On se demande pourquoi. À quoi tenait cette relation particulière entre le grand roi, cette famille aux humbles origines et ce jeune homme de rang modeste ? […] Il se peut également que Champlain et le roi aient eu un lien privilégié. Longtemps, des historiens ont allégué que Samuel de Champlain était le fils illégitime de quelque grand personnage. […] Une rumeur selon laquelle Champlain était le fils du roi était même parvenue aux oreilles des Algonquins de la vallée du Saint-Laurent. L'un d'entre eux aurait affirmé que Champlain le lui avait dit de lui-même. Les Indiens se sont transmis cette croyance par la tradition orale pendant des siècles.

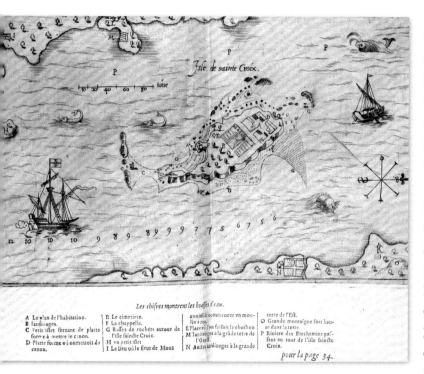

Carte des environs de l'île Sainte-Croix, dans *Les voyages du sieur de Champlain* (1613). BAC

Pour Fischer, si Champlain était le fils d'Henri IV, cela expliquerait bien des choses, notamment « la raison pour laquelle, en dépit des recherches de nombreux spécialistes, on n'a jamais trouvé de documents attestant sa naissance ou son baptême ». Et le plus récent biographe de Champlain conclut : « Sans Henri IV, il n'y aurait pas eu le Champlain que nous connaissons[22]. »

Examinons maintenant le rôle joué par Pierre Du Gua De Monts. Son biographe Guy Binot donne à son ouvrage le sous-titre suivant : *Gentilhomme Royannais. Premier Colonisateur du Canada. Lieutenant Général de la Nouvelle-France*. Pour ce spécialiste de l'histoire de la ville de Royan, il ne fait pas de doute que c'est Du Gua De Monts qui a fondé Québec. Le titre du chapitre XVII est clair : « Pierre Dugua fait fonder Québec par Champlain ». Champlain écrit d'ailleurs en parlant de De Monts : « Je le conseillai et lui donnai avis de s'aller loger dans le grand fleuve Saint-Laurent, duquel j'avais une bonne connaissance. Il s'y résolut. Or après que par plusieurs fois le sieur de Mons m'eut discouru de son intention touchant les découvertes, prit résolution de continuer une si généreuse et vertueuse entreprise, quelques peines et travaux qu'il y eut par le passé. Il m'honora de sa lieutenance pour le voyage[23]. » Du Gua De Monts n'est pas présent lors de la fondation de Québec. Il était déjà allé en Acadie et auparavant, il avait remonté le fleuve Saint-Laurent jusqu'à Tadoussac avec Chauvin et Gravé Du Pont et avait trouvé l'hiver trop rigoureux. En 2008, lors des célébrations marquant le 400e anniversaire de la fondation de Québec, Pierre Du Gua De Monts fut considéré comme le cofondateur de la ville. Dans son *Histoire de la Nouvelle-France*, Trudel déplore le fait que De Monts a été « injustement oublié ». « C'est lui, ajoute-t-il, qui, à ses frais, envoie Champlain construire l'Habitation de Québec et qui en assure le maintien jusqu'en 1612. » Et l'historien de conclure : « Sans De Monts, on peut présumer qu'il n'y eût pas eu de Champlain[24]. »

« La première chose que nous fîmes fut le magasin pour mettre nos vivres à couvert, ce qui fut promptement fait par la diligence de tout un chacun et le soin que j'en eus ».

L'habitation de Québec, telle qu'elle figure dans *Les voyages du sieur de Champlain* (1613). BAC

À son arrivée à Québec, la première démarche de Champlain est de choisir un endroit où construire une habitation. « Je n'en pus trouver de plus commode ni de mieux situé que la pointe de Québec, ainsi appelée des Sauvages, laquelle était remplie de noyers. Aussitôt, j'employai une partie de nos ouvriers à les abattre pour y faire notre habitation, l'autre à scier des ais, l'autre à fouiller la cave et faire des fossés, et l'autre à aller quérir nos commodités à Tadoussac avec la barque. La première chose que nous fîmes fut le magasin pour mettre nos vivres à couvert, ce qui fut promptement fait par la diligence de tout un chacun et le soin que j'en eus[25]. » Arrêtons-nous à la construction de l'habitation, telle que décrite par celui qui commandait la place. « Je fis continuer notre logement qui était de trois corps de logis à deux étages. Chacun contenait trois toises de long et deux et demie de large [une toise mesurait près de deux mètres] avec une belle cave de six pieds de haut. Tout autour de nos logements, je fis faire une galerie par-dehors au second étage, qui était fort commode, avec des fossés de 15 pieds de large et de six de profondeur et au dehors des fossés je fis plusieurs pointes d'éperon qui enfermaient une partie du logement, là où nous mîmes nos pièces de canon, et devant le bâtiment il y a une place de quatre toises de large et six ou sept de long, qui donne sur le bord de la rivière [le fleuve]. Autour du logement, il y a des jardins qui sont très bons et une place du côté du Septentrion qui a quelque cent ou cent vingt pas de long, 50 ou 60 de large[26]. »

Nature morte avec fuits, noix et fromage, de Floris van Dyck (1613).
Musée Frans Hals

Champlain devait se rappeler de son séjour à Port-Royal, alors qu'il créait l'Ordre de Bon-Temps. Il s'était alors rendu compte que, si on mangeait des aliments frais et non des légumes ou des viandes salées, on se portait mieux. C'est sans doute pour cette raison qu'il se dépêcha de faire des jardins. Il l'écrit d'ailleurs dans le livre second de ses œuvres : « Pendant que les charpentiers, scieurs d'ais et autres ouvriers travaillaient à notre logement, se souvient-il, je fis mettre tout le reste à défricher autour de l'habitation, afin de faire des jardinages pour y semer des grains et graines pour voir comment le tout succéderait d'autant que la terre paraissait fort bonne[27]. » Son dessin de l'habitation indique la présence de six jardins. Il fait semer du blé, puis du seigle, et fait transplanter des vignes sauvages locales, espérant pouvoir faire du vin. Quelques décennies plus tard, Pierre Boucher parlera bien du vin que l'on fabrique avec les raisins de ces vignes, un « gros vin, qui tache beaucoup[28] ».

> [Champlain] fait semer du blé, puis du seigle, et fait transplanter des vignes sauvages locales, espérant pouvoir faire du vin.

Peu après son arrivée à Québec, Champlain échappe à un complot contre sa vie. Laissons-le encore une fois décrire ce qui est arrivé. La citation est un peu longue, mais elle vaut la peine qu'on s'y arrête, car l'événement est peu connu et il aurait pu avoir des conséquences tragiques.

Il y eut un serrurier qui conspira contre le service du Roi, qui était, m'ayant fait mourir et s'étant rendu maître de notre fort, le mettre entre les mains des Basques ou Espagnols qui étaient pour lors à Tadoussac, où les vaisseaux ne peuvent passer plus outre pour n'avoir la connaissance du passage ni des bancs et des rochers qu'il y a en chemin. Pour exécuter son malheureux dessein, sur l'espérance de faire ainsi sa fortune, il suborna quatre de ceux qu'il croyait être des plus mauvais garçons, leur faisant entendre mille faussetés et espérances d'acquérir du bien. Après que ces quatre hommes furent gagnés, ils promirent chacun de faire en sorte que d'attirer le reste à leur dévotion, et que pour lors je n'avais personne avec moi avec qui j'eusse fiance, ce qui leur donnait encore plus d'espérance de faire réussir leur dessein, d'autant que quatre ou cinq de mes compagnons en qui ils savaient que je me fiais, étaient dedans les barques pour avoir égard à conserver les vivres et commodités qui nous étaient nécessaires pour notre habitation. Enfin, ils surent si bien faire leurs menées avec ceux qui restaient qu'ils devaient les attirer tous à leur dévotion, et même mon laquais leur promettant beaucoup de choses qu'ils n'eussent su accomplir. Étant donc tous d'accord, ils étaient de jour en jour en diverses résolutions comment ils me feraient mourir, pour l'en pouvoir être accusés, ce qu'ils tenaient difficile, mais le Diable leur bandant à tous les yeux et leur ôtant la raison et toute la difficulté qu'ils pouvaient avoir, ils arrêtèrent de me prendre au dépourvu d'armes et de m'étouffer ou de donner la nuit une fausse alarme et, comme je sortirais, de tirer sur moi et que par ce moyen ils auraient plutôt fait qu'autrement. Tous promirent les uns aux autres de ne pas se découvrir, sous peine que le premier qui en ouvrirait

Défaite des Iroquois au lac Champlain, dans *Les voyages du sieur de Champlain* (1613).
BAC

Fac-similés d'illustrations
des œuvres de Champlain,
fin du XIXe siècle.

Musée McCord

L'habitation de l'île Sainte-Croix,
dans *Les voyages du sieur de
Champlain* (1613).

BAC

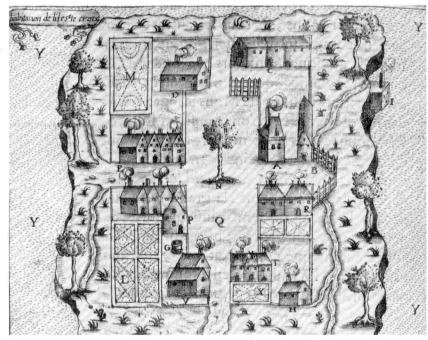

la bouche serait poignardé, et dans quatre jours, ils devaient exécuter leur entreprise, avant que nos barques fussent arrivées, car autrement ils n'eussent pu venir à bout de leur dessein. Ce même jour, arriva l'une de nos barques où était notre pilote appelé le capitaine Le Testu, homme fort discret. Après que la barque fut déchargée et prête à s'en retourner à Tadoussac, il vint à lui un serrurier appelé Noray, compagnon de Jean Duval, chef de la trahison, qui lui dit qu'il avait promis aux autres de faire tout ainsi qu'eux, mais qu'en effet il n'en désirait pas l'exécution et qu'il n'osait s'en déclarer, et ce qui l'en avait empêché était la crainte qu'il avait qu'ils ne le poignarderaient. Après qu'Antoine Noray eut fait promettre audit pilote de ne rien déclarer de ce qu'il dirait, d'autant que si ses compagnons le découvraient ils le feraient mourir, le pilote l'assura de toutes choses et qu'il lui déclarât le fait de l'entreprise qu'ils désiraient faire, ce que Noray fit tout au long, lequel pilote lui dit : « Mon ami, vous avez bien fait de découvrir un dessein si pernicieux, et vous montrez que vous êtes homme de bien et conduit du Saint-Esprit, mais ces choses ne peuvent passer sans que le sieur de Champlain le sache pour y remédier et je vous promets de faire tant envers lui qu'il vous pardonnera et à d'autres et, de ce pas, dit le pilote, je le vais trouver sans faire semblant de rien et, vous, allez faire votre besogne et entendez toujours ce qu'ils diront et ne vous souciez du reste. » Aussitôt le pilote me vint trouver en un jardin que je faisais accommoder et il me dit qu'il désirait me parler en un lieu secret où il n'y eut que nous deux. Je lui dis que je le voulais bien. Nous allâmes dans le bois où il me conta toute l'affaire. Je lui demandai qui lui avait dit. Il me pria de pardonner à celui qui lui avait déclaré, ce que je lui accordai, bien qu'il dût s'adresser à moi. « Il craignait, dit-il, que vous vous missiez en colère et que vous l'eussiez offensé. » Je lui dis que je savais mieux me gouverner que cela en de telles affaires et qu'il le fît venir pour l'ouïr parler. Il y fut et l'amena tout tremblant de crainte qu'il avait que je lui fisse quelque déplaisir. Je l'assurai et lui dis qu'il n'eût point de peur et qu'il était en lieu de sûreté et que je lui pardonnais tout ce qu'il avait fait avec les autres, pourvu qu'il dit entièrement la vérité de toutes choses, et le sujet qui les y avait mus. Rien, dit-il, sinon qu'ils s'étaient imaginé que rendant la place entre les mains des Basques ou Espagnols, ils seraient tous riches et qu'ils ne désiraient plus aller en France et me conta le surplus de leur entreprise. Après l'avoir entendu et interrogé, je lui dis qu'il s'en allât à ses affaires. Cependant, je commandai au pilote qu'il fît approcher sa chaloupe, ce qu'il fit, et après je donnai deux bouteilles à un jeune homme et qu'il dît à ces quatre galants principaux de l'entreprise que c'était du vin de présent que ses amis de Tadoussac lui avaient donné et qu'il leur en voulait faire part, ce qu'ils ne refusèrent et furent sur le soir en la barque, où il leur devait donner la collation. Je ne tardai pas beaucoup après y aller et je les fis prendre et arrêter attendant le lendemain. Voilà donc mes galants bien étonnés. Aussitôt, je fis lever un chacun (car il était sur les dix heures du soir) et leur pardonné à tous, pourvu qu'ils me disent la vérité de tout ce qui s'était passé, ce qu'ils firent et après je les fis retirer. Le lendemain, je pris toutes leurs dépositions les unes après les autres devant le pilote et les mariniers du vaisseau, lesquelles je fis coucher par écrit, et ils furent fort aises à ce qu'ils dirent, d'autant qu'ils ne vivaient qu'en crainte,

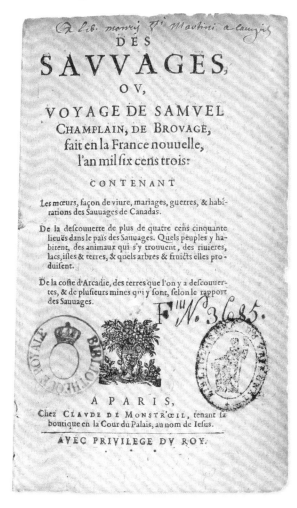

La page titre de *Des Sauvages ou Voyage de Samuel Champlain* (1603), récit du premier voyage de Champlain au Québec.
BNF

pour la peur qu'ils avaient les uns des autres, et principalement de ces quatre coquins qui les avaient séduits, et depuis ils vécurent en paix, se contentant du traitement qu'ils avaient reçu, comme ils déposèrent. Ce jour, je fis faire six paires de menottes pour les auteurs de la sédition, une pour notre chirurgien appelé Bonnerme, une autre pour un autre appelé La Taille, que les quatre séditieux avaient chargés, ce qui se trouva néanmoins faux, ce qui fut occasion de leur donner la liberté. Ces choses étant faites, j'emmenai mes galants à Tadoussac et priai Pont-Gravé de me faire ce bien de les garder, d'autant que je n'avais encore de lieu de sûreté pour les mettre et que nous étions empêchés à édifier nos logements, et aussi pour prendre résolution de lui et d'autres du vaisseau de ce que nous aurions à faire là-dessus. Nous avisâmes qu'après qu'il aurait fait ses affaires à Tadoussac, il s'en viendrait à Québec avec les prisonniers où nous les ferions confesser devant leurs témoins. Et, après les avoir ouis, ordonner que la justice en fut faite selon le délit qu'ils auraient commis. Je m'en retournai le lendemain à Québec pour faire diligence de parachever notre magasin pour retirer nos vivres qui avaient été abandonnés à tous ces bélîtres qui n'épargnaient rien, sans considérer où ils en pourraient trouver d'autres quand ceux-là manqueraient, car je ne pouvais donner remède avant que le magasin ne fût fait et fermé[29].

Champlain amène donc les séditieux à confesser leur projet d'assassinat. Certains maudissent Jean Duval, qui a agi comme leur chef. Revenons au texte de Champlain :

Ledit Duval ne sut que dire, sinon qu'il méritait la mort et que le contenu ès informations était véritable et qu'on eût pitié de lui et des autres qui avaient adhéré à ses pernicieuses volontés. Après que Pont-Gravé et moi, avec le capitaine du vaisseau, le chirurgien, maître, contremaître et autres mariniers, nous eûmes oui leurs dépositions et confrontations, nous avisâmes que ce serait assez de faire mourir ledit Duval, comme le motif de l'entreprise, et aussi pour servir d'exemple à ceux qui restaient de se comporter sagement à l'avenir en leur devoir, et afin que les Espagnols et Basques, qui étaient en quantité au pays, n'en fissent trophée, et les trois autres condamnés à être pendus, et cependant les ramener en France entre les mains du sieur de Mons, pour leur être fait plus ample justice, selon ce qu'il aviserait, avec toutes les informations et la sentence, tant dudit Jean Duval qui fut pendu et étranglé audit Québec et sa tête mise au bout d'une pique pour être placée au lieu le plus éminent de notre fort, que des trois autres renvoyés en France[30].

Gravé Du Pont quitta Tadoussac le 19 septembre suivant, ramenant en France les trois complices de Duval. Ils passèrent quelques mois emprisonnés avant d'obtenir la grâce royale.

Voilà comment est né Québec ! On pourrait se demander ce qui serait arrivé si Duval et les trois autres avaient réussi à assassiner Samuel de Champlain. Pierre Du Gua De Monts, qui finançait l'habitation et qui avait mis sa confiance en Champlain, aurait-il trouvé quelqu'un pour le remplacer ? La fondation de Québec aurait-elle été compromise ou, tout simplement, annulée ? Un proverbe chinois dit qu'un historien, c'est un prophète tourné vers le passé. Je laisserai donc à d'autres le plaisir de formuler des réponses sur ce qui serait advenu de Québec si Champlain était mort dans un attentat.

Nous avons vu qu'en 1603, le chef montagnais Anadabijou avait, disons, « autorisé » les Français à s'établir dans la vallée du Saint-Laurent. Vers la fin de l'été 1608, des

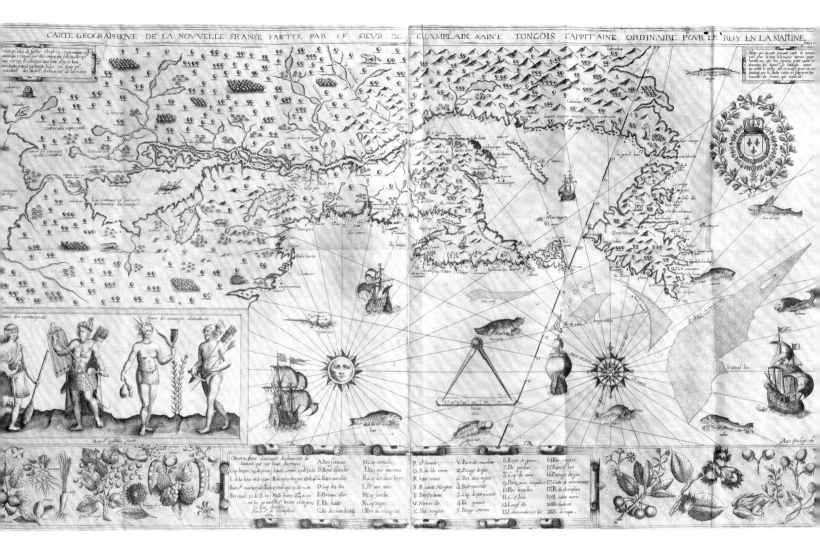

Carte geographique de la Nouvelle Franse, par Samuel de Champlain (1612).
BAC

Montagnais visitent l'installation ; des Algonquins viendront aussi. Fischer note que, « au cours de l'été et de l'automne 1608, Champlain et les Indiens du Saint-Laurent contractèrent [...] une alliance, mais avec des objectifs dissemblables. Accord qui allait peser longtemps sur le cours des choses[31] ».

La région de Québec séduit Champlain. « Pour ce qui est du pays, écrit-il, il est beau et plaisant, et apporte tous de grains et graines à maturité, y ayant de toutes les espèces d'arbres que nous avons en nos forêts par deçà, et quantité de fruits, bien qu'ils soient sauvages pour n'être cultivés, comme noyers, cerisiers, pruniers, vignes, framboises, fraises, groseilles vertes et rouges, et plusieurs autres petits fruits qui y sont assez bons. Aussi y a-t-il plusieurs sortes de bonnes herbes et racines. La pêche de poisson y est en abondance dans les rivières, où il y a quantité de prairies et gibier, qui est en nombre infini[32]. »

> Le pays est certes beau, mais le premier hiver à Québec est désastreux. Scorbut et dysenterie sont encore responsables du décès de nombreux colons.

Le pays est certes beau, mais le premier hiver à Québec est désastreux. Scorbut et dysenterie sont encore responsables du décès de nombreux colons. Champlain en fait mention dans la seconde partie de son récit. « Les maladies de la terre, écrit-il, commencèrent à prendre fort tard, qui fut en février jusqu'à la mi-avril. Il en fut frappé 18 et il en mourut dix, et cinq autres de la dysenterie. Je fis faire ouverture de quelques-uns pour voir s'ils étaient offensés comme ceux que j'avais vus dans les autres habitations. On trouva la même chose. Quelque temps après, notre chirurgien mourut. Tout cela nous donna beaucoup de déplaisir, pour la peine que nous avions à panser les malades[33]. » Le 5 juin 1609, Claude Godet Des Maretz, le gendre de Gravé Du Pont, arrive à Québec. Il ne trouve que huit survivants sur les 28 occupants initiaux de l'habitation. Il apprend à Champlain que son beau-père est à Tadoussac. Champlain décide alors d'aller rencontrer ce dernier. À Tadoussac, Gravé Du Pont l'avise que le sieur De Monts lui demande de rentrer en France et de venir le voir. Mais avant de traverser l'océan, Champlain décide de se rendre dans le pays des Iroquois, en compagnie de Montagnais. « J'y irais, dans une chaloupe avec vingt hommes. […] Je fis accommoder une chaloupe de tout ce qui était nécessaire pour faire les découvertes du pays des Iroquois, où je devais aller avec les Montagnais, nos alliés[34]. » Des Algonquins et des Hurons se joignent aux Montagnais et aux Français. À la toute fin du mois de juillet, les membres de l'expédition s'apprêtent à combattre les Iroquois. Champlain et les deux Français qui l'accompagnent sont les seuls à posséder des arquebuses, et l'engagement est victorieux. Champlain vient de tenir la promesse du roi Henri IV, mais le cofondateur de Québec ne se doute pas que son geste pèsera lourd dans les décennies à venir.

Une escarmouche au port Fortuné, dans *Les voyages du sieur de Champlain* (1613). BAC

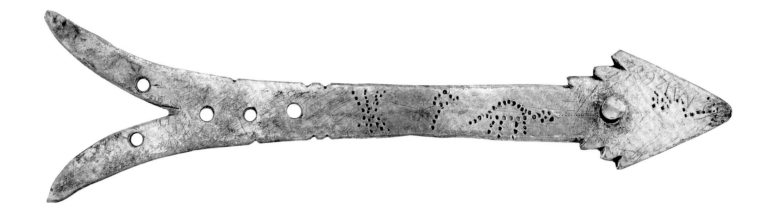

Dans ses *Voyages de Samuel de Champlain*, l'historien Hubert Deschamps explique ainsi que Champlain ne pouvait pas espérer faire une simple alliance d'intérêts avec des Indiens. « Si l'on voulait pouvoir s'installer dans le pays, y trafiquer, découvrir l'origine des fleuves et peut-être la route de la Chine, il fallait se lier avec les Sauvages d'une amitié solide et véritable. Or l'expérience de Champlain lui avait appris qu'on pouvait y parvenir seulement en leur rendant service. Il avait noté chez les Sauvages du Maine que "ces nations ne donnent qu'en donnant si ce n'est à personnes qui les ayant obligés, comme de les avoir assistés en leurs guerres"[35]. »

L'automne 1609 voit Champlain de retour en France. Il rencontrera comme convenu le sieur De Monts, ainsi que le roi. Ce dernier n'acceptera pas de renouveler le monopole de De Monts et, pendant des années, Québec ne sera plus, pour reprendre l'expression de Marcel Trudel, qu'un « hangar à fourrures ».

C'est, à mon sens, à la fin de 1617 ou au début de l'année suivante que Samuel de Champlain s'est mérité le titre de « père de la Nouvelle-France ». Pour la première fois, il a tracé le portrait des ressources que l'on pourrait tirer de la colonie. Son énumération aurait dû séduire les membres de la Chambre du Commerce. Mais l'intérêt de ces messieurs était ailleurs. Laissons à David Hackett Fischer le soin de tirer une conclusion. « La plus grande réalisation de Champlain, affirme-t-il, n'est pas sa carrière d'explorateur, ni sa réussite comme fondateur. Ce qu'on retient de lui, c'est le leadership exemplaire qu'il a mis au service de l'humanité. C'est ce qui a fait de lui une figure d'envergure dans l'histoire moderne. C'est l'héritage qu'il nous a laissé à tous[36]. »

Il faut encore souligner, en terminant, que Samuel de Champlain avait beaucoup de respect pour les Premières Nations. Il ne faisait pas de doute à ses yeux que ceux que l'on appelait encore les Sauvages étaient des humains comme lui. Comme le remarque Gilbert Pilleul, si Champlain « emploie le terme Sauvages pour les désigner – comme tous les gens de son époque – c'est non pas pour opposer des gens de culture à des gens de nature, mais parce qu'il constate que leur culture est celle de personnes vivant en pleine symbiose avec la nature[37] ». ◆

17 mai 1642

La fondation de Montréal : une histoire de femmes et de coureurs des bois

par JEAN-CLAUDE GERMAIN, *écrivain et dramaturge*

Lorsqu'on invoque le passé, proche ou lointain, c'est une erreur de perspective de croire que les ancêtres sont les anciens et que nous, nous sommes les jeunots. C'est même le contraire qui est juste. Nous sommes les vieux et ils sont notre jeunesse. Ne sommes-nous pas la somme et la mémoire de ce qu'ils ont été ?

La métamorphose du « Français de France » en « Canayen » s'est effectuée beaucoup plus tôt qu'on ne le croit généralement, souvent dès la première génération. Les Charles Le Moyne, Pierre Boucher et Nicolas Perrot n'étaient plus français que d'origine. En tout cas, si ce n'était pas évident pour ceux qui étaient devenus des Canadiens, ça l'était pour tous ceux qui ne l'étaient pas !

À peine quarante ans après la fondation de Montréal, tous les voyageurs s'entendent pour parler des Canadiens et décrire leurs caractéristiques particulières. En 1686, le chevalier de Troyes a été commissionné pour commander une expédition militaire dont font partie entre autres les frères Le Moyne : d'Iberville, de Sainte-Hélène et de Maricourt. L'officier se pose une question qui est déjà pertinente : « J'ignore si les Canadiens accepteront facilement d'être dirigés par un Français ? » confie-t-il à son journal. Il avait compris que pour monter attaquer les Anglais de la baie d'Hudson par voie de terre au printemps, il ne suffisait pas de donner l'ordre de marche.

Le mode de vie demeure la première différence entre un Français et un Canadien. La seconde est la langue. Il ne s'agit pas d'une variante d'accent, mais de l'usage du

Pierre Le Moyne d'Iberville
(sans date). BAnQ

PAGE PRÉCÉDENTE
Canot descendant les rapides,
Canada-Est, par Dennis Gale
(c. 1860). BAC

31

« Toutes fois, ils sont un peu saturniens. Ils parlent fort, posément, comme se voulant bien faire entendre et s'arrêtent aussitôt, en songeant un grand espace de temps, puis reprennent paroles. »

Page frontispice du *Grand voyage du pays des Hurons* (1632), de Gabriel Sagard.

français sur le territoire. Ici, dès le début de l'établissement, la langue française sera la langue commune, longtemps avant qu'elle ne remplisse le même rôle dans la mère patrie.

Dès le premier établissement à Québec en 1608, toute la société s'est exprimée en français, du gouverneur à l'esclave. Pour quelle raison ? La plus évidente ! Ceux qui faisaient usage des autres langues de France n'ont jamais été assez nombreux pour remettre en question la langue commune du Nouveau Monde français. Bref, la langue, que l'on parle encore aujourd'hui est le « je me souviens » indélébile de ce que nous avons été, c'est l'élément constitutif de notre être collectif, de notre originalité et de notre identité.

Pour nous lire « à la québécoise » dans les premiers temps, nous disposons de deux sources principales : les écrits des Jésuites et ceux des Récollets (qui sont des franciscains), deux ordres religieux qui diffèrent autant par leurs fondateurs que par leur règle. Le regard que les uns et les autres portent sur la nouvelle réalité est tributaire de leur approche du monde : abstraite, dans le cas des disciples d'Ignace de Loyola, et empathique, pour ceux de François d'Assise.

Pour les Jésuites, leurs pupilles amérindiens sont de la pâte à modeler. « Dans les commencements de cette Église naissante, que pouvons-nous raconter, sinon les bégaiements de nos enfants spirituels ? » écrit Jean de Brébeuf en 1636. « Tous viennent volontiers nous entendre, mais ils n'ont quasiment rien à nous répliquer. Nous souhaiterions quelquefois qu'ils nous proposassent plus de doutes. Le mal est qu'ils sont si attachés à leurs vieilles coutumes, que connaissant la beauté et la vérité, ils se contentent de l'approuver sans l'embrasser. »

Tout autre est l'œil des Récollets, qui se regardent moins le nombril. Dans son *Grand voyage au pays des Hurons*, le père Gabriel Sagard accorde le bénéfice de l'intelligence à ses interlocuteurs. « Tous les Sauvages en général ont l'esprit et l'entendement, ils ne sont point si grossiers et si lourdauds que nous imaginons en France, note-t-il en 1632. Toutes fois, ils sont un peu saturniens. Ils parlent fort, posément, comme se voulant bien faire entendre et s'arrêtent aussitôt, en songeant un grand espace de temps, puis reprennent paroles. » « Cette modestie, commente un Sagard amusé, est cause qu'ils appellent nos Français femmes, lorsque, trop précipités et bouillant en leurs actions, ils parlent tous à la fois et s'interrompent l'un l'autre. »

Malheureusement, ce ne sont pas les Récollets qui ont été lus à Paris. Pendant quarante ans, de 1632 à 1673, les *Relations des Jésuites* ont dominé le palmarès des best-sellers de la librairie Cramoisy.

Les femmes de Ville-Marie

Le projet de Ville-Marie est né dans les pages d'un livre et son emplacement a été choisi sur une carte. Tout cela était abstrait comme un rêve de Jésuite et enthousiasmant comme le désir de mourir pour sa foi. Pour toutes celles qui dévorent les *Relations* comme un feuilleton, le Canada n'est-il pas l'endroit où l'on peut « se faire scalper » le plus rapidement au monde ?

Avec le recul et la mise au foyer de notre temps, l'histoire de la fondation de Montréal apparaît dans toute sa singularité. De la préparation du projet à sa réalisation, c'est en grande partie une histoire de femmes. À commencer par le premier rôle de la fondatrice elle-même, Jeanne Mance, qui incarne la femme moderne de 1640.

Les femmes de cette époque traversent une crise d'identité. Elles contestent la prédominance politique, économique, culturelle et sexuelle du mâle. Pour se libérer de la triple servitude du mariage, des grossesses et des devoirs conjugaux, l'unique alternative dans les circonstances du temps était le célibat religieux. C'était un choix radical, mais éprouvé.

Consacrer sa vie au service de Dieu s'avère alors le meilleur des investissements pour se garantir une certaine dose d'autonomie, laquelle est encore plus grande lorsque les femmes qui la revendiquent disposent d'une indépendance de fortune, comme c'est le cas d'un bon nombre de celles qui gravitent autour du projet de la Nouvelle-France.

En 1640, le désir d'émancipation des femmes ne se limite pas aux dévotes. L'éveil féministe date au moins du salon de la marquise de Rambouillet, vingt ans plus tôt. En 1660, le mouvement aura pris assez d'ampleur pour qu'on sente le besoin d'en minimiser

LES
VERITABLES MOTIFS
DE
MESSIEVRS ET DAMES
DE LA SOCIETE'
DE NOSTRE DAME
DE MONREAL

*Pour la Conuersion des Sauuages de la
nouuelle France*

M. DC. XXXXIII.

Page titre de l'édition de 1643.

CI-CONTRE
Plan présumé du fort de Ville-Marie attribué à Jean Bourdon (*c.* 1647).
Université McGill.

Portrait de Jeanne Mance en 1642 par Henri Beau (*c.* 1932).
BAC

Le carnet d'adresses de mademoiselle Mance laisse pantois. Tout le gratin féminin de la cour de France s'y trouve [....]

Portrait de Jeanne Mance attribué à sœur Alexandrine Paré, fin du XIXe siècle (détail).
RHSJ

l'importance et d'en occulter le propos. Les Précieuses étaient sûrement exaltées, maniérées, parfois risibles, mais leurs griefs n'étaient pas aussi « ridicules » que Molière l'a laissé croire.

En révolte contre le joug et la tyrannie des hommes, elles revendiquaient le droit de la femme à disposer d'elle-même. Les plus radicales défendaient l'union libre et la variété des expériences amoureuses, mais les pragmatiques étaient plus réalistes. Convaincues que la réforme du mariage n'était pas pour demain, elles s'employaient à faire se métamorphoser l'« amour vulgaire » en « parfait amour » en le purgeant de toutes ses scories masculines, autrement dit de tout ce qui est bas, grossier et charnel.

Les Précieuses sont aux antipodes de celles qui préfèrent les machos de leur temps. Dans le credo précieux, le premier devoir du mari acceptable est d'inviter les amis de sa femme à sa table. C'est l'ancêtre de l'« homme rose ». Les dévotes, quant à elles, seront plus radicales, et imposeront un vœu de chasteté à leurs maris.

Lorsque Jeanne Mance débarque à Paris de son Langres natal, elle est célibataire, elle a 36 ans et rêve de faire quelque chose de sa vie. La provinciale possède toutes les qualités requises pour entreprendre une carrière dans ce que l'on appellerait aujourd'hui le bénévolat communautaire : elle est motivée par sa dévotion, elle a de l'entregent et c'est une leveuse de fonds née. Le temps d'une génuflexion, d'un Pater et de trois Ave, elle a débusqué un vivier de veuves auxquelles leur état a donné les moyens de leurs bonnes œuvres et de leurs ambitions mystiques.

Le carnet d'adresses de mademoiselle Mance laisse pantois. Tout le gratin féminin de la cour de France s'y trouve, avec en tête de liste la reine Anne d'Autriche, bientôt veuve ; la duchesse d'Aiguillon, veuve et nièce du cardinal de Richelieu, dont elle tient le salon ; la princesse de Condé, veuve, et mère du Grand Condé, de la duchesse de Longueville, dite la Grande Demoiselle, et du prince de Conti.

À ces dames de grande influence, il faut ajouter la crème de la noblesse de robe : la présidente Lamoignon, femme du président du parlement de Paris et la chancelière Séguier, dont l'époux a instruit le procès de Cinq-Mars et présidera celui de Fouquet. Il y a aussi la filière dévote, avec madame de Renty, bientôt veuve du supérieur de la Compagnie du Saint-Sacrement, et Marie Rousseau, veuve et bienfaitrice de monsieur Olier, fondateur des Sulpiciens, et de Vincent de Paul, fondateur des Lazaristes et membre du Conseil de conscience créé par Anne d'Autriche. Sans oublier deux veuves d'importance qui ont précédé Jeanne Mance en Nouvelle-France : madame de La Peltrie, bienfaitrice des Ursulines, et Marie Guyart dite de l'Incarnation, fondatrice du couvent des Ursulines à Québec.

Parmi toutes ces femmes dont la plupart sont cousues d'or, il y en a une qui a plus de raisons que les autres de se sentir coupable de l'argent dont elle a hérité. À son décès, le mari de Marie-Angélique de Bullion lui a laissé 700 000 livres de rentes annuelles. C'est considérable. De son vivant, Claude de Bullion était surintendant des Finances et il en avait profité pour amasser une fortune personnelle de huit millions de livres.

Monsieur de Bullion n'avait que deux passions dans l'existence : l'argent des autres et leurs femmes. À cet égard, Marie-Angélique, qu'on surnommait « la grosse Madame », s'était fait une raison. Ce sont les « longues mains » de feu Claude de Bullion qui préoccupent sa conscience. Surtout depuis que le notaire de son mari lui a remis la caisse noire dont le surintendant avait confié la garde à la circonspection du tabellion. C'est à ce moment que le chemin de mademoiselle Mance croise celui de sa future bienfaitrice. Pour employer un mot qu'on retrouve constamment dans le vocabulaire des dévots, c'est « une rencontre providentielle » !

Plus prosaïquement, la cause de Ville-Marie tombe à point nommé dans la vie de la veuve de Bullion. Marie-Angélique se laisse gagner par l'enthousiasme de sa nouvelle protégée et convaincre d'apporter un appui financier à son projet de fonder un hôpital sur l'île de Montréal.

La bienfaitrice du futur Hôtel-Dieu n'a qu'une exigence : sa contribution doit demeurer anonyme, un souci de discrétion qu'on explique généralement par un excès de modestie. C'est un peu cousu de fil blanc comme manière de justifier des versements clandestins en argent sonnant. Les porteurs de la chaise de Jeanne Mance ont remarqué qu'à son retour de chacune de ses visites chez Madame de Bullion, leur cliente était toujours plus lourde. Pourquoi toute cette mise en scène ? La grosse Madame aurait voulu sanctifier les fonds secrets de son mari en les associant à une noble cause qu'elle n'aurait pas procédé autrement. Avec le temps, cette opération de blanchiment dévot va atteindre la rondelette somme de 65 000 livres.

La Vénérable Mère Marie de l'Incarnation, première supérieure des Ursulines de la Nouvelle France (1677), d'après une peinture attribuée à l'abbé Hugues Pommier.
BAC

Une cité mystique

Pourquoi un hôpital et pas un couvent ? Parce que l'hôpital est une obsession de la Compagnie du Saint-Sacrement, une société secrète qui contrôle la Société Notre-Dame de Montréal pour la conversion des Sauvages de la Nouvelle-France, laquelle a obtenu la concession de l'île.

La Compagnie du Saint-Sacrement est une sorte d'Opus dei avant la lettre, fondée par des bigots de haut rang avec la complicité du pouvoir royal. Son but est de combattre l'impiété, l'immoralité et le protestantisme. En pratique, ses adeptes s'emploient d'abord à repérer autour d'eux les dissidents, les déviants et les fous. Ensuite, ils les dénoncent au pouvoir royal, qui s'empresse de les faire interner dans des « hospitaux » que Vincent de Paul, un membre du Saint-Sacrement, a créés précisément dans un but de détention.

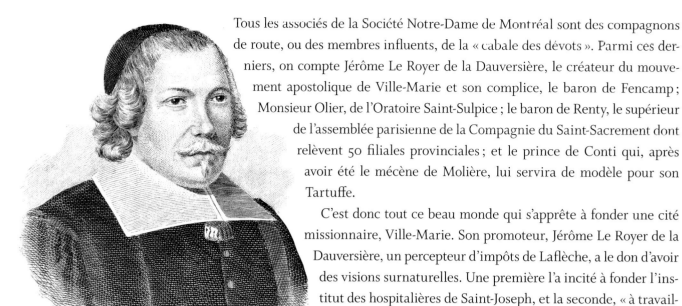

Tous les associés de la Société Notre-Dame de Montréal sont des compagnons de route, ou des membres influents, de la « cabale des dévots ». Parmi ces derniers, on compte Jérôme Le Royer de la Dauversière, le créateur du mouvement apostolique de Ville-Marie et son complice, le baron de Fencamp ; Monsieur Olier, de l'Oratoire Saint-Sulpice ; le baron de Renty, le supérieur de l'assemblée parisienne de la Compagnie du Saint-Sacrement dont relèvent 50 filiales provinciales ; et le prince de Conti qui, après avoir été le mécène de Molière, lui servira de modèle pour son Tartuffe.

C'est donc tout ce beau monde qui s'apprête à fonder une cité missionnaire, Ville-Marie. Son promoteur, Jérôme Le Royer de la Dauversière, un percepteur d'impôts de Laflèche, a le don d'avoir des visions surnaturelles. Une première l'a incité à fonder l'institut des hospitalières de Saint-Joseph, et la seconde, « à travailler pour les Sauvages de la Nouvelle-France ». Il a également la manie d'aborder les gens en leur déclarant mystérieusement – comme ce fut le cas lors de sa première rencontre avec Jeanne Mance : « Le ciel m'avait instruit de votre visite ! » Il aurait pu ajouter, *in petto*, « avec l'aide de la filière jésuite du Saint-Sacrement ».

Jérôme LeRoyer de la Dauversière (1882).
BAnQ

Dans l'atmosphère purifiée de la dévotion, tout est signe et prémonition. Il suffit de parcourir les écrits du temps pour s'en convaincre. Madame de la Peltrie est déjà en Nouvelle-France à cause d'un vœu, Marie de l'Incarnation, à cause d'un rêve, et la tradition va se poursuivre jusqu'en 1650, lorsque Marguerite Bourgeoys accostera Maisonneuve en lui disant : « Vous êtes celui que j'ai vu dans mon sommeil ! »

Toutes ces dévotes se laissent par ailleurs emporter par une mystique parfois extravagante. Par exemple, Marie de l'Incarnation a d'ordinaire les deux pieds sur terre, de l'humour à revendre et un bon sens à toute épreuve. Mais quelle exaltation dans ses prières : « Ah mon cher bien aimé / qu'en un seul doux instant / ton foudre me consomme ! / Quand vous embrasserai-je / nu et loin de cette vie ? / Amour ! si tu voulais / avec toi je m'en irais ! / Mon mignon et ma vie / Mon délectable amour ! »

Voilà pour l'arrière-plan des motivations secrètes, féministes, religieuses, apostoliques et mystiques de Montréal et de la Nouvelle-France.

Marguerite Bourgeoys en 1653 par Henri Beau (c. 1932).
BAC

Le gouverneur entre en scène

Le passage de la fantasmagorie romanesque à la réalité sauvage de l'Amérique du Nord de 1641 s'avère aussi brutal que la traversée de Maisonneuve a été interminable et hasardeuse. Elle lui a coûté quatre hommes et un chirurgien. Lorsqu'il rejoint mademoiselle Mance à Québec, celle-ci l'attendait depuis près de deux mois et n'était pas loin de croire que le projet de fonder Ville-Marie avait sombré en mer avec son maître d'œuvre.

Militaire de profession, Paul de Chomedey de Maisonneuve avait toujours été plutôt dépaysé au milieu des soudards paillards de son temps. Son seul dévergondage est de jouer du luth. C'est un bon gars, comme on dit. Il n'est pas du genre à s'annoncer par un « signe du ciel ». Dans son cas, la recommandation du père Charles Lalemant, premier supérieur des Jésuites à Québec et procureur de la mission à Paris, a suffi à La Dauversière pour lui confier le poste de gouverneur de Ville-Marie, investi des pouvoirs de la Société Notre-Dame.

Les futurs Montréalistes doivent prendre leurs quartiers d'hiver dans la ville de Champlain et les Québécois profitent de la froide saison pour tenter de les décourager d'aller s'établir en amont au milieu de nulle part. Le gouverneur de Montmagny se fait même fort d'une proposition plus raisonnable : l'île d'Orléans serait un emplacement nettement plus accessible et aisément défendable. L'utopie apostolique et missionnaire aurait sans doute plus de chance de s'y implanter qu'à Montréal. La campagne de démoralisation exaspère Maisonneuve. Il se méfiera toujours de Québec par la suite et n'y remettra que très rarement les pieds.

Monsieur Paul est habituellement réservé et mesuré dans ses propos, mais cette fois, il a son voyage et se fend d'une déclaration péremptoire avec une autorité qu'on ne lui soupçonnait pas. « Je me rendrai à Montréal même si tous les arbres de l'île se changeaient en Iroquois ! » Il n'aurait su mieux prédire l'avenir. Sans s'en douter, le gouverneur de Ville-Marie avait décrit précisément la situation qui serait celle des Montréalistes pour les prochaines soixante années.

Tomber au beau milieu d'une guerre n'était pas dans les plans des fondateurs de Ville-Marie. Ils ont pu croire un instant en être l'enjeu, mais ce n'était pas le cas. Les Mohawks, qu'on nommait alors Agniers, étaient engagés depuis un bon moment dans une lutte impitoyable pour imposer leur hégémonie dans le monde amérindien. Ils ne seront pas loin d'y parvenir quelques années plus tard.

Si les procès-verbaux des réunions de l'état-major agnier existaient pour l'année 1648, voici ce qu'on aurait pu entendre de son grand chef : « Jamais de mémoire d'homme n'aura-t-on vu une machine de guerre plus efficace que la nôtre ! Il faut exploiter notre avantage. Je dis qu'il faut frapper partout, sans répit, sans arrêt, sans merci, sur tous les fronts. C'est maintenant qu'il faut s'engager dans une guerre totale avec nos ennemis.

Paul de Chomedey de Maisonneuve (1882).
BAnQ

« Je me rendrai à Montréal même si tous les arbres de l'île se changeaient en Iroquois ! »

D'ici cinq ans, même avant, les Cinq Nations auront exterminé les Hurons, écrasé les Neutres, battu les Pétuns, anéanti les Nipissings, les Iroquets, les Outaouais, ébranlé les Mohicans, déstabilisé les Abénakis et assimilé les Ériés. Les Français ne comptent pas ! Il suffit d'intensifier la guérilla pour les terroriser et les garder prisonniers dans leurs forts. Je dis que nous prendrons le contrôle absolu de tout le territoire qui va des colonies anglaises à la mer. C'est le plan de guerre des Cinq Nations. »

Au printemps 1642, la Providence habituellement prodigue en rêves prémonitoires et en signes de tout genre demeure coite. Jeanne Mance et Maisonneuve sont laissés à eux-mêmes et le destin, bon prince, accorde une lune de miel aux colons avant que les branches des arbres de Montréal se changent en flèches. Le débarquement du 17 mai, date retenue comme celle de la fondation de Ville-Marie, se révèle idyllique. Au mois d'août, une deuxième recrue de 12 colons, menée par Legardeur de Repentigny, s'ajoute aux premiers arrivants. Pendant tout l'été, les Montréalistes ont l'impression d'être seuls au Nouveau Monde.

Les Iroquois, vraisemblablement occupés ailleurs, ne semblent pas avoir pris conscience de la présence de leur installation, dont l'emplacement ne s'est pas avéré un choix judicieux. À la première crue du fleuve, le site est inondé.

« D'ici cinq ans, même avant, les Cinq Nations auront exterminé les Hurons, écrasé les Neutres, battu les Pétuns, anéanti les Nipissings, les Iroquets, les Outaouais, ébranlé les Mohicans, déstabilisé les Abénakis et assimilé les Ériés. »

Le lac Ontario avec les lieux circonvoisins et particulièrement les cinq nations iroquoises, par le père Raffeix (1688). BNF

CI-DESSOUS
Guerrier Iroquois (c. 1795). BAC

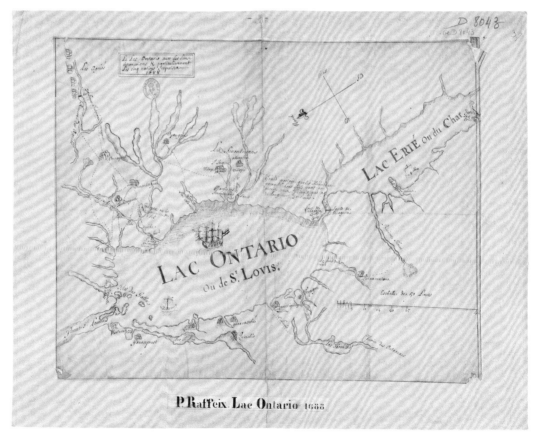

La réaction de Maisonneuve est conforme à l'approche mystique des fondateurs. Aux grandes eaux, les grands remèdes ! Le gouverneur s'avance jusqu'au bord des vagues, qui battent les portes du fort, où il plante une borne en forme de croix et, le regard tourné vers la voûte céleste, s'adresse à Dieu pour obtenir son opinion sur l'implantation : « Je vous prie, divinc Majesté, de nous faire connaître le lieu où vous aimeriez être servi. »

On présume que le grand manitou catholique était à l'écoute puisque quelques jours plus tard, les eaux se sont retirées. En janvier 1643, au temps des neiges, les colons grimpent au sommet du mont Royal et plantent une grande croix pour remercier le Seigneur de son intervention et commémorer l'événement. C'est l'ancêtre de l'actuelle croix du mont Royal dans sa double fonction d'ex-voto et d'antenne de communication. Dans un premier temps, tout semble obéir à la logistique dévote.

La fin de la tranquillité

En juin 1643, Ville-Marie passe abruptement à l'heure amérindienne qui deviendra l'heure de Montréal. Les Iroquois attaquent les intrus et l'escarmouche fait cinq victimes. Pour une population qui ne compte que 40 hommes, c'est un revers sérieux. Une fois remis de leur choc, les survivants s'attendent à une riposte vigoureuse de Maisonneuve, dont la première mesure défensive a été de mettre tout son monde à l'abri derrière les murs et les palissades, confinant les activités des colons à l'intérieur du fort. Il n'en faut pas plus pour que l'on accuse le gouverneur d'être un lâche. Maisonneuve est assez expérimenté dans l'art militaire pour ne pas confondre courage et témérité. Il invite les Montréalistes à prendre leur mal en patience.

Les Montréalistes, encerclés par 200 Agniers, sont sur le point de manquer de munitions lorsque monsieur de Maisonneuve se retrouve isolé dans une clairière dans un face-à-face avec son vis-à-vis iroquois.

« Nous ne sommes pas assez nombreux pour prendre des risques ! » a-t-il dû répéter, non sans justesse. Ce bon vieux monsieur Paul n'est pas un foudre de guerre, mais ça le turlupine tout de même qu'on le prenne pour un couard. Au printemps de 1644, contre toute attente, il prend la tête de 30 hommes pour effectuer une sortie contre les Iroquois. C'est une foucade qui aurait pu provoquer ce qu'il redoutait le plus : l'annihilation pure et simple de son établissement.

Pendant quelques secondes qui vont sembler durer des heures, le sort de Ville-Marie va tenir à l'armement d'un pistolet. Les Montréalistes, encerclés par 200 Agniers, sont sur le point de manquer de munitions lorsque monsieur de Maisonneuve se retrouve isolé dans une clairière dans un face-à-face avec son vis-à-vis iroquois. Les guerriers agniers suspendent leurs attaques et laissent à leur chef l'honneur d'expédier son rival dans l'autre monde. Le silence gagne tous les combattants.

Les deux adversaires se toisent comme dans un western. Le chef iroquois brandit son tomahawk et s'élance. Maisonneuve lève son arme et tire. L'Indien s'écroule. Le pauvre n'avait aucune chance. Mais non ! C'est une feinte ! Il se relève. Grands dieux ! Le gouverneur n'arrive pas à armer son deuxième pistolet.

Les Montréalistes ferment les yeux. On entend une détonation. Ils ouvrent les yeux, après avoir effectué un rapide voyage d'adieu en France. Dieu soit loué ! Monsieur de Maisonneuve est toujours debout et son rival a mordu la mousse ou plus exactement rougi la neige. Nous sommes en forêt, en mars. Les Agniers se retirent et Maisonneuve retourne au fort en vainqueur, porté en triomphe par ses compagnons d'armes.

Dans tous les récits du temps, lorsque les Iroquois attaquent, ils sont toujours 200. Lorsqu'ils se retirent, les mêmes témoignages demeurent muets sur le nombre de victimes amérindiennes. Les Agniers ne quittent jamais un champ de bataille sans emporter les cadavres de leurs guerriers sur leur dos. C'est leur façon de frustrer l'ennemi de sa victoire.

Monsieur Paul a fait taire ses détracteurs. C'est un homme brave et un brave homme. Sa première sortie contre les Iroquois sera néanmoins sa dernière. Ville-Marie est désormais assiégée en permanence.

Lambert Closse monte la garde

Pendant les longues absences de Maisonneuve, occasionnées par d'interminables allers-retours en France pour régler ses propres affaires et celles de la Société Notre-Dame et ramener quelques colons, la défense de Montréal est assurée avec brio par un véritable héros, le notaire soldat Raphaël Lambert Closse.

On sait de lui qu'il possédait une bibliothèque de 25 livres, avec, si l'on se fie au style de ses déclarations, sûrement quelques romans picaresques : « Je ne suis venu à Ville-Marie que pour y mourir pour Dieu et si je savais que je ne dusse point y périr, je quitterais le pays pour aller contre le Turc, afin de ne pas être privé de cette gloire ! »

Lambert Closse et la chienne Pilote au pied du monument à Maisonneuve de Louis-Philippe Hébert, à la Place-d'Armes (1895). Photo de Jean Gagnon.

On ne l'a pas nommé en vain « ami des braves et fléau des poltrons ». Ses actions sont à la hauteur de sa réputation. Lorsque les inévitables 200 Iroquois attaquent l'hôpital fortifié, il repousse leurs assauts de six heures du matin à six heures du soir, avec le soutien de 16 hommes et de deux valets pour recharger ses deux pistolets.

Lambert Closse est assisté d'un animal mythique, la chienne Pilote. On ne possède aucune description de l'allure physique de Maisonneuve ou de Jeanne Mance, et encore moins de vrais portraits psychologiques. En revanche, on sait tout sur la fidèle Pilote. Voici ce que relate le père Jérôme Lalemant :

Il y avait dans Montréal une chienne qui jamais ne manquait d'aller tous les jours à la découverte, conduisant ses petits avec soi ; et si l'un d'eux faisait le rétif, elle le mordait pour le faire marcher. Bien plus : si un de ses chiens retournait au milieu de sa course, elle se jetait sur lui, au retour, pour le châtier. Si elle découvrait dans ses recherches quelques Iroquois, elle tournait, tirant droit au fort, en aboyant, et donnant à connaître que l'ennemi n'était pas loin. Sa constance à faire la ronde tous les jours, aussi fidèlement que les hommes, commençant tantôt d'un côté, tantôt de l'autre ; sa persévérance à conduire ses petits et à les punir quand ils manquaient à la suivre ; sa fidélité à tourner court quand l'odeur des ennemis frappait son odorat et à aboyer de toutes ses forces, en faisant face au côté où les ennemis étaient cachés, tout cela donnait de l'étonnement.

Bref, l'aboiement de la chienne Pilote était le 911 du temps et Lambert Closse, la première unité d'intervention tactique.

Les Montréalistes ne sont pas les seuls à subir les attaques des Iroquois en 1647. La communauté algonquine est sous le choc. Son plus célèbre chef, Pieskaret, vient de disparaître dans une embuscade iroquoise. La « Terreur des Iroquois » n'est plus ! Si Lambert Closse était un héros défensif, le Loup solitaire était un héros offensif. Parmi ses exploits homologués, on lui accorde d'avoir traqué à lui seul une bande iroquoise pendant 34 jours et 34 nuits. Et d'être revenu de sa chasse avec 54 scalps.

Comment s'expliquer qu'un guerrier aussi accompli ne se soit pas méfié des six Iroquois qui l'ont assailli ? Ses frères d'armes algonquins ont dû penser qu'il avait beaucoup changé depuis sa conversion au christianisme.

En 1649, le père Jean de Brébeuf disparaît de façon tragique dans la tourmente iroquoise et les Jésuites ne peuvent plus maintenir leur mission de Sainte-Marie des Hurons. Le père Ragueneau doit se résoudre à y mettre le feu. Non sans regret ! « Dans une heure, il ne restera plus rien de nos efforts depuis dix ans. Maintenant, tout est en flammes, la chapelle, la résidence des pères, celle des laïques, la menuiserie, la forge, la maison de retraite, l'hôtellerie, la ferme, les quatre bastions de pierre et le pont-levis. C'est ma seconde patrie qui s'envole en fumée ! »

Une ville aux abois

À Montréal, au printemps de 1651, on touche le fond. L'étau se resserre. On vit confiné dans les murs du fort. Désespérés, les colons ne parlent que de repartir. Les grands espaces du Nouveau Monde s'étaient transformés en un carré glacé pas plus grand qu'une oubliette.

La position est intenable. C'est à ce moment que Jeanne Mance prend une décision qui va sauver Montréal et lui accorde, à mon avis, son statut de fondatrice. La ville avant l'hôpital ! Elle dispose d'une somme importante pour la mise en œuvre de son projet : 22 000 livres. Advienne que pourra ! Sa décision est prise : le gouverneur partira en France avec l'argent de son hôpital pour lever une recrue et ramener des soldats et des colons.

Guerrier iroquois au pied du monument à Maisonneuve. Photo de Jean Gagnon.

Les mots de départ de Maisonneuve traduisent l'extrême gravité de la situation : « Je tâcherai d'amener deux cents hommes. Si je n'en ai pas au moins cent, je ne reviendrai pas et il faudra tout abandonner ! »

À Québec, on compte Montréal comme perdue. La ligne de défense s'est repliée sur Trois-Rivières. L'incessante guerre de nerfs que mènent les Iroquois s'avère diablement efficace. Jeanne Mance elle-même n'arrive pas à contrer le mouvement de déprime générale. « On peut vaincre la peur, panser les blessures, mais il n'y a point de remèdes pour contrer la détresse de ceux qui savent qu'on s'est déjà résigné à les compter comme disparus », note-t-elle avec lucidité.

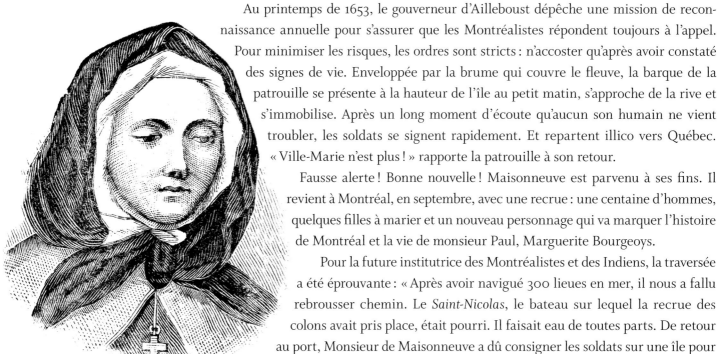

Au printemps de 1653, le gouverneur d'Ailleboust dépêche une mission de reconnaissance annuelle pour s'assurer que les Montréalistes répondent toujours à l'appel. Pour minimiser les risques, les ordres sont stricts : n'accoster qu'après avoir constaté des signes de vie. Enveloppée par la brume qui couvre le fleuve, la barque de la patrouille se présente à la hauteur de l'île au petit matin, s'approche de la rive et s'immobilise. Après un long moment d'écoute qu'aucun son humain ne vient troubler, les soldats se signent rapidement. Et repartent illico vers Québec. « Ville-Marie n'est plus ! » rapporte la patrouille à son retour.

Fausse alerte ! Bonne nouvelle ! Maisonneuve est parvenu à ses fins. Il revient à Montréal, en septembre, avec une recrue : une centaine d'hommes, quelques filles à marier et un nouveau personnage qui va marquer l'histoire de Montréal et la vie de monsieur Paul, Marguerite Bourgeoys.

Pour la future institutrice des Montréalistes et des Indiens, la traversée a été éprouvante : « Après avoir navigué 300 lieues en mer, il nous a fallu rebrousser chemin. Le *Saint-Nicolas*, le bateau sur lequel la recrue des colons avait pris place, était pourri. Il faisait eau de toutes parts. De retour au port, Monsieur de Maisonneuve a dû consigner les soldats sur une île pour prévenir les désertions, et encore une île d'où ils ne pouvaient s'échapper à la nage. Mais tout cela est du passé ! »

À l'arrivée de la recrue, les Montréalistes ont poussé un soupir de soulagement et avec eux, toute la Nouvelle-France, puisque la chute de Montréal aurait entraîné celle des autres avant-postes. En gardant en arrière-plan le répit d'une « trêve » avec les Iroquois, qu'on a abusivement appelé une « paix », le quotidien des colons s'organise. Le chirurgien Étienne Bouchard a proposé aux familles de Ville-Marie de les soigner gratuitement, moyennant cent sous, payés annuellement en deux versements. Vingt-six familles adhèrent à ce plan : sans le savoir, pour ne pas crever de faim, le chirurgien avait inventé l'assurance maladie !

Si monsieur Paul était l'homme que Marguerite avait vu en rêve, elle est maintenant la femme que Maisonneuve voit dans sa soupe. Le gouverneur a accompagné treize mariages de ses meilleurs vœux de bonheur. Dans l'euphorie des noces à répétition, il s'est laissé gagner à l'idée de convoler à son tour.

Portrait de Marguerite Bourgeoys par John Henry Walker (après 1850).
Musée McCord

À 43 ans, mieux vaut tard que jamais ! Il s'en ouvre au père Pijart, qui lui suggère d'en parler à l'intéressée. L'amoureux transi prend son courage à deux mains. Marguerite Bourgeoys entend sa grande demande avec un peu d'étonnement et sollicite un temps de réflexion. Sa réponse tombe comme un couperet : elle lui suggère en toute amitié dévote de faire un vœu de chasteté.

De toute façon, ça ne changeait pas grand-chose ! L'administration de Ville-Marie occupe de plus en plus Maisonneuve. Montréal s'adonne à la traite des fourrures et il est bien l'un des rares à ne pas être associé à sa pratique.

Malgré la « trêve », la guerre amérindienne ne connaît pas de relâche. En 1657, la quasi-totalité des 400 Hurons de Québec sont massacrés de sang-froid sur le Saint-Laurent par les Onontagués qui les escortaient. Les Iroquois ont roulé le gouverneur d'Ailleboust dans la farine. Ce dernier avait fortement conseillé à ses alliés hurons de retourner vivre chez les Iroquois, tout en les désarmant pour montrer patte blanche à leurs ennemis. C'est une faute politique inexcusable ! Le gouverneur implore solennellement le pardon des Hurons, mais le mal est irréparable.

Pour la légende dorée, 1660 est l'année de la bataille de Long-Sault, celle où Dollard des Ormeaux et ses 17 compagnons montréalais ont donné leurs vies pour sauver la colonie de la destruction par les Iroquois.

Pierre-Esprit Radisson a été le premier arrivé sur les lieux de l'escarmouche meurtrière. De retour de l'Ouest à la tête de 300 Indiens et d'une flottille de 60 canots chargés de fourrures naviguant sur l'Outaouais, le coureur des bois s'est arrêté au Long-Sault où s'était vraisemblablement déroulé un combat acharné. Sa description en témoigne : « Partout, on aperçoit des arbres mutilés, criblés de balles, une palissade à demi calcinée et des scalps, qui achèvent de pourrir au haut des pieux. Il semble bien que les Montréalistes soient tombés dans un piège, qui nous était destiné. » Après une interruption de la traite depuis deux ans, le chargement de fourrures de Radisson et de Desgroseillers a sauvé Montréal et la colonie. Marie de l'Incarnation elle-même, d'ailleurs, ne s'y est pas trompé quand elle le décrit comme « une manne céleste ».

Les mésaventures du chirurgien Bouchard font la joie des Montréalistes. Il a la manie des procès : deux en 1660 ! Au premier, il a été condamné pour vente illégale d'eau-de-vie. Le sujet du deuxième était plus délicat : sa femme avait été prise en flagrant délit d'adultère. L'amant, Jean Aubuchon, fut prestement banni à Trois-Rivières par le gouverneur. Le même Aubuchon, d'ailleurs, détenait un billet de la main de feu Dollard des Ormeaux, où ce dernier s'engageait à lui rembourser un prêt au retour de son expédition pour sauver la colonie. Sans doute avec un chargement de fourrures en prime !

« Partout, on aperçoit des arbres mutilés, criblés de balles, une palissade à demi calcinée et des scalps, qui achèvent de pourrir au haut des pieux. »

Dollard des Ormeaux
par Alfred Laliberté (c. 1914).
MNBAQ

En 1660, la Société du Saint-Sacrement est mise sur la touche. Le Royer de la Dauversière est mort ruiné dans son La Flèche natal ; le décès du dernier membre vivant du quatuor initial qu'il formait avec Fencamp, Renty et Olier marque la fin de la société pieuse, qui n'a guère d'autre choix que de céder la seigneurie de Montréal aux Sulpiciens en 1663.

En février 1662, Lambert Closse, toujours flanqué de ses deux domestiques pour recharger ses armes, fait le coup de feu à la tête de 26 hommes contre 200 Iroquois. Tout à coup, le major s'écroule. Son premier domestique a pris la fuite. Et son deuxième pistolet s'est enrayé. Le héros de Montréal n'est plus !

Un changement de garde

En 1663, une suite de tremblements de terre secoue la Nouvelle-France. Un branle-bas équivalent bouleverse la cour de Louis XIV : l'arrivée aux Finances de Jean-Baptiste Colbert.

La Compagnie des Cent Associés cesse d'exister et rétrocède le territoire de la Nouvelle-France à la Couronne. De même, la Compagnie des Habitants, qui monopolisait le commerce des pelleteries, disparaît à son tour. C'est Louis XIV qui dirigera dorénavant les destinées du Canada.

La première conséquence du grand barda de Versailles se fait sentir en Nouvelle-France en 1665. Un nouveau gouverneur, Daniel de Rémy de Courcelle, débarque à Québec, suivi d'un nouvel intendant, Jean Talon, et de la première douzaine de chevaux à mettre le sabot sur le sol canadien. Les 80 filles du Roy passent presque inaperçues dans la commotion suscitée par l'entrée en scène du régiment.

Son commandant en chef, le marquis de Tracy, ne se déplace pas sans être entouré de 24 gardes, avec quatre pages pour lui ouvrir la marche, et six laquais pour la fermer. Le lieutenant-général n'est pas un homme ou un militaire, c'est un « soleil avec ses planètes ». Dans les rues de Québec, c'est amplement suffisant pour créer l'événement.

Marie de l'Incarnation en est tout émue. « Jamais la colonie n'a connu une telle munificence ! » L'Ursuline rajeunit de redevenir un tantinet mondaine. « C'est sans doute la femme qui parle en moi, mais Messieurs De Tracy, De Courcelle et Talon sont, tous trois, d'une taille avantageuse, et, à un extérieur prévenant, joignent beaucoup d'esprit. »

Un des premiers gestes de la nouvelle administration a été de signifier bien cavalièrement sa disgrâce au gouverneur de Ville-Marie. Monsieur de Tracy lui accorde la permission, non sollicitée, de retourner en France pour ses affaires personnelles, après 24 ans de loyaux services. Renvoyé comme un malotru, Monsieur de Maisonneuve part pour Paris en rapportant le projet dévot dans ses bagages.

Malgré ses 20 compagnies et ses 1 200 soldats, le régiment de Carignan n'a pas eu l'effet escompté dans la lutte contre les Iroquois. Après deux expéditions ratées, la

Officier du Régiment de Carignan-Sallières (1666). Original par L. Rousselot 1931

Malgré ses 20 compagnies et ses 1 200 soldats, le régiment de Carignan n'a pas eu l'effet escompté dans la lutte contre les Iroquois.

Officier du régiment de Carignan-Salières en 1666, par Robert Rosewarne (c. 1960). BAC troisième, lancée en plein hiver, n'a été qu'une longue marche pénible et insensée qui a semé derrière elle une soixantaine de victimes, morts de froid et de faim.

La progression « à l'européenne » de l'armée, par trop bruyante, ne lui a permis de capturer qu'un seul guerrier agnier, un vieillard arthritique qui n'a pas eu le temps de se cacher dans les bois.

L'avis de Charles Le Moyne et des Canadiens de longue date sur le gouverneur de Courcelle ne pouvait être que des plus réservés. Se battre en hiver, se battre contre l'hiver, quelle obstination, et quelle ignorance du pays ! Jacques Le Ber est le beau-frère de Charles Le Moyne et ils sont partenaires d'affaires dans le commerce des fourrures. Il est également le propriétaire du bac qui assure le transport entre Montréal et Québec. Est-ce que la nouvelle donne administrative a amélioré les relations entre les deux villes ? Si on avait posé la question à Le Ber, sa réponse aurait été : « C'est pire que jamais ! Depuis que Colbert en a fait la capitale de la colonie, Québec ne touche plus terre. Mais, ce qu'il y a de nouveau, c'est le Conseil souverain. Le roi lui a donné la main haute sur tout. Et il n'y a pas un Montréalais qui y siège ! Et ça ne changera pas... Québec est tournée vers la France, c'est la porte qui mène à Versailles, tandis qu'à Montréal, on est près du pays, on est abouché à tout ce qui se passe sur le continent, c'est la porte vers l'intérieur ! On regarde en avant, pas en arrière ! »

Alexandre de Prouville, marquis de Tracy, par Jean Lenfant (1660).
BAC

En 1667, le marquis de Tracy a quitté Québec comme il était arrivé, avec toute la pompe de sa « maisonnée ». Le bilan positif de son passage militaire en Nouvelle-France se résume aux 400 soldats de son régiment qui ont choisi de s'établir ici. Les officiers qui les ont imités se prévalent des gratifications qu'on leur a offertes. La liste de leurs noms donne l'impression de parcourir celle des municipalités et des cantons du Grand Montréal : Chambly, Contrecœur, Boisbriand, Saurel, Saint-Ours, la Noraye et Berthier pour les capitaines ; Varennes, la Valtrie, Provost, pour les lieutenants ; Verchères et la Naudière, pour les enseignes.

Adieu, Maisonneuve !

Le premier gouverneur de Montréal s'est éteint à Paris en 1676. Depuis son retour en France, il habitait un petit logement au deuxième étage d'une maison située près de la porte Saint-Victor, où il partageait son modeste ordinaire avec un fidèle serviteur, Louis Fin, qui sera presque seul à suivre son cercueil.

Maisonneuve ne parvenait pas à oublier le Canada. Il avait fait construire dans une pièce de son logement un lit cabane à la canadienne. C'est là que le gouverneur recevait ceux qui lui rclataient les événements les plus récents, lors des rares occasions où lui arrivait une visite de Ville-Marie. La plus notable a été celle de Marguerite Bourgeoys, en 1671 :

> J'y arrivai assez tard et il n'y avait que quelques jours qu'il avait fait garnir une petite chambre et y faire une cabane à la façon du Canada afin de loger quelques personnes qui viendraient de Montréal. Et en frappant à sa porte, il descend [...] et m'ouvre la porte avec une joie très grande.

Le monument à Maisonneuve à la Place-d'Armes.

Louis Fin a sans doute débouché une bonne bouteille pour l'occasion, et les bougies ont dû se consumer entièrement tandis que les deux amis riaient de bon cœur de leurs aventures. De tous les nouveaux personnages qui animent la vie montréalaise, le plus fascinant pour Maisonneuve est sans doute Dollier de Casson, un géant dont on dit qu'il pouvait porter deux hommes assis sur ses mains. « Les Sauvages admirent beaucoup sa force d'Hercule et le supérieur des Sulpiciens profite de cet attrait pour les attirer vers l'Église », lui confie Marguerite.

Quatre ans plus tôt, lorsque Maisonneuve avait appris que Marguerite Bourgeoys et ses sœurs étaient retenues à La Rochelle, sans le sou pour le voyage de retour, il n'avait pas hésité un instant à venir en aide à sa vieille amie, malgré son peu de ressources.

Attentionné, modeste et discret, on ne pouvait reprocher à Maisonneuve qu'un seul orgueil, la fierté de sa ville et de ses habitants. « Mes inquiétudes ont été celles d'un père de famille pour ses enfants ! » a-t-il dit à leur propos. Le vieux garçon s'est révélé un très bon père fondateur.

Marguerite Bourgeoys n'a pas oublié Louis Fin. Après le décès de son maître, elle le rapatrie et l'engage comme serviteur. La ville où il débarque a peu en commun avec celle qu'il a quittée. Montréal est maintenant à l'image de son deuxième gouverneur, François-Marie Perrot, affairée et affaireuse.

Perrot a tous les défauts d'un voyou de famille. Il est effronté, insolent, impudent, grossier, rustre, sans gêne et cupide. Mais il n'est pas hypocrite. Abusant de toutes les prérogatives de son rang au vu et au su de tous, il s'enrichit de façon éhontée.

Une frasque en particulier illustre le nouvel esprit montréalais de manière saisissante. L'incident s'est produit après la cérémonie d'échanges de cadeaux, qui marque l'ouverture de la saison de la traite avec les Amérindiens. Sœur Marie Morin a noté la scène dans les *Annales de l'Hôtel-Dieu*. Perrot, passablement réchauffé par l'effet combiné du soleil et de l'eau de feu, s'est arrêté devant un lot de peaux de castor. Il remarque que son propriétaire amérindien est pétrifié d'admiration pour son chapeau. Le gouverneur propose à l'Indien de troquer le couvre-chef pour les plus belles peaux du lot. Sitôt offert, sitôt conclus !

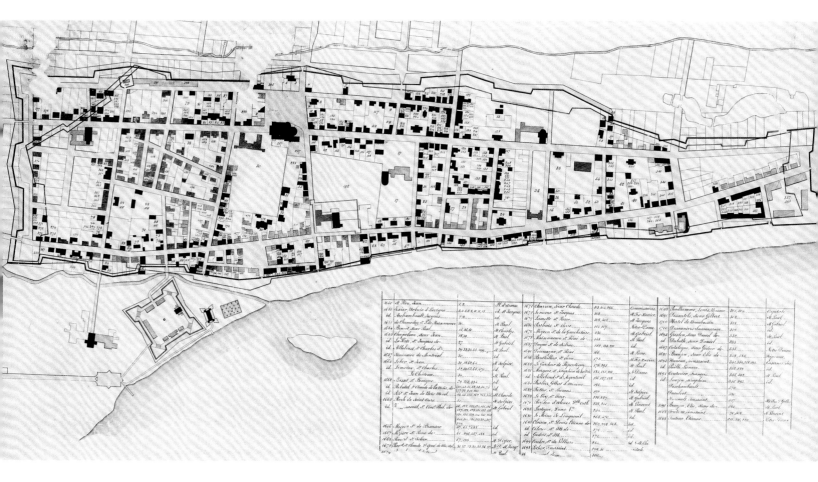

Le succès de cette transaction aiguise la convoitise de Perrot. Marie Morin raconte que le troc ne s'est pas limité au chapeau à plumes : « Après ce fut l'uniforme au grand complet, l'habit, le baudrier, l'épée, le justaucorps, les rubans, les bas et les souliers. » Jusqu'à ce que la dignité du représentant du roi ne soit plus couverte que d'un sous-vêtement. L'épuisement du stock de fourrures de l'Indien a fort heureusement interrompu le strip-tease du gouverneur.

En caleçons sur la place publique, la trogne enluminée et l'ivresse conquérante, François-Marie Perrot étale sa bonne fortune au grand jour. Il incarne au naturel et à l'état brut la raison d'être de Montréal à travers les âges. C'est la passion dévorante qui va susciter les plus folles entreprises, la frénésie qui poussera les coureurs de bois à explorer tout l'intérieur du continent, en quête de l'ultime récompense qui justifie toutes les épreuves et toutes les misères : « Faire la passe » ! et même, avec un peu d'ambition, « la passe du siècle » !

Ville-Marie est morte ! Vive Montréal ! ◆

Plan de Montréal vers 1700 par
Pierre-Louis Morin (XIXᵉ siècle).
BAC

CI-DESSOUS
Déjeuner au lever du soleil, par
Alfred Jacob Miller (1867).
BAC

L'Abenakis,

Quoy que ie parle des Derniers ie ne suis pas moins auiour.
mon pere, vous sçauez que ie vous ay tousiours esté attach.
ie n'ay plus de haches vous l'auez mise dans vne fosse l'année
derniere et ie ne la reprendray que quand vous me l'ordonneré

Les Gens Du Sault

Vous n'ignorez pas vous autres Iroquois que nous ne
soyons attachéz a nostre pere nous qui demeurons auec luy
et qui sommes dans son sein, vous nous enuoyaste vn collier
il y a trois ans pour nous inuiter a vous procurer la paix
nous vous en enuoyasmes vn, en reponse, nous vous donnon
encorre celuy cy pour vous dire que nous y auons trauaillé,
nous ne demandons pas mieux qu'elle soit de Duréé faite
aussy devostre Costé ce qu'il faut pour Cela,

Les Gens dela Montagne

Vous auez fait assembler icy nostre pere toutes Les
Nations pour faire vn amas de haches et les mettre
dans laterre, auec la vostre, pour moy qui n'en auoit pas
d'autre, ie me rejouy de ce que vous faites auiourd'huy, et
J'inuite Les Iroquois a nous regarder comme leurs freres

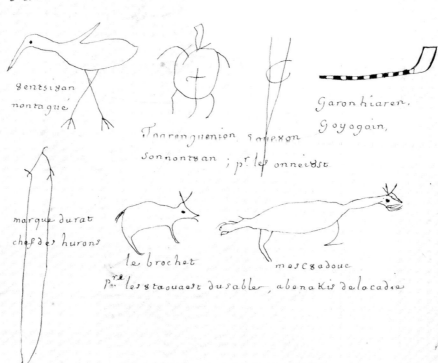

8entsi8an
nontagué

Toarenguenion sonexon
sonnontuan ; pr les onneiost

Garonhiaren.
Goyogain,

marque durat
chef des hurons

le brochet
pre les 8ta8ast dusable, abenakis delocadie

mosc8ad8ue

III

4 août 1701

La Grande Paix de Montréal : les Français
et les Amérindiens concluent une alliance décisive

par DENYS DELÂGE, *sociologue*

Après quatre années d'intenses négociations multilatérales et plus d'un siècle de guerres, Montréal fut, en 1701, le haut lieu de la conclusion d'une grande paix impliquant environ 1 300 ambassadeurs d'une quarantaine de nations amérindiennes réparties sur un immense territoire qui s'étendait de l'Acadie jusqu'aux abords des Prairies et du bassin de la baie James jusqu'au Missouri[1]. Cette paix fut conclue entre, d'une part, le grand réseau d'alliance huron-outaouais qui unissait les Français et des nations de la vallée du Saint-Laurent, des Grands Lacs et du Mississippi et, d'autre part, la Ligue iroquoise des Cinq Nations, de son vrai nom la Ligue des Haudenosaunis (habitants de la Maison longue).

Les signataires

Les signataires du premier camp étaient donc les Français et les nations auxquelles ils étaient alliés, c'est-à-dire : les Abénaquis de l'Acadie, désignation collective qui renvoie probablement à la confédération wabanaki regroupant, outre des nations abénaquises (dont celle de Saint-François), des Malécites et des Micmacs[2] ; les Iroquois du Sault Saint-Louis (Kahnawake) et de la Montagne qui étaient établis au pied du Mont-Royal avant de migrer à Oka), les Algonquins et probablement les Népissingues de l'Outaouais ; les Cris et les Amikoués (nation du Castor) du nord des Grands Lacs et du bassin de la baie James ; des Grands Lacs venaient encore plusieurs nations d'Outaouais des lacs Huron et Supérieur, des Ojibwés et des Saulteux de la grande région de Sault-Sainte-Marie, des

49

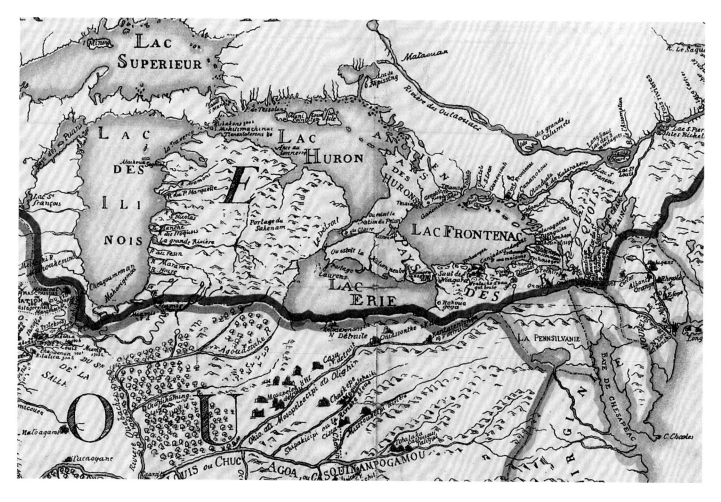

Le réseau d'alliance organisé autour des Hurons et des Outaouais et établi aux dimensions des grands bassins fluviaux de l'Amérique était aussi très ancien, certainement bien antérieur à l'arrivée des Français, qui s'y intégrèrent au début du XVIIᵉ siècle.

Hurons-Wyandots de Michilimakinac (maintenant Mackinac), des Miamis du sud-est du lac Michigan, des Sakis (Ousakis) et des Renards (Outagamis) du Wisconsin actuel, des Folles Avoines (Malomines) du sud du lac Supérieur, des Poutéouatamis de la région de Chicago, des Puants (Winnebagos), nation siouse du Wisconsin et de l'Iowa ; et enfin, de nombreuses nations de la grande Confédération illinoise du Mississippi[3].

Le camp adverse était constitué des cinq nations fédérées de la Ligue iroquoise. Celle-ci se représentait métaphoriquement par une maison longue couvrant le territoire de l'actuel État de New York entre la rivière Mohawk près d'Albany et le lac Ontario. Les Onontagués (Onondagas), au centre, gardaient le feu du conseil fédéral à Onontagué, la capitale ; les Agniers (Mohawks) étaient les gardiens de la porte orientale de cette grande maison — ils furent aussi, dès 1628, les plus proches alliés des Néerlandais, puis des Anglais à partir de 1664 ; les Tsonnontouans (Senecas) gardaient la porte de l'Ouest, du côté de Niagara ; et enfin, de part et d'autre du feu du conseil fédéral, on trouvait les Onneiouts (Oneidas) et les Goyogouins (Cayugas).

Détail de la *Carte de la Louisiane ou des voyages du Sr. De La Salle*, par Franquelin (1684 ; reproduction de 1896). LOC

Tous ces ambassadeurs s'étaient rendus à Montréal à leurs risques et périls, car la région était frappée d'une grave épidémie. On a parlé d'un « rhume violent[4] », mais l'identification des maladies à cette époque était souvent incertaine et peut-être s'agissait-il de la grippe. C'est pour cette raison que femmes et enfants ne faisaient pas partie des délégations et que plusieurs canots avaient rebroussé chemin. N'eût été cette épidémie, les participants auraient été beaucoup plus nombreux.

La population coloniale de la région de Montréal comptait alors approximativement 3 500 personnes, et la petite ville de Montréal environ 1 500 âmes, soit l'équivalent de la population réunie des deux villages iroquois voisins, ceux du Sault Saint-Louis et de la Montagne (sur le site actuel du Grand Séminaire).

D'anciennes alliances

Nous ne savons pas précisément de quand datent les alliances et fédérations amérindiennes d'alors, mais nous savons qu'elles prédatent l'arrivée des Français et plus généralement des Européens. Les fédérations iroquoise et huronne remontent au moins au XVIe siècle et plus probablement avant, possiblement au XVe siècle[5]. Le réseau d'alliance organisé autour des Hurons et des Outaouais et établi aux dimensions des grands bassins fluviaux de l'Amérique était aussi très ancien, certainement bien antérieur à l'arrivée des Français qui s'y intégrèrent au début du XVIIe siècle. On le voit, notre histoire ne débute pas en 1608 : le Québec compte au moins 8 000 années d'occupation humaine, dans une Amérique habitée depuis au moins 14 000 ans, et probablement davantage.

Pour s'établir à Québec en 1608, en territoire montagnais (innu), Gravé du Pont et Champlain avaient d'abord dû conclure à Tadoussac, au nom de leur roi Henri IV, un traité d'alliance avec le chef innu Anadabijou[6]. Durant trois semaines, un millier d'Innus, d'Algonquins et d'Etchemins ou Malécites participèrent avec les quelques Français présents aux célébrations de la ratification de ce traité. Les Innus contrôlaient alors la traite des pelleteries avec les navires européens. Ils obtenaient leurs fourrures des Cris de la baie James et des peuples habitant la route d'eau qui, par l'intérieur des terres, rejoignait les Grands Lacs. Ils avaient pour rivaux et ennemis la Ligue des Cinq Nations iroquoises, qui cherchait à s'adonner à la traite des pelleteries dans le Golfe pour obtenir du métal, des étoffes et des perles. C'est parce que ces Iroquois contrôlaient le fleuve que les Innus s'approvisionnaient par les voies d'eau à l'intérieur des terres. Ces Innus étaient alliés à la Confédération des Hurons sise sur le lac du même nom, et qui entretenait des relations commerciales et diplomatiques avec les nations des Grands Lacs et du Mississippi. Les Français se retrouvèrent donc intégrés en 1603 dans un très vaste réseau, et il leur fut demandé d'en combattre les ennemis. Voilà pourquoi, en 1609 et 1610, Champlain et ses nouveaux alliés attaquèrent les Iroquois lors de leurs déplacements sur le Richelieu et le lac Champlain, et, en 1615, un de leurs villages près du lac Ontario.

Abénakise et Abénakis (c. 1750-1780).
Ville de Montréal

Les objets d'échange circulaient depuis des siècles dans ce réseau : cuivre du lac Supérieur, blé d'Inde des Hurons, silex, médicaments, etc. Avec l'arrivée des Français, les échanges s'intensifièrent, les fourrures étant troquées contre des marchandises de traite d'origine européenne. Cependant, l'organisation sociale demeura la même, la parenté en constituant le ciment, les mariages étaient courants entre les membres de nations différentes, ce qui impliquait partout la présence de locuteurs bilingues ou polyglottes.

Le conflit avec les Iroquois sembla bientôt se résorber, moins à cause de la présence française que de l'ouverture d'un deuxième marché sur la côte atlantique avec l'implantation des Néerlandais à Fort Oranje (Albany), sur l'Hudson. Plusieurs facteurs contribuèrent toutefois à la reprise de la guerre et à son intensification, entrecoupée de trêves, jusqu'en 1701 :

① Ce ne sont pas les Européens qui introduisirent la guerre en Amérique. Elle y était très ancienne et elle répondait moins à une volonté de conquête de territoires ou à des mobiles économiques qu'à des facteurs sociaux. L'antagonisme guerrier scellait les rapports sociaux de solidarité entre membres d'une même société tout en forgeant la masculinité. La guerre visait, sur le mode de la chasse, la capture d'individus afin de s'approprier leur force par la mise à mort et, pour les femmes et les jeunes, l'adoption pour remplacer les morts d'une communauté.

② L'introduction de la traite des pelleteries donna aux Premières Nations accès aux armes à feu, au métal, aux étoffes et aux perles dont la possession conférait un avantage certain, en particulier pour la guerre. Elle exacerba donc la rivalité entre nations. Qui plus est, si la production traditionnelle de fourrures avait jusque-là répondu aux besoins des populations qui savaient gérer la reproduction de la faune, désormais, la traite des pelleteries s'adaptait à la très forte demande d'un marché extérieur européen. Cela conduisit partout à la surexploitation et à l'épuisement de la ressource. En résultèrent des guerres pour l'accès à de nouveaux territoires.

③ Nous venons de souligner que la guerre traditionnelle visait surtout le rapt de personnes dans le camp ennemi. Ce phénomène s'est terriblement amplifié avec les atroces épidémies qui frappèrent les Amérindiens tout au long du siècle, tout particulièrement entre les années 1630 et 1670. Nous savons que ces épidémies furent une conséquence de l'introduction en Amérique d'agents microbiens issus d'Europe où les conditions sanitaires étaient exécrables à cause des nombreux animaux domestiques vivant avec les humains. En Amérique du Nord, le seul animal domestique était le chien et les conditions sanitaires y étaient par conséquent bien meilleures. Les Amérindiens ne possédaient donc pas les anticorps nécessaires pour résister aux maladies d'origine européenne. Voilà pourquoi, à titre d'exemple, la variole emportait un

La fin de Dollard à Long-Sault : *The Attack on the redoubt,* par William Raphael (1881).

Autochtone sur deux, mais seulement un Européen sur dix. La guerre traditionnelle de capture à des fins de remplacement des disparus s'emballa donc. Cette guerre du deuil était indispensable pour compenser les pertes humaines, reconstituer les réseaux de parenté et maintenir le niveau de population des nations victorieuses.

④ L'arrivée des colons européens en terre amérindienne peuplée fut également source de guerres coloniales visant l'expropriation des premiers habitants. Des tentatives de colonisation au nord du Mexique ont échoué au XVIe siècle, entre autres à cause de la résistance autochtone. L'échec de Cartier et de Roberval en constitue un autre exemple. Ces entreprises coloniales ont toutefois réussi au XVIIe siècle, car des épidémies ont durement frappé les côtes de l'Atlantique : les colons anglais se sont alors établis dans des enclaves autochtones dépeuplées, donc sur des terres veuves, et non pas des terres vierges[7]. Une fois installées, ces populations nouvelles et rurales se reproduisirent rapidement, doublant à chaque génération. Cela impliquait une rapide expansion du territoire colonisé. Il en résulta de nombreuses guerres pour chasser les premiers occupants, le plus souvent des cultivateurs. Il n'en fut pas de même pour les Français, même si eux aussi s'établirent sur des terres veuves, celles des cultivateurs iroquoiens disparus vers 1580. L'immigration demeura de très faible ampleur et les colons remplacèrent les Iroquoiens pourvoyeurs pour les nomades les entourant, en substituant la farine de blé à la farine de blé d'Inde. Il n'y eut pas de guerres d'expropriation territoriale.

⑤ Enfin, la rivalité entre les couronnes pour la conquête d'un monde dit « nouveau » suscita, à partir des années 1660, des guerres impériales.

Il importe de cerner les quatre grands acteurs de ces conflits et de saisir à la fois les enjeux, les intérêts, les stratégies, les forces et les faiblesses de chacun. Il s'agit d'abord du grand réseau d'alliance constitué autour des Hurons puis des Outaouais, auquel les Français s'intégrèrent en 1603. Dans le camp adverse se trouvent la Ligue iroquoise des Cinq Nations et ses alliés néerlandais et anglais.

Le réseau d'alliance huron-outaouais

Ce réseau réunissant les Montagnais et la plupart des nations des Grands Lacs s'était lié aux Français, nous l'avons souligné, pour l'accès aux marchandises de traite et les avantages qui en résultaient pour la vie quotidienne et pour la guerre. On fit appel à l'aide militaire française pour repousser les attaques iroquoises contre les routes de commerce. L'intégration du partenaire européen ne se fit cependant pas sans difficulté. En s'établissant à Québec, les Français dépossédèrent les Innus de leur monopole de traite avec les navires européens. D'abord, une politique visa à restreindre le nombre de navires arrivant à Tadoussac pour éviter que les Innus ne les mettent en concurrence afin d'obtenir de meilleurs prix[8]. Ensuite, les Français firent affaire directement avec des fournisseurs des Innus. Floués, ces derniers faillirent déclencher une guerre pour refouler à la mer les envahisseurs[9].

Coiffe attribuée à une nation iroquoise (c. 1890)
Musée McCord

L'enjeu géopolitique le plus décisif s'est cependant polarisé sur les armes à feu. Au cours des années 1630-1650, la guerre s'est doublement emballée avec la concurrence pour l'accès à de nouveaux territoires de chasse et, surtout, la catastrophe des épidémies.

Les Français ne débarquaient pas non plus en Amérique comme des immigrants soucieux de s'intégrer aux sociétés amérindiennes, mais en tant que « porteurs de la civilisation et de la foi » dans un monde jugé sauvage et païen. Ce fut évidemment source de nombreuses tensions. Néanmoins, durant les premières décennies, Amérindiens et colons, chefs et gouverneurs, se considéraient mutuellement comme des « frères », ce qui impliquait l'appartenance à une même grande famille et une relative égalité. Chacun apprenant à se connaître, sans toutefois, du côté français, ne jamais remettre en question le rapport colonial, des préjugés s'estompèrent au profit du relativisme culturel, dont la plus extraordinaire expression apparaît en 1658 dans la correspondance du père Lejeune. Comparant Européens et Amérindiens, il explique que rien dans la nature n'est pour les sens beau ou laid, bon ou méchant en soi et qu'en « vérité, il n'y a que Dieu seul de constant[10] ». En revanche, des drames se nouèrent autour de la mortalité différentielle des Amérindiens et des Français ; cela fut source de terribles angoisses, les premiers imaginant souvent les mauvais sorts que leur auraient jetés des sorciers français pour les anéantir.

L'enjeu géopolitique le plus décisif s'est cependant polarisé sur les armes à feu. Au cours des années 1630-1650, la guerre s'est doublement emballée avec la concurrence pour l'accès à de nouveaux territoires de chasse et, surtout, la catastrophe des épidémies. Dans la confrontation entre le premier réseau d'alliance constitué autour des Hurons et le second, avec les Iroquois en son centre, ce dernier l'a emporté grâce aux armes à feu fournies par les marchands néerlandais et anglais. Faiblement équipée, la Huronie a sombré en 1649, de même que l'ensemble des sociétés de cultivateurs du sud de l'Ontario. Beaucoup de réfugiés migrèrent vers l'ouest des Grands Lacs, tandis que, de gré ou de force, d'autres vinrent grossir les rangs des Iroquois.

Le réseau d'alliance se reconstitua autour des Outaouais, qui maintinrent les liens avec les Français, mais avec une méfiance qui ne s'estompa jamais. On jugeait l'aide militaire française insuffisante et la présence missionnaire était source de tensions. D'ailleurs, la plupart des Outaouais rejetèrent le catholicisme. Ces alliés auraient en fait pu se résigner à une subordination aux Iroquois, ce qui leur aurait donné accès aux marchandises néerlandaises et anglaises, toujours moins dispendieuses que celles des Français.

Les nations alliées optèrent néanmoins pour conserver leurs liens avec les Français auxquels ils demandèrent d'assumer désormais le rôle de « père » plutôt que de « frère ». Par conséquent, le gouverneur serait leur « père ». On l'appelait Onontio, ce qui est la

Ceinture de wampum
(XVIIIᵉ ou XIXᵉ siècle).
Musée McCord

Carte de l'Amérique septentrionnale, par Franquelin (1688 ; reproduction *c.* 1910). LOC

traduction huronne de Montmagny, en latin *Monte Magnus* ou Grande Montagne. Les autorités françaises virent dans cette demande un acte de soumission des « enfants sauvages » envers leur « père français », désormais autorisé à commander l'obéissance. Il n'en était rien. Dans les sociétés autochtones, jamais les pères n'exerçaient sur leur famille une autorité analogue à celle des pères européens. Qui plus est, ces métaphores diplomatiques de parenté s'inspiraient des sociétés matrilinéaires et matri-centristes iroquoiennes dans lesquelles c'est l'oncle maternel qui exerce une autorité morale non pas sur ses enfants, mais sur ses neveux utérins. Dans ces sociétés, la fonction du père se limite à celle d'un pourvoyeur et d'un protecteur dépourvu d'autorité sur les enfants. Dans l'ensemble, à cette époque, c'est l'interprétation amérindienne qui prévalut. Les ordres qu'aurait pu transmettre Onontio à ses « enfants » étaient donc reçus comme des propositions à débattre, à accepter ou à rejeter. En somme, même si le gouverneur français gagnait en prestige, les nations amérindiennes demeuraient souveraines.

Il faut donc lire avec circonspection les cartes dites de la Nouvelle-France. Elles ne représentent pas l'extension d'une France d'Amérique sur laquelle aurait régné le roi, mais plutôt le territoire de l'alliance franco-amérindienne. Ces cartes rendent donc compte de l'aire d'influence française plutôt que de l'exercice d'une souveraincté. Les prises de possession territoriales au nom du roi de France constituaient des rituels dont les documents devaient contrer les appétits des puissances européennes rivales. Sur place, ce sont des alliances de soutien mutuel qui se concluaient, non pas des actes de prise de possession et d'assujettissement.

Les nations alliées avaient donc besoin de l'appui politique et militaire français en même temps qu'elles se méfiaient d'une volonté de domination. Mais un danger était plus immédiat : les Français pouvaient les laisser tomber pour conclure une paix séparée avec l'Iroquoisie. Les autorités françaises à Québec n'avaient-elles pas laissé en 1656 les Agniers attaquer les Hurons récemment réfugiés à l'île d'Orléans sans intervenir ? Le gouverneur Labarre, après l'échec d'une tentative d'invasion du territoire iroquois, n'avait-il pas conclu en 1684 un traité autorisant ces derniers à poursuivre leur guerre contre les Illinois pourtant alliés des Français ?

Pour l'ensemble de ces raisons, les alliés amérindiens souhaitaient affaiblir l'Iroquoisie, non pas l'anéantir, puisque celle-ci constituait un verrou qui empêchait les Anglais d'accéder aux Grands Lacs et une puissance capable de contenir les Français. Sans cet ennemi, les Français pourraient devenir trop puissants.

Si l'alliance avec le pouvoir politique français à Québec était un moindre mal, elle avait toutefois d'indéniables avantages. La faible intensité de l'immigration française écartait, au moins à court terme, le danger d'éviction des premiers occupants. L'effet

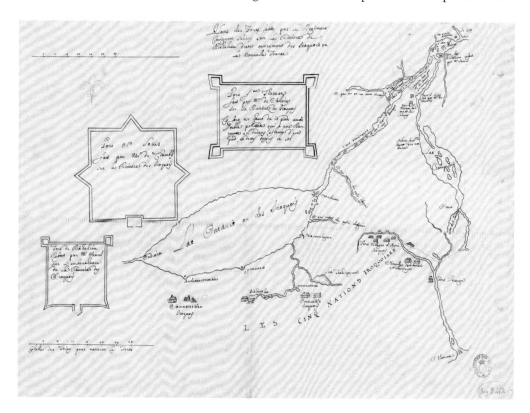

Carte d'une partie de la Nouvelle-France, comprenant le Lac Ontario ou des Iroquois, le Fleuve Saint-Laurent en amont des Trois Rivières, le Lac Champlain, les Cinq Nations Iroquoises (1660).
BNF

combiné de la défaite des Hurons, principaux intermédiaires de la traite, et de la non-compétitivité des marchandises des Français obligeaient ces derniers à aller au-devant des nations pourvoyeuses. S'ils avaient refusé, les Indiens seraient allés voir du côté des Iroquois et des Néerlandais d'Albany. Ensuite, la petite colonie française était issue d'une immigration principalement masculine. Plusieurs jeunes hommes étaient donc prêts à se faire voyageurs ou coureurs de bois dans la traite pour se rendre dans les Pays d'en Haut non seulement pour le commerce, mais tout autant sinon davantage pour y prendre femme. Le commerce des pelleteries s'est donc fondé sur des couples bi-ethniques scellant l'alliance franco-amérindienne par la parenté. De plus, ces hommes généralement analphabètes apportaient avec eux un riche bagage de légendes, de contes et de chansons du vieux fonds indoeuropéen, ce qui favorisa les emprunts mutuels. Enfin, les officiers aristocrates dans les forts partageaient avec leurs hôtes amérindiens des passions communes pour les exploits guerriers, la chasse, l'éloquence, le faste et l'apparat. L'ensemble de ces facteurs fut source d'échanges culturels et de métissages ainsi que d'une proximité nettement plus grande des Amérindiens avec les Français qu'avec les Néerlandais ou les Anglais.

L'Iroquoisie

Après la dispersion des Hurons et de leurs alliés, de marginale qu'elle était, l'Iroquoisie, s'étant élevée au premier rang sur le plan commercial et diplomatique, a cherché à rallier, de gré ou de force, l'ensemble des nations amérindiennes sous son « grand arbre de la paix ». Bref, Iroquois et Français avaient les mêmes ambitions et la victoire de l'un impliquait la défaite de l'autre. En s'imposant à toutes les nations autochtones et en empêchant les Européens de pénétrer le continent, l'Iroquoisie aurait pu se constituer en petit empire[11]. On aurait ainsi vu l'émergence d'un pouvoir autochtone plutôt qu'européen. Ce projet ne put réussir en raison de plusieurs facteurs :

① Les populations coloniales européennes croissaient très rapidement, les Anglais tout particulièrement.

② Les victoires des Iroquois dans les guerres de fourrures et les guerres du deuil[12] leur permirent, contrairement à toutes les autres nations autochtones, de maintenir leur niveau de population. Cependant, la composition ethnique de l'Iroquoisie s'en trouva radicalement transformée, avec une majorité de captifs dont l'intégration, à cause du grand nombre, s'avéra bien plus difficile qu'autrefois. Qui plus est, de nombreux captifs s'étaient auparavant convertis au christianisme. La venue de missionnaires jésuites en Iroquoisie prêchant l'espoir du salut dans l'au-delà incita encore davantage de captifs à la conversion. Plutôt que de se durcir et de devenir une société esclavagiste, la société iroquoise accepta le départ des convertis qui, à partir de 1667, s'établirent à Laprairie puis au Sault Saint-Louis et, à partir de 1676, à la Montagne. Ces convertis résidant à proximité

Plutôt que de se durcir et de devenir une société esclavagiste, la société iroquoise accepta le départ des convertis qui, à partir de 1667, s'établirent à Laprairie puis au Sault Saint-Louis.

Tambour sur cadre iroquois
(c. 1900)
Musée McCord

de Montréal participèrent à la défense de la ville contre les raids iroquois y compris lors de l'attaque de Lachine en 1689. Cependant, ils hésitèrent à lever la hache contre leurs parents d'Iroquoisie et, grâce à des efforts diplomatiques mutuels, à l'insu des Français, catholiques de la région de Montréal et traditionalistes d'Iroquoisie redevinrent des alliés à partir de 1696[13]. Les Français ne purent donc plus jouer les uns contre les autres. Cette réussite diplomatique iroquoise ne fut pas la seule : les initiatives furent nombreuses à l'égard des nations des Grands Lacs. Qui plus est, tout comme les Français entretenaient des espions chez eux, les Iroquois avaient des espions qui fréquentaient les cabarets de Montréal et les prévenaient du départ des troupes françaises contre leur territoire. Il est même plausible qu'ils aient maintenu auprès de Frontenac un agent double du nom d'Ourehouaré[14]. Il s'agissait d'un Iroquois fait captif et déporté aux galères en France avec une cinquantaine de ses compatriotes. Frontenac le ramena de France à Québec où il le logea auprès de lui au château Saint-Louis avant qu'il ne s'établisse au Sault Saint-Louis et intervienne souvent comme négociateur entre les parties.

③ Enfin, à partir de 1684, les nations des Pays d'en Haut lancèrent une offensive victorieuse contre les Iroquois, qu'ils chassèrent du sud de l'Ontario où ils s'étaient établis et attaquèrent jusqu'en leur pays, à l'est du lac Ontario.

Affaiblie, l'Iroquoisie ne pouvait plus chercher à s'imposer comme un empire indigène s'élevant au-dessus des nations autochtones tout en utilisant à ses fins les puissances coloniales et en les contenant aux marges du continent. Elle avait cependant encore les moyens d'empêcher les Anglais de s'établir sur les rives des Grands Lacs. L'Iroquoisie chercha alors à maintenir la balance du pouvoir entre Anglais et Français et à tirer le meilleur parti de leur rivalité.

Les Français

En concluant une alliance avec les Montagnais (Innus) en 1603, les Français se joignirent au plus grand réseau de commerce et de diplomatie d'Amérique du Nord-Est. Ils ne pouvaient donc avoir de meilleurs partenaires. L'absence de guerres coloniales visant la dépossession territoriale des premiers habitants et le caractère plus archaïque d'Ancien Régime de la société française furent propices à une proximité plus étroite avec les

Pipe de cérémonie de style iroquois (début du XXe siècle).
Musée McCord

Premières Nations que dans les colonies britanniques. Le catholicisme était missionnaire et les prêtres vivaient parmi les Amérindiens dont ils apprirent les langues. Plutôt que la propriété privée, la propriété seigneuriale avec son principe de superposition des droits permettait une intégration minimale des Amérindiens plutôt que leur exclusion. Il en allait de même du régime monarchique, favorable à la cohabitation de toutes sortes d'ethnies aux traditions et aux droits différents. Enfin, nous l'avons souligné, l'ethos aristocratique et l'univers folklorique indo-européen des paysans contribuaient au rapprochement.

La vulnérabilité des Français résulta d'une erreur stratégique et d'une situation d'infériorité économique. Sur le plan militaire, le refus d'armer leurs alliés autochtones contre leurs ennemis fut la cause principale de leur défaite face aux Iroquois. Sur le plan économique, les Français n'avaient pas les moyens de leurs ambitions. En effet, pour remplir leur rôle de pourvoyeur auprès des nations alliées, les Français souffraient d'un double handicap. D'abord, les prix de leurs marchandises de traite étaient généralement plus élevés que ne l'étaient ceux des Anglais ; ensuite, les Français devaient, pour des raisons diplomatiques, acheter toute la production de leurs fournisseurs, ce qui fut source de surproduction et de difficultés d'écoulement des stocks. La surproduction de pelleteries devint telle qu'il fallut fermer presque tous les postes des Pays d'en Haut en 1697. Dès lors, les nations des Grands Lacs n'eurent d'autre choix que de se tourner vers les Iroquois et Albany.

Enfin, après la défaite huronne de 1649, l'intérêt marqué du pouvoir français pour un rapprochement avec la confédération iroquoise victorieuse aux dépens de l'ancienne alliance, de même qu'au cours du siècle, les nombreuses tentatives des Français de négocier des ententes directement avec les Iroquois sans la participation de leurs alliés, ont ébranlé à plusieurs reprises les fondements de l'alliance. Les nations des Grands Lacs n'étaient pas assujetties à la France et percevaient ces initiatives comme des tentatives de subordination, pire comme une trahison conduisant à un renversement d'alliance à leurs dépens.

La colonie française fut vulnérable aux raids iroquois jusque dans sa capitale. « Le paysan ou l'habitant, écrit Bacqueville de la Poterie, ne mange pour lors son pain qu'en tremblant. Quiconque sort de son habitation n'est pas sûr d'y rentrer, ses semences et ses récoltes sont la plupart du temps abandonnées. Le Seigneur de Paroisse voit toutes ses terres pillées et brûlées […]. Le voyageur ne va guère que la nuit[15] ».

En revanche, les attaques françaises en Iroquoisie, la mise à feu de ses récoltes et de ses villages, y compris de sa capitale Onontagué, ne brisèrent pas la résistance, les réfugiés trouvant soutien et refuge auprès des nations épargnées par l'invasion. Enfin, si les Français cherchaient à affaiblir l'Iroquoisie, il n'était pas dans leur intérêt de la détruire puisqu'ils auraient eu ensuite à affronter les Anglais sur le lac Ontario.

Les Néerlandais et les Anglais

Les colons de la Nouvelle-Néerlande ont conclu en 1618 un traité d'alliance avec la Ligue iroquoise. Après la prise de cette colonie par les Anglais en 1664, ceux-ci ont resserré leurs liens avec la Ligue iroquoise dans un réseau d'alliance désigné sous le terme de « chaîne du Covenant » et regroupant plusieurs nations de la côte atlantique, dans lequel l'Iroquoisie occupait la première place.

Une page du *Codex canadensis* de Louis Nicolas (c. 1700).
Musée Gilcrease

Contrairement aux Français, les Anglais ont densément peuplé leurs colonies et ce succès démographique fut source d'un antagonisme avec les premiers occupants. Protestants d'esprit républicain, ils étaient moins missionnaires et plutôt rébarbatifs à l'intégration dans leur société de nations aux traditions radicalement différentes. En outre, le caractère exclusif de la propriété privée était un repoussoir pour les Amérindiens. En revanche, sur plan économique, ils étaient imbattables. Cependant, leur allié iroquois, toujours qualifié de « frère » en diplomatie, leur faisait obstacle en ne les autorisant pas à s'établir dans les Grands Lacs. Grâce à ce verrou, les Iroquois maintenaient leur rôle d'intermédiaire dans la traite. À cet égard, la position des Anglais était ambiguë. Il était de leur l'intérêt que les Iroquois ne soient défaits ni par les nations des Grands Lacs ni par les Français, mais par contre, ils souhaitaient leur affaiblissement suffisant pour les rendre dépendants de leur aide.

La conclusion de la Grande Paix de Montréal

De longs préliminaires

Voilà donc comment et pourquoi, au terme d'un siècle de conflits qui s'était achevé, pourrait-on dire, sur un match nul, une paix générale était désormais possible. Il fallut quatre longues années de négociations multilatérales pour la conclure. Les principaux lieux de pourparlers furent Montréal, Onontagué, Michilimakinac (rendez-vous des nations des Grands Lacs) et, à un degré moindre, Albany, où les Anglais tentèrent sans

Costume des Indiens domiciliés d'Amérique du Nord,
par George Heriot (1807).
BAC

succès d'empêcher les Iroquois de négocier avec l'ennemi. Une paix générale prélimi naire fut conclue à Montréal en septembre 1700. Elle prévoyait l'échange multilatéral de prisonniers, le libre accès des Iroquois au Fort Frontenac (maintenant Kingston), la présence de forgerons français en Iroquoisie et l'acceptation du rôle de médiateur d'Onontio pour régler les conflits.

Les principaux artisans de cette paix furent Kondiaronk, le chef huron-wyandot qui parlait peut-être également pour les Hurons de Lorette, l'Abénakis Mescouadoue, le Poutéouatami Ounanguissé, l'Iroquois Teganissorens, le gouverneur Frontenac (qui meurt en 1698), puis son successeur Callière[16]. Ce dernier fit circuler partout une convo cation pour la rencontre de l'été 1701. De nombreux obstacles perduraient cependant. Ounanguissé doutait de la parole iroquoise concernant le retour des prisonniers. Des Outaouais, ayant déjà conclu une paix séparée avec les Iroquois, ne voyaient aucun intérêt à une participation française[17]. Enfin, la rumeur courait, fondée d'ailleurs, qu'une maladie se propageait à Montréal[18]. C'est Kondiaronk qui fut le principal artisan du ralliement des nations des Grands Lacs lors d'une conférence tenue au printemps 1701 à Michilimakinac. Teganissorens joua le même rôle auprès des Iroquois, mais il prévint qu'il ne se rendrait pas à Montréal, choisissant de demeurer sur sa natte, à Onontagué, pour exprimer sa neutralité envers Français et Anglais.

L'arrivée à Kahnawake

Ce n'est pas à Montréal, mais à Kahnawake (ce village dit du Sault qui a contri bué pour beaucoup au rapprochement des ennemis d'hier) que se rendirent, à partir du 21 juillet 1701, les délégations de toutes les nations autochtones (sauf les Agniers qui se présentèrent à Montréal après la ratification de la paix). Des salves de fusils et de canons marquèrent l'arrivée des participants. Vint ensuite un discours d'accueil pour se réjouir d'avoir surmonté les écueils du voyage, puis la cérémonie diplomatique des condoléances de l'orée du bois.

Ce rituel était un préalable indispensable : la réciprocité de la peine ressentie pour les morts des uns et des autres exprimait l'acceptation de l'échange et était une marque de sincérité qui favoriserait l'écoute et la prise de la parole lors des négociations. Le rituel consistait en l'offrande de trois branches de porcelaine (wampum) : La première, pour essuyer les larmes et pleurer les morts ; la seconde, pour « déboucher la gorge et les oreilles » afin de parler avec sincérité et de s'ouvrir à la parole de l'autre ; la troisième, pour essuyer la « natte teinte de sang » des clans endeuillés par la guerre.

Les condoléances acceptées de part et d'autre, on fuma tour à tour le calumet pour apaiser les esprits dans la recherche de la paix. Suivit un grand festin avec danse et musique. Le lendemain, 22 juillet, les ambassadeurs traversèrent à Montréal : 200 canots bien alignés s'avancèrent au son des salves de canons. Parmi ceux-ci, debout dans son embarcation, Texancot, le chef des Tsonnontouans âgé de 80 ans, « faisant des cris de

Algonquine et Algonquin (c. 1750-1780).
Ville de Montréal

mort en criant Hai ! Hai ! pleura en même temps ceux qui avoient été tuez pendant la guerre[19] ». C'était le terme d'un voyage d'environ un mois pour ceux qui venaient d'Iroquoisie, de six semaines pour les habitants des Grands Lacs d'en haut, et d'un périple plus long encore pour ceux qui arrivaient du Mississippi.

Les arrivants « cabanèrent le long des palissades », c'est-à-dire à la Pointe à Callière. Les Iroquois ne campèrent pas avec les autres ; ils furent plutôt reçus dans la ville chez Paul Lemoyne de Maricourt. Au service de Frontenac, ce militaire avait été un remarquable négociateur auprès des Iroquois dont, tout comme son père Charles Lemoyne, il parlait la langue[20]. La nation des Onontagués en avait fait un fils adoptif.

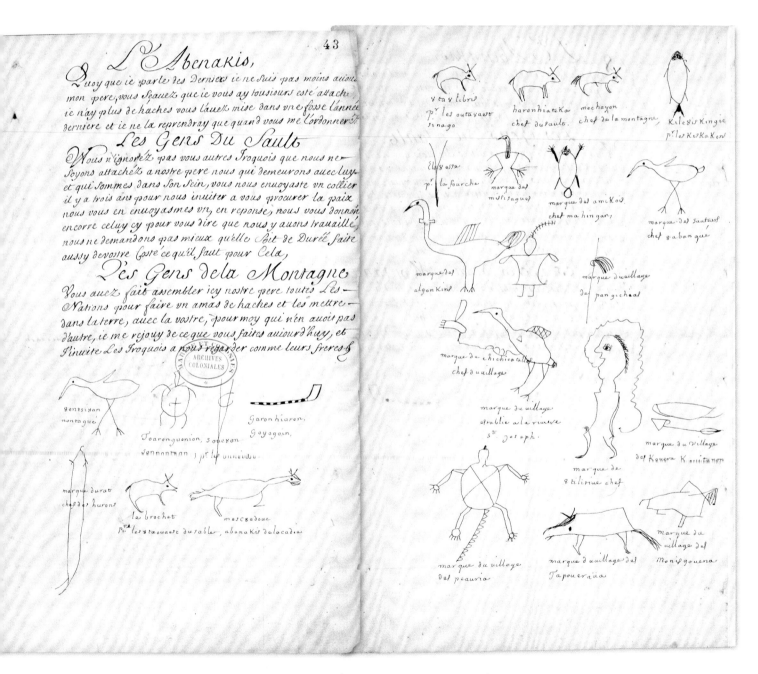

Tous les chefs furent ensuite conduits à la résidence du gouverneur Callière. Kondiaronk fit un grand discours :

Notre père, dit-il, tu nous vois auprés de ta natte, ce n'est pas sans beaucoup de perils que nous avons essuyez dans un si long voyage. Les chutes, les rapides et mille autres obstacles, ne nous ont point parus si difficiles à surmonter pour l'envie que nous avions de te voir et de nous assembler ici, nous avons trouvé bien de nos freres morts le long du fleuve ; notre esprit en a été mal fait, le bruit avoit couru que la maladie étoit grande à Montréal. Tous ces cadavres rongez des oiseaux que nous trouvions à chaque moment en étoient une preuve assez convaincante. Cependant nous nous sommes fait un pont de tous ces corps sur lequel nous avons marché avec assez de fermeté[21].

Pages de signatures du traité
de la Grande Paix de Montréal.
BAC

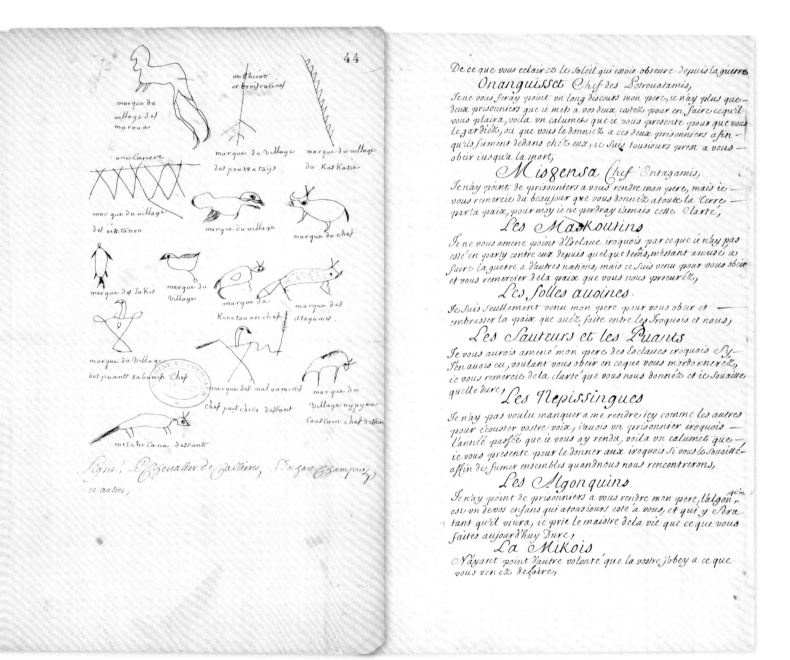

La journée du 3 août se passa à négocier l'échange de prisonniers, tandis que la maladie continuait de sévir, doublée de la rumeur d'un mauvais sort jeté par les Français. Cela obligea les participants à précipiter, le lendemain, la conclusion du traité.

De nombreux conseils furent tenus en présence du gouverneur dans les jours suivants, certains généraux, d'autres particuliers, voire secrets[22]. Les problèmes courants furent débattus : la sur-chasse des animaux à fourrure, les prix trop élevés des marchandises françaises, le projet français de fonder Détroit, les tensions entre alliés, les meurtres, la vente de l'eau-de-vie qui « trouble l'esprit ». Les Outagamis ou Renards de l'actuel Wisconsin demandèrent un missionnaire et un forgeron. Le refus des Iroquois de ramener leurs prisonniers causa un terrible embarras[23].

Le 1er août, lors d'une séance publique, Kondiaronk tomba gravement malade. Il parla néanmoins longtemps avec une grande éloquence, bien qu'à voix faible[24]. Il fit un plaidoyer pour la paix et obtint de Callière la promesse qu'il obligerait les Iroquois à rendre les prisonniers des nations des Grands Lacs. Il mourut peu après et, comme il était catholique, on lui fit le lendemain, 2 août, de grandioses funérailles à l'église Notre-Dame[25] : longs défilés de soldats, suivis de guerriers hurons « vêtus de longues robes de castor, le visage peint de noir et fusil sous le bras[26] », le clergé ensuite, les chefs de guerre portant le cercueil, des membres de sa famille, les chefs de toutes les nations, et enfin, les autorités politiques françaises.

La journée du 3 août se passa à négocier l'échange de prisonniers, tandis que la maladie continuait de sévir, doublée de la rumeur d'un mauvais sort jeté par les Français[27]. Cela obligea les participants à précipiter, le lendemain, la conclusion du traité. Le gouverneur Callière fit ériger dans une grande plaine, hors de la ville, une enceinte de 128 pieds (39 m) de long sur 72 pieds (22 m) de large avec, à une extrémité, un espace couvert. On put y accueillir 1 300 Amérindiens de même que le Tout-Montréal.

La ratification

La cérémonie protocolaire du 4 août 1701, empreinte de solennité, emprunta aux traditions diplomatiques des deux civilisations en présence. Les paroles « portées » par les wampums et la circulation du calumet scellaient les traités pour les Amérindiens, tandis que pour les Européens, c'étaient les signatures au bas d'un document, où les diplomates Amérindiens apposaient leur marque, c'est-à-dire l'emblème de leur nation, de leur village ou de leur clan, qui faisaient foi de l'accord. Quatre missionnaires et un commandant de poste servaient d'interprètes entre Français et Amérindiens[28]. Les habitudes vestimentaires radicalement différentes traduisaient aussi le caractère multiculturel de l'événement. Les Européens, vêtus de pied en cap, portaient perruque et chapeau ; les Amérindiens aux corps couverts de tatouages et de peintures corporelles portaient des coiffes de plumes, d'andouillers, voire une tête de bison, et arboraient porcelaine, argenterie de traite et médailles du roi ou d'autres bijoux gardant la trace de l'animal (griffes, dents, coquilles) ; ils portaient mocassins et mitasses et s'enveloppaient de couvertes de duffel

Sauvage iroquois, par Grasset de Saint-Sauveur (1795). BAC (laine bouillie) ou de peaux de cervidé ou de bison peintes et brodées de piquants de porc-épic teints de divers motifs.

Onontio, ici le gouverneur Callière, entouré de l'intendant et du gouverneur de Montréal, présida la cérémonie. Trente-et-un wampums étaient suspendus à ses côtés. Dans un geste symbolique, il « ôta la hache à tous qu'il jeta dans une profonde fosse ». Il reçut un à un 31 chefs auxquels il remit un wampum. Chacun s'avança d'un « air majestueux », tels des « empereurs romains[29] » portant ce collier de porcelaine et, au nom de sa nation ou à titre de porte-parole d'une autre, tint un discours avec une grande éloquence, remit ses prisonniers, fit circuler le calumet et enfin, ratifia la paix en dessinant sa marque.

Sur les 39 marques ou dessins apposés sur le traité de Montréal de 1701 :

- Deux représentent des humains. L'une est probablement l'effigie de l'orateur Outilirine, qui était peut-être un Cri. Il semble que le dessin représente Outilirine transmettant la parole donnée, conformément à la tradition diplomatique amérindienne. Comme si l'image transgressait l'écrit pour demeurer fidèle à la prépondérance de l'oralité !
- Vingt-neuf représentent des animaux réels ou surnaturels à signification totémique : tortue, castor, rat musqué, ours, bison, poisson, oiseau du tonnerre, aigle, grue, héron, grenouille, etc.
- Une représente un arbre : un chicot à trois racines (*Gymnocladus dioicus*).
- Cinq figurent des objets : une fourche d'arbre avec une pierre au milieu, un calumet, une perche à chevelure (scalp), un arc avec une flèche, une plume encochée.
- Deux, enfin, renvoient à des lieux : une fourche (probablement celle d'une rivière), une carrière (probablement de catlinite, la pierre servant au fourneau des calumets)[30].

Des chants, des danses et un festin de trois bœufs suivirent. La paix était conclue. Symboliquement, on avait planté un grand pin sur la plus haute montagne. Ses racines devaient rejoindre chacune des nations signataires.

Les audiences de congé

Nous connaissons le détail des ententes conclues lors des audiences de congé données par le gouverneur à chacune des délégations, les 6 et 7 août[31]. Callière offrit alors les présents du roi. Soulignons-le, la maladie courait toujours : « le rhume qu'ils avoient tous, écrira Bacqueville de la Poterie, étoit si violent, que l'on étoit touché de les voir retourner dans cet état[32]. »

Avec la Grande Paix, chacun renonçait à la guerre et s'en remettait à l'arbitrage d'Onontio pour régler les querelles. Soulignons la portée de cette dernière clause : pour régler les problèmes qui les divisaient, les Premières Nations s'en remettaient au pouvoir colonial.

Nicholas Vincent Tsawanhonhi, principal chef chrétien et capitaine des Hurons établis à la Jeune-Lorette, près de Québec, par Edward Chatfield (1825).
BAC

Les Iroquois s'étaient engagés à rendre leurs captifs et à demeurer neutres en cas de conflits franco-anglais. Ils acceptaient aussi la fondation de Détroit et obtenaient la liberté de commercer partout[33]. Onontio promettait en outre, d'offrir les marchandises de traite à un prix raisonnable. Enfin, les nations amérindiennes mettaient en commun leurs terres de chasse, symbolisées par un grand bol dans lequel chacune pourrait puiser pour s'y nourrir avec sa micoine (louche)[34]. Arrivés après la conclusion du traité, les Agniers le ratifièrent le 8 août 1701.

Deux autres traités

En avril 1701, les nations de la vallée de la Susquehanna signèrent avec William Penn, gouverneur de la Pennsylvanie, un traité cédant leur territoire en échange de garanties de cohabitation avec les colons. Cela s'accordait avec l'approche pacifiste des Quakers, favorables à l'intégration plutôt qu'à la ségrégation des Autochtones caractéristique des autres colonies des rives de l'Atlantique. Les nations signataires (Andastes, Conestogas, Chouanons, et autres) échappaient ainsi à une tutelle des Iroquois, qui n'eurent d'autre choix que de ratifier ce traité[35].

À Albany, la Ligue iroquoise a refusé la demande anglaise d'expulser les missionnaires jésuites, mais acquiescé à la présence de missionnaires anglicans pour maintenir sa neutralité. Elle a également refusé la proposition anglaise de construire un fort dans sa capitale, mais accepté, bien qu'elle en ait perdu le contrôle, de placer sous la protection du roi d'Angleterre les vastes territoires des Grands Lacs qu'elle avait autrefois conquis. En réalité, cet acte du 19 juillet 1701 était vide de sens puisque les Iroquois avaient été chassés de ces territoires[36]. Le traité permettait néanmoins à l'Angleterre de contester les prétentions françaises à la souveraineté sur les Grands Lacs en vertu du droit de découverte. L'argument de la Couronne anglaise consistait à invoquer le droit de conquête par ses sujets iroquois. C'était là, tant pour les Français que pour les Anglais, une fiction juridique, car les nations des Grands Lacs demeuraient souveraines. En accordant à Onontio le rôle d'arbitre de leurs conflits, en cédant leur territoire à la Pennsylvanie contre une protection et des garanties, en plaçant des terres faussement conquises sous la protection du roi d'Angleterre, les Premières Nations se prêtaient au jeu du colonialisme.

L'héritage de la Grande Paix

En facilitant l'expansion française à l'intérieur du continent et en reconnaissant un rôle de médiateur à Onontio, la Grande Paix de Montréal a contribué à l'avancée coloniale de la France. Bien que dépourvue de pouvoirs coercitifs, la position hégémonique du gouverneur français lui permettait de diviser pour régner.

Le traité de 1701 engendra une paix générale entre les signataires, qui dura jusqu'à la Guerre de la Conquête. Cette paix ne fut toutefois dépourvue ni de tensions ni de reprises limitées de la guerre. Onontio continua de s'opposer aux rapprochements entre Iroquois et nations des Grands Lacs et il fit la guerre aux Renards qui vou-

À Albany, la Ligue iroquoise a refusé la demande anglaise d'expulser les missionnaires jésuites, mais acquiescé à la présence de missionnaires anglicans pour maintenir sa neutralité.

Iroquois allant à la Découverte, par Grasset de Saint-Sauveur (1796).
BAC

lurent se rapprocher de la Ligue iroquoise. Cependant, les Français ne pouvant contrer la compétitivité des marchandises anglaises, les Iroquois continuèrent de faire transiter des pelleteries en provenance de l'intérieur du continent, soit directement vers Albany, soit indirectement, juste en amont de Montréal, avec l'appui des marchands de cette ville et des Iroquois de Kahnawake, qui détournaient vers le Richelieu et le lac Champlain une partie des arrivages de pelleteries des Grands Lacs, cela au grand dam des autorités françaises.

Le grand réseau d'alliance franco-amérindienne s'est maintenu après la défaite française. Ce sont, en effet, pour la plupart, ces mêmes nations alliées qui, sous le leadership de Pontiac, ont contesté entre 1763 et 1765 le droit de la France de céder leur souveraineté à l'Angleterre et ont mené une guerre d'indépendance[37]. Également, ce sont les marques de plusieurs des nations signataires de la Grande Paix de Montréal de 1701 que l'on retrouve en 1795 au bas du traité de Greenville[38] alors que les Américains prennent le contrôle de la vallée de l'Ohio. En somme, le réseau d'alliance auquel les Français se sont joints existait avant leur arrivée et il a perduré après le départ d'Onontio.

*　　*　　*

La Grande Paix de Montréal de 1701 est un événement marquant de notre histoire trop longtemps occulté par une mémoire coloniale qui refoulait les Amérindiens. Son rappel permet de voir émerger de grands acteurs historiques porteurs de l'héritage d'une très ancienne civilisation d'Amérique. On discerne à travers elle tout autant la profondeur de notre histoire commune que celle de notre métissage.

Le traité qui fut ratifié le 4 août 1701 a mis un terme à un siècle de guerre. Voilà un précieux legs qui nous invite à reprendre à notre manière une parole de Kondiaronk : faisons un pont du souvenir de *tous* nos ancêtres, pour avancer avec fermeté ! ◆

Fourneau de pipe d'ardoise huron-wendat ou iroquois (*c.* 1350-1650).
Musée McCord

CI-DESSOUS
Corne de chasse iroquoise, micmac ou abénaquise (*c.* 1920-1950).
Musée McCord

10 février 1763

Le traité de Paris : « la France peut être heureuse sans le Québec. »

par DENIS VAUGEOIS, *historien*

Par le traité de Paris du 10 février 1763, Louis XV, roi de France, George III, roi d'Angleterre, Charles III, roi d'Espagne et Joseph 1er, roi du Portugal, mettent fin à la guerre dite de Sept Ans. Cinq jours plus tard, Frédéric II de Prusse et Marie-Thérèse d'Autriche conviennent d'une paix séparée par le traité d'Hubertsbourg (Saxe). Ainsi prend fin le premier vrai conflit mondial. En effet, cette guerre avait touché les quatre coins du monde : l'Asie, l'Afrique, l'ensemble de l'Europe et l'Amérique.

Sur les 27 articles du traité de Paris, quatre concernent directement ou indirectement le Canada. Par l'article IV, la France renonce à une entreprise coloniale absolument unique en Amérique du Nord. Champlain avait vu grand, Talon avait été efficace, Frontenac, audacieux, Iberville, indomptable et visionnaire, Hocquart, méticuleux, La Galissonière, lucide, et Lévis, héroïque.

Il y a un peu de chauvinisme dans cette entrée en matière, direz-vous ? Peut-être. Mais les 30 000 Français qui ont immigré en Amérique du Nord, dont 12 000 qui ont fait souche, ont eu une histoire difficile à imaginer. Même si les Français n'ont pas été totalement irréprochables dans leur entreprise coloniale, ils ont eu vis-à-vis des Indiens un comportement infiniment plus correct que les Espagnols ou les Anglais.

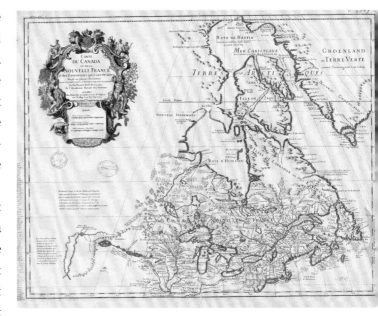

Carte du Canada qui comprend la partie septentrionale des États-Unis d'Amérique, par Guillaume Delisle. Cette carte, publiée à l'origine en 1703, a été rééditée à plusieurs reprises jusqu'en 1783, au moment de l'indépendance des États-Unis. BNF

Une Amérique franco-indienne

La Nouvelle-France qu'on se plaît à montrer sur les cartes anciennes et qui couvre à certains moments une large partie de l'Amérique du Nord est en fait un territoire que les Français ont exploré, reconnu, nommé et cartographié.

La moitié des États américains portent des noms indiens qui leur ont été donnés par les Français. On notera que sur la côte atlantique, les Treize colonies portent des noms d'origine européenne : New York, New Jersey, Virginie, Caroline du Nord, Caroline du Sud, Maryland, Géorgie, Delaware, Pennsylvanie, New Hampshire et Rhode Island. Font exception le Connecticut et le Massachusetts.

Les Britanniques sont arrivés par la côte atlantique ; les premiers contacts ont déclenché des épidémies dévastatrices chez les Indiens. Arrivés par vagues successives qui donnent naissance aux 13 colonies mentionnées, les Anglais cherchent à s'établir avec leurs familles. Ce sont le plus souvent des réfugiés, et ils n'ont nulle intention de rentrer un jour en Europe. Les Français, de leur côté, arrivent en petit nombre, la plupart pour remplir un mandat d'engagé ou de militaire. Ce sont majoritairement des hommes ; ils seront attirés par la traite des fourrures et la liberté qu'offrent les postes des Pays d'en Haut. Ils se répandent vers l'ouest et le sud, entrent en contact avec les Illinois, les Dakotas, les Iowas, et cueillent des noms, futurs toponymes américains : Chicago, Milwaukee, etc. La graphie qui a été conservée atteste de l'antériorité française de l'emprunt, comme pour Missouri et Mississippi, tandis que les graphèmes « ee » ou « ea » dans Tennessee et Chesapeake suggèrent une influence anglaise[1].

> La graphie qui a été conservée atteste de l'antériorité française de l'emprunt, comme pour Missouri et Mississippi, tandis que les graphèmes « ee » ou « ea » dans Tennessee et Chesapeake suggèrent une influence anglaise.

La Nouvelle-France : forces et faiblesses

Cette immense Amérique française est en fait un colosse aux pieds d'argile, dira-t-on. Dans *Notre grande aventure*, le chanoine Groulx laisse libre cours à son admiration :

> Un Brûlé, un Nicolet, un Galinée, un Casson, un Jolliet, un Marquette, un Nicolas Perrot, un Greysolon Du Lhut, les La Vérendrye. Ces Français et Canadiens ont bâti grand, trop grand peut-être, [...] Leur œuvre n'en reste pas moins imposante. Elle est de celle qu'on n'efface pas de l'histoire. [...] Dans l'immense Amérique, un petit peuple avait pris les bouchées trop grosses. [...] Image d'un grand corps aux muscles tendus à se briser. [...] Trop de postes pour trop peu de troupes[2].

Mais pouvait-il en être autrement ?

> Cet empire français d'Amérique, insiste Groulx, « possède son maître-pivot au cœur des Grands Lacs. Là s'est fait sentir la plus alléchante séduction : climat attrayant, présence des alliés indiens, source principale du castor, tributaires et déversoirs des mers intérieures, ouvertures vers le pays des Illinois, vers la Louisiane, vers la baie du Nord, par le lac Nipigon et les rivières adjacentes ; ouvertures, au fond du lac Supérieur, vers l'extrême ouest. Nul

Carte de la Nouvelle-France ou est compris la Nouvelle Angleterre, Nouvelle Yorc, Nouvelle Albanie, Nouvelle Suede, la Pensilvanie, la Virginie, la Floride, &c., par Jean-Baptiste Franquelin (1708).
BNF

coin de l'Amérique n'offrait pareille profusion de routes, ni plus riche territoire de fourrures. Aussi quelle pullulation de postes y retracer. Les uns en dépendance de Détroit […] ; d'autres reliant le lac Érié à l'Ohio […] ; d'autres encore en dépendance surtout de Michilimakinac […]. Réseau, vaste filet d'établissements, poussées ambitieuses dans l'hinterland américain, pour contenir l'Anglais de tous côtés[3]. »

Véritable fondateur de la Louisiane, Pierre Le Moyne d'Iberville se porte à la défense des parties vitales de l'Empire. Il est en Acadie, à Terre-Neuve, à la baie d'Hudson. En 1701, au moment où se réunissent une quarantaine de nations indiennes à Montréal, il lance un avertissement :

Si l'on veut faire un peu d'attention au pays occupé par les Anglais de ce continent et de ce qu'ils ont dessein d'occuper, des forces qu'ils ont dans ces colonies […] et de ce qu'ils seront dans trente ou quarante ans, on ne doit faire nul doute qu'ils n'occupent le pays qui est entre eux et le Mississipi, qui est un des plus beaux pays du monde. Ils seront en état, joints aux sauvages, de lever des forces suffisantes par mer et par terre pour se rendre les maîtres de toute l'Amérique…

Dans un autre document, il plaide pour une occupation de la Louisiane et prophétise : « La colonie anglaise qui devient très considérable s'augmentera de manière que dans moins de cent années, elle sera assez forte pour se saisir de toute l'Amérique et en chasser toutes les autres nations[4]... »

Si on veut chicaner, d'Iberville se trompe. Laissées à elles-mêmes, les Treize colonies souffrent de divisions. Vers 1700, elles comptent environ 275 000 habitants contre 16 500 pour la Nouvelle-France ; en 1760, ces chiffres sont de l'ordre d'un million et demi contre 90 000[5]. Mais malgré cet invraisemblable déséquilibre, la Nouvelle-France tient le coup.

Le gouverneur La Galissonière (1747-1749) voit le danger. Au-delà d'une natalité qui l'émerveille, il se rend compte qu'un soutien à l'immigration est nécessaire : « Tandis que la paix paraît avoir comme assoupi la jalousie des Anglais en Europe, elle éclate dans toute sa force en Amérique, écrit-il en 1750. Et si on n'y oppose dès à présent des barrières capables d'en arrêter les effets, cette Nation se mettra en tête d'envahir entièrement les Colonies françaises[6]... » Ses craintes rejoignent celles exprimées un demi-siècle plus tôt par Le Moyne d'Iberville.

La Galissonière a vite pris conscience des dangers et des enjeux. Il plaide pour une colonisation systématique dont le peuplement constitue la condition fondamentale. Il réclame des immigrants. Il insiste pour obtenir des soldats « dont on pourra dans très peu de temps faire de bons habitants ». La Galissonière comprend l'importance de l'Amérique et ne peut s'empêcher d'entrevoir le pire. Il refuse d'envisager un abandon pur et simple : « Les motifs d'honneur, de gloire et de religion ne permettent point d'abandonner une colonie établie, de livrer à eux-mêmes ou plutôt à une nation ennemie par goût, par éducation et par principe de religion les Français qui y ont passé à la persuasion du gouvernement sous l'espérance de sa protection et qui la méritent singulièrement par leur fidélité et leur attachement[7]. »

Le gouverneur de La Galissonière.

Querelle de frontières dans l'Ohio

La France a bien reçu le message. Lorsque le conflit éclate dans la vallée de l'Ohio, au printemps 1754, les Français, vraiment déterminés, accumulent les victoires. Canadiens et Indiens sont déchaînés.

Réunis à Albany, les représentants des colonies anglaises discutent d'un plan d'union mais ne s'entendent pas. Londres intervient et impose un commandant en chef et un responsable des Affaires indiennes. Edward Braddock et William Johnson se voient confier respectivement ces deux responsabilités. Le premier ne survivra pas à la bataille de la Monongahela en juillet 1755 tandis que le second s'active auprès de ses amis indiens.

La tension est à son comble et la sacoche retrouvée à côté du corps de Braddock contient des instructions qui ne laissent pas de doutes sur les vraies intentions des Britanniques. Comme l'écrit l'historien Guy Frégault : « Le gouverneur Vaudreuil se délecta à démêler ces documents[8]. » Tout y était : le gouverneur avait en main « un plan élaboré par l'empire anglais pour détruire la Nouvelle-France ». Il envoya « tout le paquet à Versailles ». La guerre entre la France et l'Angleterre éclate officiellement en 1756.

« A French and Indian war »

> « C'est l'affection que les sauvages nous portent
> qui jusqu'à présent a conservé le Canada. »
> – Bougainville

Pour les Américains, cette guerre est une *« French and Indian war »*. Le surintendant des affaires indiennes, William Johnson, a un objectif : briser les alliances franco-indiennes. Il sait comment s'y prendre. Il vit parmi les Indiens, il fait des affaires avec eux et sa nouvelle conjointe, Mary Brant, l'introduit dans l'univers des chefs et lui fait comprendre encore davantage leurs préoccupations.

« Les Anglais avaient passé l'hiver [1755-1756] à se chercher des alliés, mais toutes les tribus des Pays d'en Haut, impressionnées par la victoire de la Monongahela, ont repoussé leurs avances, rappelle Guy Frégault. Même les Iroquois n'ont pas voulu se compromettre avec les Britanniques ; au contraire, ils se disposent à envoyer une grande ambassade à Montréal[9]. » Il faut dire que le général Montcalm avait un peu perdu le contrôle de la situation à Oswego en août 1756 et avait dû calmer les Indiens à coup de brandy et en y mettant le prix. Plus de 2 000 guerriers viennent lui offrir leurs services au printemps 1757.

William Johnson (c. 1715-1774) sait tirer profit du blocus atlantique pour semer le doute chez les Indiens alliés des Français. Il est, avec William Pitt, l'un des grands responsables de la victoire des Britanniques.

« L'Amérique offre un spectacle invraisemblable, écrit encore Frégault dans son monumental essai, *La guerre de la Conquête*. Les populeuses colonies anglaises se voient réduites à une pénible défensive. Alors que partout les Canadiens et leurs bandes indigènes les harcèlent sans répit[10]. » Sans relâche, les Canadiens ont « l'occasion de pratiquer les méthodes de combat qu'ils ont apprises au cours d'une histoire qui a été un siècle de conflit. […] Ils exercent, au moyen de bandes indigènes auxquelles ils se mêlent, une pression constante sur les frontières occidentales des colonies anglaises du centre et du sud. […] Dans ces postes, les Britanniques mènent une existence de prisonniers[11]. »

William Johnson n'est pas qu'un « homme d'affaires », il est aussi un combattant. Il est partout. Entre deux engagements, il tente de prévenir les Indiens de ne pas trop miser sur les Français. Le temps est proche, annonce-t-il, où ils manqueront de tout, de marchandises de traite, de présents, de munitions.

En août 1757, Montcalm remporte une importante victoire à William-Henry, mais perd le contrôle de ses alliés indiens qui massacrent des prisonniers. L'horreur est totale et se conjugue à la peur que suscite la progression des forces françaises qui ne sont pas loin de menacer Albany, et pourquoi pas New York ? Les coloniaux américains se mobilisent enfin.

Les historiens anglophones sont mal à l'aise avec cet épisode. Anderson ne peut s'empêcher de penser à une opération de nettoyage ethnique, « exécutée avec une froideur calculatrice – et une efficacité – rarement vues dans les autres opérations guerrières ».

À Londres, William Pitt passe aux commandes. Il a l'oreille du roi et est bien déterminé : la France doit être chassée des Amériques. Jadis, les Anglais se sont donné accès à la côte atlantique en chassant les Hollandais avec le traité de Bréda (1667), puis en occupant l'Acadie à la suite du traité d'Utrecht ; aujourd'hui il leur faut éliminer les Français qui empêchent leur marche vers l'Ouest. Pitt demande à l'Angleterre un effort de guerre sans précédent. Les troupes britanniques multiplient les cibles, leur force navale leur donne un avantage en Afrique, aux Indes, dans les Antilles et sur l'Atlantique.

Le vent tourne en 1758

L'historien Fred Anderson raconte l'immense joie de William Pitt lorsqu'un messager venu d'Amérique lui annonce, en ce matin du 18 août 1758, la capitulation de Louisbourg quatre semaines plus tôt. Il lui saute au cou : « Quelle merveilleuse nouvelle[12] ! »

La route de Québec est ouverte. Louisbourg, ce « faux Gibraltar » selon l'expression de Groulx[13], avait tenu héroïquement pendant sept semaines face aux efforts d'Amherst et de Wolfe, qui commandaient des forces cinq fois supérieures.

Plan de la ville
de Louisbourg en 1757.
BNF

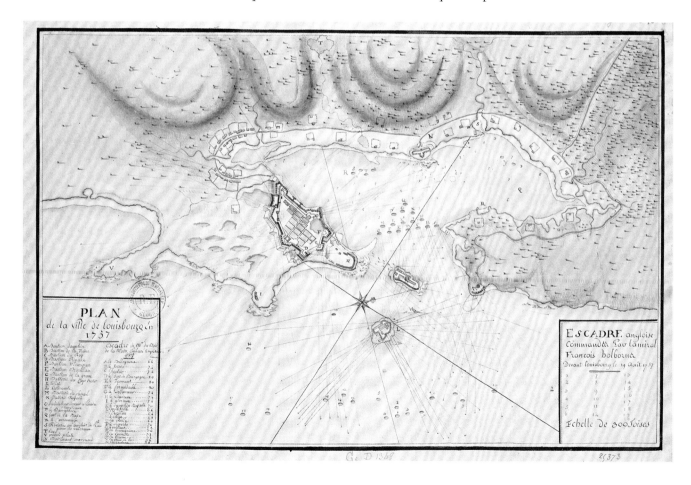

La saison est cependant trop avancée pour permettre aux Britanniques de se lancer à l'assaut de Québec, d'autant qu'Amherst, devenu commandant en chef des troupes anglo-américaines et britanniques, est inquiet des nouvelles qu'il reçoit du lac Champlain, plus précisément de fort Carillon, où le général James Abercrombie, à la tête d'une imposante troupe de 15 000 hommes, avait cédé devant quelque 3 500 hommes conduits par Montcalm flanqué de Lévis et Bourlamaque. Tandis qu'Amherst marche à la rencontre d'Abercrombie, James Wolfe, pour combattre son dépit de ne pouvoir attaquer Québec, dévaste la Gaspésie alors que Robert Monckton ravage les habitations acadiennes de la rivière Saint-Jean. Malgré les 5 000 ou 6 000 Acadiens déportés en 1755, les Britanniques considèrent que le travail n'est pas terminé.

Les historiens anglophones sont mal à l'aise avec cet épisode. Anderson ne peut s'empêcher de penser à une opération de nettoyage ethnique, « exécutée avec une froideur calculatrice – et une efficacité – rarement vues dans les autres opérations guerrières ». Après avoir évoqué le refus des Acadiens de prêter un serment d'allégeance au roi, l'auteur admet que les vrais motifs sont plutôt « de libérer les fermes des Acadiens pour une recolonisation par des habitants de la Nouvelle-Angleterre et d'autres immigrants protestants[14] ».

Situé sur le lac Ontario, Oswego commande la route qui mène à Albany. Le fort cède devant Montcalm à l'été 1756. On frappe une médaille en l'honneur de cette victoire et on représente l'endroit avec une évidente exagération.
Université de Montréal

L'historien torontois Donald Creighton, pour sa part, y va sans détour : « Les Acadiens – assez brusquement, il faut l'admettre, mais en définitive, providentiellement – avaient été massivement évacués de leurs fermes en 1755[15]. »

La triple offensive de 1759 pour la conquête du Canada

Fort des instructions reçues de Pitt, Amherst s'engage sur la route du lac Champlain, en direction de Montréal et de Québec, où il doit faire la jonction avec les troupes de Wolfe qui, de général de brigade, vient d'être promu major général et commandant des forces de terre contre Québec. Celui-ci se présente devant Québec à la fin de juin 1759. Leurs forces conjuguées auraient totalisé plus de 20 000 soldats sans compter un nombre équivalent de marins.

Avant de se mettre en marche, Amherst a confié le tiers de ses troupes au brigadier John Prideaux avec mission d'atteindre Montréal par le Saint-Laurent après avoir pris le contrôle des deux extrémités du lac Ontario, le fort Niagara à l'ouest et les forts Oswego et Frontenac à l'est. William Johnson, de son côté, avait espoir d'entraîner avec lui un millier d'Iroquois et d'inciter à la neutralité le plus grand nombre possible de tribus indiennes.

FRANÇOIS GASTON DE LÉVIS BRIGADIER des ARMÉES du ROI de FRANCE AU CANADA puis MARÉCHAL DE FRANCE, DUC de LÉVIS. CHEVALIER DES ORDRES DU ROI GOUVERNEUR de la PROVINCE D'ARTOIS NÉ EN 1720 MORT EN 1787

François-Gaston chevalier de Lévis, par E. Trochsler (1897).
Musée du Château Ramezay

Prideaux est tué devant fort Niagara ; William Johnson prend sur lui de diriger les opérations et déjoue Pierre Pouchot, un militaire d'expérience, qui doit rendre la place. Un certain désordre s'installe toutefois dans le commandement, et les ordres qu'envoie Amherst sont mal exécutés. Thomas Gage, un des seconds d'Amherst, choisit de fortifier les postes du haut Saint-Laurent ; Johnson poursuit son travail de diplomatie auprès des Indiens. Près de 2 000 d'entre eux sont pourtant aux côtés des Français à Québec à l'été 1759. Multipliant les petites escarmouches en compagnie de Canadiens, ils terrorisent les Britanniques. Wolfe promet une récompense pour tous scalps d'Indiens « ou de Canadiens déguisés en Indiens[16] ».

Wolfe se rend vite compte qu'il n'aura pas la vie facile, et il ne fait pas de quartier. Il fait détruire et incendier les établissements français. « Si nous devons revenir l'an prochain pour prendre Québec, cette fois, on ne trouvera que ruines[17], se dit-il. »

Les semaines passent et l'ennemi se dérobe. Impatient, le 31 juillet, Wolfe donne l'ordre d'attaquer du côté de Montmorency. Bien retranché, Lévis est invincible et cause aux troupes anglaises de lourdes pertes. Disons-le au passage, François-Gaston de Lévis a un parcours parfait. Au printemps 1760, il infligera une ultime défaite aux Britanniques devant les murs de Québec et tous les historiens s'accordent pour dire que l'issue de la bataille du 13 septembre aurait été tout autre si Lévis avait été présent. Est-ce à dire que Wolfe a gagné par défaut ? Cela n'a pas beaucoup d'importance. Cette bataille des plaines d'Abraham a été gagnée non pas sur le champ de bataille mais dans l'orchestration qui a suivi. Mort au combat dans un engagement de vingt minutes, Wolfe est devenu un héros. À Londres, Pitt s'en est chargé. La presse britannique le compare à Hannibal, Scipion, César et Epaminondas, eh oui Epaminondas ! Québec est la ville papiste par excellence. Elle a été détruite. Le commandant James Murray écrit : « Je suis entré aujourd'hui dans la ville, ou plutôt, dans ses ruines […]. » Les gravures de Richard Short sont mises en circulation au printemps 1761 ; elles frappent les esprits. Tout est exagéré pour suggérer une ville importante. Les édifices religieux dominent ; ils étaient imposants, mais maintenant ils ne sont que ruines.

Amherst n'est pas là pour partager cette gloire. Il s'est attardé à fortifier la route du lac Champlain, s'employant à reconstruire les forts que Bourlamaque faisait sauter au fur et à mesure de sa retraite jusqu'à l'île aux Noix. Quand il apprend la mort de Wolfe et la capitulation hâtive de Québec, le 18 octobre, il en déduit que Vaudreuil s'est replié sur Montréal. Une autre année sera donc nécessaire pour venir à bout du Canada.

Choiseul, le ministre français des Affaires étrangères à partir de 1758, avait décidé de concentrer ses efforts en Europe. Ses collègues ont donc instructions de faire le minimum pour la Nouvelle-France. Le 10 février 1759, le ministre de la Marine, Berryer, avait suggéré à Montcalm de s'en tenir «à la plus simple défensive. [...] Vous devez tâcher de vous maintenir encore durant cette campagne», «tirer le meilleur parti qu'il sera possible des milices du pays» et concilier «les besoins de la guerre et la culture des terres». «Au sujet des sauvages», il ajoute qu'il a enjoint à Vaudreuil «de tirer le meilleur parti qu'il se pourra de ceux qui restent attachés à la nation» et, quant aux autres, de s'«assurer qu'[ils] resteront neutres[18]».

Dans une lettre à Montcalm du 19 février, le ministre de la Guerre, Belle-Isle, est encore plus clair : «Vous ne devez point espérer de recevoir des troupes de renfort.» Il évoque «la disette des vivres» et le danger que les nouvelles troupes soient interceptées ou, à défaut, que de tels efforts aient l'effet «d'exciter le ministère de Londres à en faire de plus considérables». En somme, Sa Majesté compte sur Montcalm pour faire aussi bien que l'an dernier et, comme «il faut s'attendre que tout l'effort des Anglais va se porter sur le Canada», lui demande d'essayer de conserver les «points les plus essentiels et les plus rapprochés» pour que ses forces puissent mieux «s'entre-secourir et [se] soutenir». «Il est de la dernière importance, conclut le ministre, d'avoir toujours un pied dans le Canada ; car, si nous avions une fois perdu ce pays en entier, il serait comme impossible d'y rentrer[19].»

Les gravures de Richard Short sont mises en circulation au printemps 1761 ; elles frappent les esprits. Tout est exagéré pour suggérer une ville importante. Les édifices religieux dominent ; ils étaient imposants, mais maintenant ils ne sont que ruines.

Vue de l'église Notre-Dame-de-la-Victoire, par Richard Short (1761).

Musée McCord

Bref, ce qui survient en 1759 n'est une surprise pour personne, sauf qu'il s'en est fallu de peu que Wolfe ne rentre bredouille. La journée du 13 septembre, écrit Guy Frégault, « devrait être connue sous le nom de la journée des Fautes. Le demi-succès de Wolfe tient à ce que Montcalm commet encore plus d'erreurs que lui[20] ».

Lévis ne renonce pas

Les autorités de la ville de Québec ont capitulé bien rapidement. Les Britanniques en conviennent. Londres reconnaît que la bataille du 13 septembre n'avait rien de « décisif ». Lévis, qui succède à Montcalm, est bien de cet avis, d'où son effort d'avril 1760. À l'automne 1759, il était arrivé trop tard pour empêcher la capitulation de Québec, mais tout n'était pas perdu. Il profite de l'hiver pour s'assurer que Montréal est bien protégée tant du côté du Richelieu, par les fortifications de l'île aux Noix, que du côté du Haut-Saint-Laurent, par le fort Lévis en face d'Oswegatchie.

Avant la fermeture de la navigation pour l'hiver, il avait envoyé en France une demande pressante de renforts. Il a bien l'intention d'être à Québec pour les accueillir au début du mois de mai 1760. Fin avril, il s'y présente à la tête d'une armée, mal équipée mais déterminée, de 7 000 hommes, soldats et miliciens confondus.

James Murray, qui commande une garnison de force équivalente, a décidé de marcher à sa rencontre. L'affrontement a lieu à peu près au même endroit que la bataille dite des plaines d'Abraham du 13 septembre 1759. Cette fois, le combat est bien réel et tourne presque au corps à corps. Murray a été téméraire : la moitié de ses hommes n'est pas vraiment en état de combattre. L'hiver avait été bien long, surtout pour les Écossais en kilts qui devaient à la générosité des religieuses de chauds bas de laine qui ne les protégeaient pas toutefois contre la grippe et la malnutrition.

> Après deux heures de combats, Murray donne l'ordre de retraiter et abandonne une bonne partie de ses équipements. Il comptera 259 morts, comparativement à 193 du côté des Français.

Après deux heures de combats, Murray donne l'ordre de retraiter et abandonne une bonne partie de ses équipements. Il comptera 259 morts, comparativement à 193 du côté des Français[21]. Comparé à celui de la bataille du 13 septembre 1759, ce bilan est terriblement lourd ; comme quoi, ce n'est pas l'intensité d'une bataille qui en détermine le poids devant l'histoire[22].

Lévis organise rapidement le siège de la ville. Murray ne peut alors guère faire plus que surveiller le Saint-Laurent.

James Murray, vers 1762.

Le 12 mai 1760, des navires arborant pavillon anglais apparaissent sur le fleuve. Lévis lève le siège et se replie sur le fort Jacques-Cartier avant de regagner Montréal. Cette fois, les jours de la Nouvelle-France sont comptés.

Les renforts attendus par Lévis avaient été en partie bloqués sur la côte française ; le reste ira se réfugier au fond de la baie des Chaleurs, jetant l'ancre sur la rivière Restigouche. Une frégate, *Le Machault*, y engage le combat avec une escadre anglaise arrivée de Louisbourg. Des réfugiés acadiens et quelques Indiens micmacs se joignent aux équipages français. Le 8 juillet, les deux navires français en état de combattre sont sabordés. La résistance se poursuit et durera jusqu'à l'arrivée de la nouvelle de la capitulation de Montréal.

L'assaut final : la rencontre de trois armées

Murray réorganise ses troupes et va faire jonction à Montréal avec celles de Haviland, qui arrivaient par le Richelieu, et celles d'Amherst, qui avaient péniblement remonté le Saint-Laurent.

Fidèle à son habitude, Amherst avait pris soin de restaurer le fort Lévis après la capitulation de l'éternel Pouchot, le 26 août. Le 30, il note dans son journal : « Sir William Johnson en conférence toute la journée avec des Indiens ». On apprendra à Caughnawaga le 15 septembre suivant que des délégués indiens s'y sont donné rendez-vous au lendemain de la capitulation de Montréal. Selon le récit qu'on en a conservé, Johnson leur aurait dit, pour l'essentiel : « Ce n'est pas votre guerre. Tenez-vous à l'écart et nous vous protégerons. » Entre fort Lévis et Montréal, la navigation est difficile[23]. Amherst aurait eu du mal à affronter à la fois les rapides en plus de possibles embuscades, d'où l'importance de la rencontre du 30 août.

Le 2 septembre, Lévis est à La Prairie avec quelques chefs Indiens « pour les porter à le seconder dans son dessein. […] Pendant qu'[il] les haranguait il vint un député de leur village leur annonçant que la paix était faite entre eux et les Anglais, lesquels étaient aux Cèdres. Dans ce moment, ils se dispersèrent et laissèrent M. le chevalier de Lévis tout seul, avec les officiers[24] ». Un autre passage des manuscrits publiés par H.-R. Casgrain rapporte ceci :

> Le 2 septembre, le Marquis de Vaudreuil, croyant les Sauvages dans des dispositions plus favorables, les fit assembler à la Prairie où le chevalier de Lévis s'était rendu, il leur proposa de marcher avec toutes les troupes qui étaient au sud pour attaquer l'armée anglaise. Mais au moment qu'il pensait les avoir déterminés à nous aider dans cette expédition, ils reçurent nouvelles que les Anglais avaient accepté la paix proposée pour eux par les Sauvages des cinq nations et abandonnaient le camp pour la seconde fois[25].

En juillet 1759, William Johnson s'empare du fort Niagara et fait prisonnier Pierre Pouchot, qui reprendra du service pour commander le fort Lévis à l'été 1760.

1760 : la capitulation de Montréal

Les Indiens avaient choisi la neutralité, les Canadiens, la désertion. Pour cux non plus, ce n'était plus leur guerre. Ils rêvent de la fin des hostilités. Vaudreuil les connaît bien. Il ne se fait pas d'illusions et juge que « l'intérêt général de la colonie exigeait que les choses ne fussent pas poussées à la dernière extrémité[26] ».

Le 6 septembre, en soirée, le gouverneur réunit ses officiers. L'intendant François Bigot donne lecture d'un projet de capitulation. Bougainville se rend auprès d'Amherst. Ce dernier refuse d'accorder les honneurs de la guerre aux troupes françaises en représailles de la « guerre cruelle et barbare » qu'elles ont livrée avec leurs Indiens. Dans son for intérieur, sinon en acquiesçant ouvertement, Bougainville s'est certes souvenu d'avoir écrit que si un jour la paix se faisait, il en faudrait deux, l'une pour les Français une autre pour les Canadiens « plus cruels que les Sauvages mêmes, aux dires des Anglais[27] ».

Le marquis de Lévis proteste, et en ce qui le concerne, il a bien raison. Il a été courageux et sa conduite a été impeccable. Vaudreuil se voit obligé de lui donner ordre de se soumettre aux conditions imposées par Amherst[28]. Par ailleurs, il doit lui-même accepter le refus d'Amherst de cesser les hostilités, « en attendant l'arrivée possible de la nouvelle que la paix était conclue entre les deux pays[29] ». Amherst n'entend pas céder sa proie. Vaudreuil doit se contenter d'une allusion semblable dans l'article 48 par lequel

Plan de la ville et des fortifications de Montréal (1760).

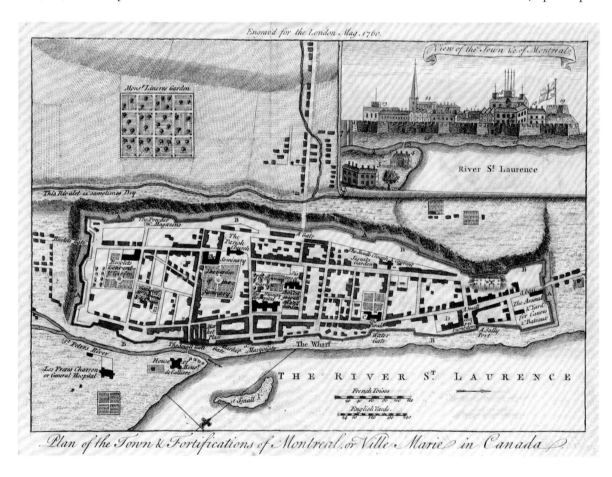

les Britanniques acceptent le principe de la vente des biens de ceux qui passeront en France « si par le traité des deux Couronnes le Canada ne rentre point sous la domination française ». Au moins, cette éventualité est évoquée, doit se dire Vaudreuil.

Les articles de la capitulation de Montréal n'ont rien d'improvisé. De toute évidence, l'entourage de Vaudreuil s'était préparé. La porte était ouverte à une rétrocession du Canada, mais le contraire avait été envisagé également.

Pour l'historien Maurice Séguin, la Conquête se résumait à une date : 1760. Il disait « dix-sept-soixante », et ses étudiants ont répété pendant des années ce dix-sept-soixante.

En septembre 1955, à l'École normale Jacques-Cartier de Montréal, les bacheliers ès arts assistaient à l'un des divers cours optionnels qui leur étaient offerts. Ce matin-là, pendant une heure, un jeune professeur, le regretté André Lefebvre, avait multiplié les références à 1760. Que de choses semblaient se rattacher à cette date ! De temps à autre, les étudiants échangeaient un regard qui exprimait leur ignorance. Durant la pause, le temps d'aller fumer une cigarette dans le corridor, l'un d'entre eux se hasarda : « 1760 ? Vous savez à quoi ça se rapporte, vous autres ? » À la reprise, un brave osa le demander au professeur. La réponse fut sans équivoque : 1760 était synonyme de Conquête. À l'issue du cours classique, nous n'en savions pas grand-chose. C'est l'époque où un débat sur la Conquête opposa publiquement les historiens de l'Université de Montréal et ceux de l'Université Laval.

Tout se joue à Paris

Entre une défaite et une cession, il y a un océan : Maurice Séguin savait pourtant fort bien que la capitulation de Montréal aurait pu être annulée d'un trait de plume. Les décisions se prenaient dans la métropole, à la cour du Roi. Pouvait-on être certain que la conquête militaire de 1760 allait être suivie de la cession du Canada ? Pourquoi, et avec quelles conséquences tant pour la France que pour sa colonie nord-américaine ? Qu'est-ce qui aurait pu amener la France à faire annuler la défaite de 1760 ?

En juillet 1629, Champlain et son fidèle partenaire Pont-Gravé avaient capitulé à Québec devant les frères Kirke. Apprenant que la paix de Suze avait été signée entre la France et l'Angleterre trois mois auparavant, Champlain put convaincre le roi de réclamer la rétrocession de la Nouvelle-France par un traité signé à Saint-Germain-en-Laye le 29 mars 1632.

En 1700, le décès du roi d'Espagne avait posé le problème de sa succession. La question sera réglée avec le traité d'Utrecht. Sans avoir perdu d'importantes batailles en Amérique, si l'on excepte la prise de Port-Royal en 1710, la France y renonce, au profit de l'Angleterre, à ses prétentions sur la baie d'Hudson et à Terre-Neuve et abandonne l'Acadie, à l'exception de l'île Royale (île du Cap-Breton) où est fondé Louisbourg, un petit port de pêche destiné à devenir une importante forteresse.

Les Anglais s'en emparent en 1745 et rendent l'endroit à la France lors du traité d'Aix-la-Chapelle trois ans plus tard.

Il y a anguille sous roche. On ne l'a pas vu ou on n'a pas voulu le voir, mais l'intérêt de la France est avant tout du côté de la pêche. La morue les attire depuis toujours. En fait, on ne sait pas très bien depuis quand.

Plusieurs historiens ont présenté le traité d'Utrecht comme le démembrement de la Nouvelle-France, le commencement de la fin. « Le traité d'Utrecht est bien le prélude du traité de Paris de 1763 », écrit Groulx[30]. Les auteurs de *Canada-Québec* ajoutent : « En fait, 1713 annonce 1763, avec la différence que pour l'instant la Nouvelle-France demeure dans l'orbite de la colonisation française[31]. »

Malgré les inquiétudes qu'éveille habituellement le traité d'Utrecht, il y a encore davantage : on a lu ce texte trop rapidement. Aujourd'hui, il m'apparaît comme un brouillon du traité de Paris.

Par l'article XIII, la France cède Terre-Neuve et plus précisément le fort de Plaisance ; elle renonce également à se fortifier où que ce soit sur l'île, mais s'autorise à installer « des échafauds & cabanes nécessaires & usitées pour sécher le poisson » pendant la période de la pêche et dans une zone confortable et bien définie. Elle annonce qu'elle ira se fortifier éventuellement sur l'île du Cap-Breton.

Les sujets du roi de France, selon l'article XIV, établis dans des lieux cédés par leur roi auront un an pour se retirer « avec tous leurs effets mobiliers », et ceux qui voudront « rester sous la domination de la Grande-Bretagne, doivent jouir de l'exercice de la religion catholique romaine, en tant que le permettent les lois de la Grande-Bretagne[32] ». Ce sera repris dans le traité de Paris.

Dans ses instructions au gouverneur de la Nouvelle-France, le ministre de la Marine, le comte de Pontchartrain, de façon passablement désinvolte, confirme la cession de « l'Acadie en son entier, conformément à ses anciennes limites », et comme il est « persuadé que les habitants de l'Acadie n'auront point prêté serment à la reine d'Angleterre, ils pourront se retirer dans le terme convenu sans que les Anglais puissent les en empêcher, et je ne doute point qu'ils n'en profitent avec plaisir pour se rendre au Cap-Breton[33] ». Et le ministre insiste : « Faites le nécessaire en ce sens pour eux et pour les Sauvages de l'Acadie[34]. »

À qui va le chapeau ? La recherche de responsables

En apprenant la nouvelle de la capitulation de Montréal, une capitulation générale cette fois, Louis XV et les deux Choiseul, Gabriel et Étienne, eurent le même réflexe : trouver des responsables.

Le comportement de l'intendant Bigot avait été maintes fois dénoncé. Il était certes largement responsable de l'inflation des dernières années et de l'apparition d'une dette énorme. Quelques mois auparavant, les autorités avaient ordonné l'arrêt du paiement des lettres de change et des ordonnances.

À l'automne 1760, les officiers rapatriés racontent les derniers moments de la Nouvelle-France. Lévis louange Vaudreuil, mais son entourage raconte qu'il a livré Montréal sans combattre. Le roi est humilié.

À peine arrivé en France, l'ancien gouverneur reçoit ainsi une lettre de blâme. Il s'y attendait et s'y résigne, persuadé d'avoir épargné le pire aux siens. Il ne faut pas oublier que Vaudreuil était un Canadien et que ce seul trait le rendait suspect aux yeux des officiers français.

De son côté, Bigot avait bien planifié son départ. L'article XV de la capitulation prévoyait un vaisseau « pour le passage de Mr Bigot Intendant et de Sa Suite, dans lequel vaisseau il sera fait des aménagements Convenables, pour lui, Et pour les personnes qu'il emmènera. Il y embarquera également ses papiers qui ne seront point visités, ses équipages, vaisselle, et bagages et ceux de sa Suite[35] ».

Voilà pour la traversée, mais à son arrivée il sera à la merci des ministres Berryer et Choiseul, deux protégés de la marquise de Pompadour qui cherchait elle aussi des coupables[36]. Berryer, après avoir parcouru le dossier, est vite convaincu des méfaits de l'intendant. Le 17 novembre 1761, une large rafle soigneusement planifiée a lieu à Paris. Bigot et sa bande se retrouvent à la Bastille. Une longue enquête et un imposant procès, appelé l'Affaire du Canada, distribuent les blâmes. Bigot échappe à la peine de mort mais non au bannissement.

Le 30 mars 1762, Vaudreuil avait été le rejoindre en prison, mais pour être relâché quelques semaines plus tard. En décembre 1763, à l'issue d'un long procès, les juges le disculpent et le roi croit le moment venu de le réhabiliter. Il lui fait remettre la grand-croix de l'ordre de Saint-Louis et voter un supplément de pension. Le duc de Choiseul l'invite à dîner. Ils en avaient long à se dire. Le traité de Paris, signé le 10 février 1763, était derrière eux.

L'épisode des frontières du Canada

Très tôt, Choiseul avait renoncé au Canada, mais encore fallait-il qu'il en connaisse les limites. Pendant les négociations qui durèrent deux ans, les Britanniques firent référence à une carte tracée par Vaudreuil en présence du général Haldimand, Suisse francophone, chargé de surveiller le départ des troupes françaises. L'enjeu visait principalement la région des Grands Lacs, ce qui est bien normal puisque le conflit a d'abord débuté dans la vallée de l'Ohio.

Haldimand avait fait parvenir une carte avec un pointillé au sud des Grands Lacs et au nord de la source présumée du Mississippi et de la rivière Ouabache. Vaudreuil récuse, dans une lettre à Choiseul datée du 30 octobre 1761, la version de Haldimand qui affirme dans sa correspondance avec Amherst que ce tracé indique les limites entre la

À l'automne 1760, les officiers rapatriés racontent les derniers moments de la Nouvelle-France. Lévis louange Vaudreuil, mais son entourage raconte qu'il a livré Montréal sans combattre. Le roi est humilié.

Le gouverneur Pierre de Rigaud de Vaudreuil, par Donatien Nonotte (c. 1755).
BAC

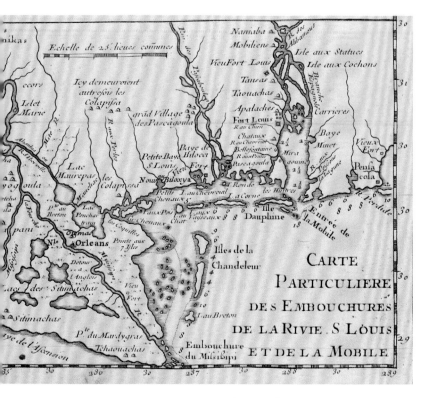

Carte de la Louisiane de
Guillaume Delisle (1718).
Université McGill

Louisiane et le Canada. Détail amusant : Amherst, qui est alors à New York, écrit en anglais à Haldimand, qui lui répond en français à partir de Trois-Rivières[37].

Cette question des frontières a été au cœur des négociations et constitue un aspect peu étudié du traité de Paris. Hormis la « fausse » carte de Vaudreuil, les Français avaient l'avantage de mieux connaître le continent et disposaient de bonnes cartes, dont celles de Guillaume Delisle et du duc d'Anville. Vaudreuil savait-il que le contrôleur des Finances Étienne de Silhouette avait, devant la situation désespérée des finances, abordé ouvertement « l'abandon du Canada » ou la transmigration de ses habitants en Louisiane[38] ? Hélas oui !

Après des mois de discussion, les négociateurs se mirent d'accord pour étendre le territoire cédé jusqu'au Mississippi. C'était énorme. Comme l'Espagne était venue prêter main-forte à la France, on s'avisa de lui faire cadeau d'une partie de la Louisiane plutôt que de la céder aux Britanniques. La carte de Delisle de 1718 en mains, les Français fixèrent la frontière « par une ligne tirée au milieu du fleuve Mississippi, depuis sa naissance jusqu'à la rivière d'Iberville, et de là, par une ligne tirée au milieu de cette rivière et des Lacs Maurepas et Pontchartrain jusqu'à la mer[39] ». Ce texte deviendra l'article VII du traité de Paris, qui prévoyait la libre navigation sur le Mississippi, non pas jusqu'à son embouchure, comme on le pense souvent, mais jusqu'au golfe du Mexique par la rivière d'Iberville, les lacs Maurepas et Pontchartrain. Ce tracé permettait de garder la ville de La Nouvelle-Orléans dans le giron français, du moins officiellement, car, en réalité, à Fontainebleau le 3 novembre 1762, la France l'avait proposée à son allié espagnol.

Les plénipotentiaires anglais ont un moment d'inquiétude. Est-ce que la rivière d'Iberville est vraiment navigable toute l'année ? « Bien sûr, répondent les Français, et advenant un problème, vous pourrez utiliser le Mississippi. » Mais ils se gardent bien d'ajouter : « Vous serez alors en territoire étranger… » C'est finalement lord Bute, le successeur de William Pitt, qui fera taire les inquiétudes de son négociateur, le duc de Bedford, en faisant accepter la fameuse frontière à la hauteur de la rivière d'Iberville. « Après tout, fait-il valoir, nous avons obtenu la libre navigation sur le Mississippi. »

Au début, Britanniques et Américains s'en accommoderont. Au moment de l'indépendance des États-Unis, on ne précise rien à cet égard. Ce sont les commerçants du Kentucky et du Tennessee qui feront entendre les premières protestations, car ils tiennent à naviguer « librement » sur le Mississippi jusqu'à son embouchure. De façon générale, ils arrivent à des compromis avec les Espagnols mais, quand Napoléon reprend possession de la Louisiane en 1801, le président Jefferson décide de s'en mêler ; il en fait un *casus belli*. Plutôt que de ne vendre que la ville de La Nouvelle-Orléans, comme le demande Jefferson, Napoléon, sur un coup de tête, offre de vendre tout ce qui reste de l'ancienne Louisiane, soit le bassin ouest du Mississippi.

Si on s'y arrête un instant, le traité de Paris de 1763 permettra aux Américains de s'engager sur la voie de l'indépendance et de doubler la superficie de leur territoire en 1783. Ce même traité de 1763, cette fois à cause de l'article VII, les conduira jusqu'aux Rocheuses. En outre, le *Louisiana Purchase*, comme on désigne cette transaction, jette les bases de la frontière entre le Canada et les États-Unis en définissant ce territoire comme allant jusqu'à la source du Mississippi et de ses affluents occidentaux.

Et les Canadiens dans tout ça ?

En cédant l'Acadie en 1713, le ministre Pontchartrain avait suggéré aux Acadiens qui refuseraient de prêter serment à la Couronne britannique de s'installer sur l'île du Cap-Breton. Choiseul ne sera pas en reste : il a aussi son plan. Ne serait-il pas naturel d'orienter vers les autres colonies de la France les milliers de réfugiés canadiens, acadiens et ex-habitants de Louisbourg ? Il a ses projets pour la Guyane. Pourquoi ne pas les encourager à s'y installer. Il rêve d'en faire une seconde Nouvelle-France pour faire oublier celle que la France vient de céder. L'historien Robert Larin a fait la lumière sur ce plan farfelu[40]. Au début, seulement 92 Canadiens se seraient fait piéger dans cette entreprise, alors que quelque 15 000 Français y seront expédiés. Ce chiffre fait rêver. Cet effort de la France dépasse largement les moyens que cette métropole a pu déployer pour peupler le Canada, l'Acadie ou la Louisiane.

À la Guyane, le ministre ajoute les Antilles et Saint-Pierre-et-Miquelon. Il a sa logique. Il est prêt à renoncer au Canada, mais non pas à la grandeur de la France. Il a fait son bilan. Le Canada n'est pas très populaire à la Cour : il coûte cher et rapporte peu. Dans sa lettre du 6 septembre 1762, Voltaire résume la pensée de plusieurs. C'est du moins ce qu'il prétend : « J'entends les voix de beaucoup d'étrangers. Toutes disent qu'on doit vous bénir si vous faites la paix à quelque prix que ce soit. » Et pour être bien clair, il ajoute : « Je suis comme le public, j'aime beaucoup plus la paix que le Canada : et je crois que la France peut être heureuse sans Québec[41]. »

Au choix : la fourrure, le poisson, le sucre

Dans l'avion qui le ramène en France, en juillet 1967, après son célèbre « Vive le Québec libre ! », de Gaulle fait dire à son collaborateur Jean-Daniel Jurgensen : « Mon Général, vous avez payé la dette de Louis XV ! » Il aurait pu ajouter : « Et des Choiseul. »

Sceaux et signatures du traité de Paris, tiré de J. Lacoursière, J. Provencher et D. Vaugeois, *Canada-Québec : synthèse historique, 1534-2010*.

Ces derniers, sous le poids précisément d'une énorme dette, avaient choisi entre la fourrure, le poisson et le sucre. Avaient-ils en mémoire les réflexions de Bougainville de janvier 1759 dans lequel ce dernier se demande s'il est important de conserver le Canada ? Dans un texte antérieur, Bougainville avait écarté l'argument du dépeuplement de la France considérant les morts qu'entraînent les guerres successives en Europe, mais il admettait que le Canada est « un pays extrêmement dur », et que « le commerce avec les Sauvages est peu de choses, que bien loin d'augmenter il diminuera toujours, le commerce de la pelleterie ne pouvant subsister un siècle[42] ».

Au sujet du poisson, l'article V du traité de Paris renoue explicitement avec l'article XIII du traité d'Utrecht : « Les sujets de la France auront la liberté de la pêche & de la sécherie, sur une partie des Cotes de l'Isle de Terre-Neuve ». Pour la commodité de l'entreprise, par l'article VI, « la Grande-Bretagne cède les Isles de St Pierre et de Miquelon ».

Dans un livre imposant de près de 500 pages, l'historien britannique Jonathan Dull s'emploie indirectement à justifier le choix de Choiseul : « La question des pêcheries était centrale, parce qu'elle mettait en jeu non seulement le prestige de la France […] mais aussi l'avenir même de la marine française. » Il veut être certain d'être bien compris et

Carte des isles de Saint Pierre et Miquelon, par Jacques-Nicolas Bellin (1763). La pêche, particulièrement celle de la morue au large de Terre-Neuve, était un enjeu vital pour la France.
BNF

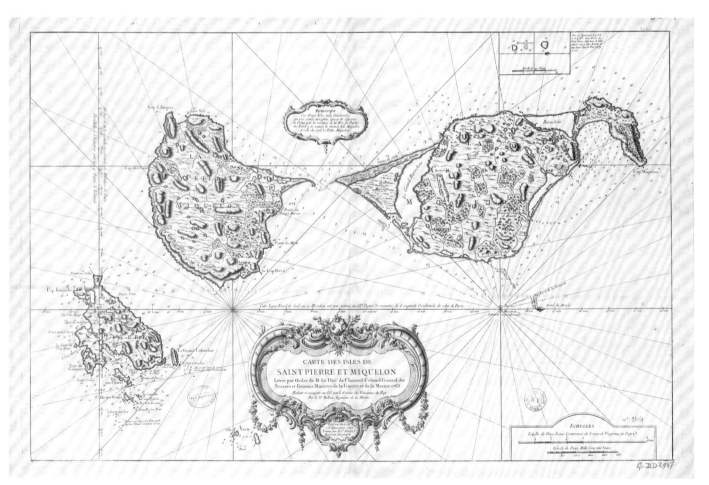

présente les pêcheries comme « le vivier de marins qualifiés et de futurs équipages ». William Pitt l'avait bien compris également, mais il avait été écarté des négociations. Le nouveau roi George III était partisan de la paix et prêt à faire des concessions. Pitt ne s'en console pas et se dit prêt à perdre l'usage de son bras plutôt que de céder. Dull fait remarquer moqueusement que « la goutte l'empêchait de se servir de ce bras[43] ».

Reste le cas du sucre, avec en prime le café, la vanille et le bois d'ébène. Dans le traité de Paris, outre le Canada, la France renonça à Minorque et à fortifier ses comptoirs orientaux tels les célèbres Pondichéry et Chandernagor ; elle récupéra l'île de Gorée en échange du Sénégal, et surtout se fit « restituer les Isles de la Guadeloupe, de Mariegalante, de la Desirade, de la Martinique & de Belle-Isle ».

L'historien américain Philip P. Boucher a dressé un bilan étonnant : « Les pertes coloniales de la France ne réduisirent en rien son intérêt pour le Nouveau Monde. En fait, jamais auparavant les Amériques n'attirèrent tant l'attention du public, et de façon si appropriée. En stricts termes économiques, la période comprise entre 1761 et 1789 fut la plus productive de toute l'époque coloniale de l'Ancien Régime. Les îles, en particulier Saint-Domingue, procurèrent en France des richesses dépassant largement celles des époques précédentes [...]. Non seulement Saint-Domingue doubla sa production de sucre [mais elle atteignit] environ 40 % de la production sucrière mondiale du moment et plus de la moitié de celle du café[44]. »

« Pour Choiseul, conclut Boucher, comme pour tous les ministres français depuis Colbert, les précieuses Antilles dépassaient en importance toutes les autres possessions coloniales[45]. »

La « province de Québec », marque du conquérant

Il semble bien que Voltaire qui, selon la légende avait des intérêts dans les Antilles[46], avait raison d'écrire : « La France peut être heureuse sans Québec. » À l'opposé, le Québec pouvait-il être heureux sans la France ? C'est en somme la question que l'on peut se poser à propos du 10 février 1763, une des dix journées identifiées comme ayant fait le Québec. Les malins diront : une journée qui a plutôt « défait » le Québec, défait au point d'engendrer une grande confusion dans les noms mêmes. Ainsi, Voltaire lui-même parle de Canada et de Québec.

Par l'article IV du traité de Paris, la France cède « le Canada avec toutes ses dépendances ». L'historien Frégault constate : « En 1763, il reste encore des Canadiens, il ne reste plus de Canada[47]. » La proclamation royale du 8 octobre 1763 le confirme froidement : Londres crée une nouvelle colonie en Amérique du Nord. Aux Treize colonies, devenues quatorze avec l'acquisition de la Nouvelle-Écosse, s'ajoute maintenant le gouvernement de Québec. Le 14 novembre, James Murray reçoit sa commission de « gouverneur en chef de la province de Québec ». Province et colonie sont synonymes. L'aliénation des Canadiens est si profonde que, 250 ans plus tard, leurs descendants continueront fièrement de se dire de la « province de Québec[48] ».

Bronze d'un buste Voltaire âgé par Jean-Antoine Houdon (1778). En 1760, Voltaire achève ainsi une lettre au comte d'Argentan : « Je vous déclare que, si j'étais jeune, si je me portais bien, si je n'avais pas bâti Ferney, j'irais m'établir à la Louisiane ».

Choiseul s'était étonné de l'intransigeance de Pitt face au sort du Canada. Si la France se retire du Canada, se demandait-il, les Américains sentiront-ils encore le besoin de la protection britannique ?

Étienne François de Choiseul, duc de Stainville, négociateur des Français.

Devenu haut fonctionnaire, Guy Frégault restait habité par le spectre de la Conquête. Il évitait l'emploi du mot « province » et utilisait « national » plutôt que « provincial ». L'Assemblée législative devint l'Assemblée nationale en 1968. Un jour, le premier ministre Jean-Jacques Bertrand reçut une lettre de Pierre Elliott Trudeau adressée au « premier ministre de la Province de Québec ». Frégault prépara alors un projet de lettre adressée au « premier ministre du Dominion du Canada ». Bertrand la signa avec joie.

Frégault le fonctionnaire n'était jamais loin de Frégault l'historien. Dans les Canadiens d'après 1760, il ne reconnaissait pas ceux d'avant la Conquête. Ces Canadiens, autrefois commerçants et entrepreneurs, se disent, au lendemain de 1760, « les enfants du sol » ; ces combattants farouches de jadis étaient devenus antimilitaristes au point de ne s'entendre, au fil des ans, que sur le « refus de porter les armes ».

Dans sa conclusion de *La guerre de la Conquête*, Frégault est cinglant :

En 1763, un monde anglais s'est refermé sur les Canadiens, sans pourtant qu'ils se fondent en lui, car il s'est créé contre eux et il se développe sans eux. […] Et leurs propres armatures sociales ayant été tronquées en même temps que secouées sur ses bases, ils ne forment plus qu'un résidu humain, dépouillé de la direction et des moyens sans lesquels ils ne sont pas à même de concevoir et de mettre en œuvre la politique et l'économie qu'il leur faut. […] Leur condition ne résulte pas d'un choix qu'ils auraient fait : ils n'ont guère eu le choix ; elle est la conséquence directe de la Conquête qui a disloqué leur société, supprimé leurs cadres et affaiblit leur dynamisme interne, si bien qu'elle s'achève en eux[49].

La controverse autour de la Conquête s'est estompée ces dernières années. L'histoire est devenue abstraite, sans événements, sans personnages. Certains, dont des auteurs de programmes scolaires, se sont employés à un découpage qui ignore la Conquête. Dans leur *Brève histoire socio-économique du Québec*, Brian Young et John Dickinson proposent ainsi l'étude de « La société préindustrielle et l'économie 1650-1815 » ; et la monumentale *Histoire de Québec et de sa région* dirigée par Marc Vallières s'ouvre avec un chapitre qui va « Des origines à 1791 ».

Cet effort pour effacer de la mémoire collective le traité de Paris est bien réel. Pour les « jovialistes », il n'y aurait eu ni conquête militaire, ni abandon, ni cession par la France le 10 février 1763. La colonisation s'est poursuivie ; seule différence, l'Angleterre a pris le relais de la France. Rien de plus. Il n'y a eu ni massacre, ni déportation, ni même de mise en état de subordination politique. Il n'est même plus certain qu'il y a eu une guerre ! À retenir plutôt que les nouveaux maîtres ont jugé essentiel de conserver la population canadienne. Sans elle, ce pays ne valait pas beaucoup.

Au début des négociations, à l'été 1761, Choiseul s'était étonné, auprès de son interlocuteur britannique, de l'intransigeance de Pitt quant au sort du Canada. Si la France se retire du Canada, se demandait-il, les Américains sentiront-ils encore le besoin de la protection britannique ? Au moment de la signature du traité, devant le duc de Bedford, représentant de George III, son cousin Choiseul de Praslin aurait même murmuré à son entourage : « Nous les tenons. »

L'avenir lui donnera raison plus rapidement qu'il ne l'aurait cru. Vingt ans plus tard, un nouveau traité, également signé à Paris, reconnaît l'indépendance des États-Unis. Les Canadiens seront rattachés à la partie de l'Amérique anglaise qui a choisi de demeurer britannique. Ils y seront en majorité jusqu'au milieu du XIXe siècle. Qu'on l'admette ou non, il y a eu des départs en 1763. Il n'est pas exagéré de parler de décapitation sociale[50]. Il faudra deux ou trois générations avant que les Canadiens se donnent de nouveaux chefs. Ils y arrivent vers 1830 quand survient une nouvelle Conquête, une nouvelle décapitation. Il semble qu'il leur sera encore plus difficile de s'en remettre. Depuis 1763, leur taux de natalité est élevé, mais l'immigration française, nulle. L'immigration anglaise, même lente, a changé le contexte politique.

Parmi les historiens nuancés, il y a Donald Fyson, un spécialiste des questions judiciaires et de l'État. Il s'emploie dans ses travaux à examiner le fonctionnement de la société canadienne aux « lendemains d'une conquête » qu'il a au moins le mérite de reconnaître. Il introduit habilement des nuances sur les idées reçues, par exemple l'absence de statut pour le français après 1763. Pour l'essentiel, dit-il, les Canadiens ont su s'adapter : ils sont restés des coloniaux soumis à un pouvoir monarchique ; l'agriculture est l'activité dominante ; la pratique religieuse a été préservée ; ils ont accès à la justice dans leur langue et y sont même associés ; ils apprennent rapidement à se servir des institutions britanniques et cela, bien avant l'instauration du parlementarisme, etc. Fyson conteste par ailleurs la décapitation des élites francophones tout en admettant que « ceux qui restent doivent céder une partie importante de leur place aux Britanniques[51] ».

La Grande-Bretagne a permis d'introduire la démocratie… La belle affaire ! L'incapacité pour la majorité parlementaire de contrôler le budget et de faire voter les lois conduira à l'impasse. Le jour où les Anglais détiendront la majorité, comme par magie, la responsabilité ministérielle sera accordée. L'instabilité qui en découle conduira à la fédération des colonies britanniques. Du traité de Paris de 1763 à l'acte de l'Amérique du Nord britannique de 1867, il y a une continuité : la province de Québec.

L'analyse de Maurice Séguin était toute simple, mais elle semble s'être perdue au cours des ans. La Nouvelle-France n'avait pas atteint l'âge adulte. Elle avait encore besoin de protection et de soutien. Elle a été sevrée prématurément. Sa survie a été confiée à une belle-mère compréhensive, tolérante, mais d'une langue et d'une culture autres et qui n'a eu de cesse d'adopter de nombreux autres enfants. Évidemment, le premier lit n'existait plus, autrement dit l'immigration française s'est tarie.

Les Canadiens (français) ont finalement renoncé à leur appellation ; ils sont devenus des Québécois ; ils ont continué à intégrer des gens de toutes origines. Les généalogistes le savent bien. Le Québec a toujours été un creuset méconnu. Son problème, ce n'est pas les autres, mais l'autre qui s'est substitué à la métropole britannique et qui le traite en « province ». ◆

César Gabriel de Choiseul, duc de Praslin, signataire du traité de Paris.

V

23 octobre 1837

L'assemblée des Six Comtés : du Parti patriote à la rébellion

par GILLES LAPORTE, *historien*

Louis-Joseph Papineau, d'après une lithographie de Maurin (c. 1840). BAC

PAGE PRÉCÉDENTE
Papineau s'adressant à une foule, par Charles Jefferys (c. 1912). BAC

La journée du 23 octobre 1837 peut à prime abord se résumer à une grande assemblée politique en plein air : des militants venus par milliers de tout le sud du Bas-Canada s'étaient réunis dans le village de Saint-Charles sur le bord du Richelieu pour débattre de liberté et d'indépendance. Ce fut bien l'une des journées lumineuses de notre histoire, le point d'orgue du mouvement patriote : jamais autant de Canadiens français ne s'étaient rassemblés pour défendre des principes aussi élevés touchant aux droits de l'Homme et au droit d'un peuple à disposer de lui-même.

Les conditions, toutefois, n'étaient pas idéales : 5 000 personnes se retrouvaient massées autour d'une estrade, exposées aux éléments pour deux jours entiers de discours et de débats. À ce compte, la majorité de l'assistance n'a dû rien entendre des discours (évidemment non amplifiés) et le grand Papineau a dû leur sembler interpréter une lointaine pantomime. Ne serait-ce que pour cette raison, on doit envisager avec prudence tous les comptes rendus qui nous sont parvenus de cette fameuse assemblée. Car il faut aussi rappeler que l'assemblée des Six Comtés s'est close sur un profond dilemme (un malentendu ?) quant à la marche à suivre au terme des débats. De sorte que les patriotes s'engageront divisés dans l'insurrection de 1837, avec les conséquences que l'on sait.

Mais avant d'analyser ces événements dans le détail, observons tout le chemin parcouru depuis la Conquête pour parvenir à cette journée mémorable.

Un élan né de la Révolution américaine

La Conquête anglaise de 1760 avait laissé notre peuple tétanisé. L'Angleterre régnait désormais sans partage sur toute l'Amérique du Nord et pouvait à sa guise décider du sort de l'ancienne Nouvelle-France. Aussi, malgré ce qu'en diront Stephen Harper et son ministre du Patrimoine, ce n'est pas la guerre de 1812 qui a permis la survie en Amérique d'un peuple de langue et de culture françaises, mais la Révolution américaine, qui allait forcer la Grande-Bretagne à faire des compromis pour obtenir l'indispensable collaboration des Canadiens français.

La plus belle illustration en est bien sûr la promulgation de l'Acte de Québec en 1774. Les nouvelles frontières devaient servir à endiguer la propagation des idées républicaines. Et surtout, les concessions faites à la majorité francophone visaient à nouer une alliance avec les élites cléricales et seigneuriales. Cette puissante alliance conservatrice prouvera son efficacité lors des invasions américaines de 1775 et de 1812, ainsi que pour écraser l'insurrection patriote en 1837.

C'est encore l'indépendance américaine qui force l'Angleterre à accorder l'Acte constitutionnel de 1791. L'arrivée de 8 000 loyalistes explique seule la création pour eux du Nouveau-Brunswick, puis du Haut-Canada et, par conséquent, du Bas-Canada où demeurent massés les francophones.

Vue de Québec, depuis la pointe de Lévy, par James Cockburn (c. 1830).
BAC

Plus étonnant cependant est le fait que la Grande-Bretagne a alors choisi de donner une chambre d'assemblée démocratique au Bas-Canada, et cela en pleine Révolution française et en dépit du fait que de telles chambres avaient été des foyers révolutionnaires notoires dans les Treize colonies. Les manuels scolaires ont perpétué l'impression que ce sont surtout des Britanniques, familiers de ces institutions, qui ont milité pour obtenir cette forme de démocratie. La réalité est plus simple et se résume, comme souvent, à une question d'argent.

En novembre 1784, « L'humble pétition des sujets anciens et nouveaux de Votre Majesté, habitants de la province de Québec » indique ceci :

> 14. Vos pétitionnaires osent humblement représenter à Votre Majesté que, vu leur proximité des États-Unis qui, par suite de leur situation et du climat, ont sur eux plusieurs avantages, les règlements pour favoriser le commerce intérieur et l'agriculture de cette province sont devenus plus difficiles et plus compliqués et la législature ici devra apporter une grande attention aux intérêts du pays. En conséquence, ils demandent que l'Assemblée soit investie du pouvoir de prélever les taxes et droits de douane nécessaires pour défrayer les dépenses du gouvernement civil de la province, et que, dans ce but, on abroge les lois existantes concernant les taxes et droits douaniers imposés dans la province[1].

Le budget de la colonie est alors le fardeau de la Grande-Bretagne. Or pour percevoir des taxes, l'assentiment d'un corps législatif est nécessaire. Le revenu de ces taxes doit financer le développement de la colonie, mais rien n'empêche la Grande-Bretagne d'exiger qu'il lui soit versé sous forme de subsides afin de financer l'administration coloniale et de payer les sinécures des bureaucrates vivant aux crochets de la colonie. En somme, en 1791, si la Grande-Bretagne accorde une forme de démocratie au Bas-Canada, c'est d'abord afin d'y percevoir des taxes qui pourront être consacrées à payer les fonctionnaires anglais et à financer l'emprise économique de la bourgeoisie britannique par la construction d'infrastructures de transport.

Le gouverneur Dorchester l'écrit plus crûment encore dans une lettre à lord Sydney :

> Je tiens pour assuré que la crainte de la taxation est l'un des motifs des adversaires du changement et qu'elle exercerait certainement une influence décisive sur les sentiments du vulgaire s'il venait à examiner attentivement le présent acte[2].

Les autorités britanniques se préoccupent alors fort peu des « sentiments du vulgaire », c'est-à-dire de ceux de l'immense majorité francophone. Elles sont convaincues que ces paysans arriérés n'auront que faire de la démocratie, manipulés qu'ils sont par leurs prêtres et leurs seigneurs féodaux, d'ailleurs asservis à la Couronne. De toute façon, pour plus de sûreté, les pouvoirs de la Chambre d'assemblée du Bas-Canada sont sévèrement limités par toutes sortes d'instances non élues, et en particulier par un Conseil législatif nommé par le gouverneur et clairement destiné à bloquer toute dérive démocratique.

Dès 1810, Pierre-Stanislas Bédard a fait du caucus des députés francophones un groupe parlementaire organisé, capable d'affronter l'oligarchie britannique et même de formuler le tout premier projet de gouvernement responsable.

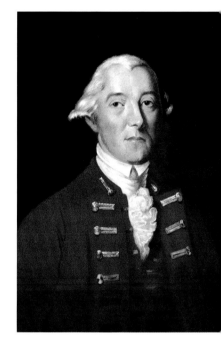

Le gouverneur Guy Carleton, lord Dorchester. Copie d'une toile du XVIIIᵉ siècle.
BAC

Louis Bourdages ; portrait attribué à Louis Dulongpré.
Musée du Château Ramezay

Denis-Benjamin Viger
(c. 1905).
BAnQ

Cela permet de mesurer l'immense chemin parcouru par nos ancêtres en très peu de temps. En une décennie seulement, une première génération de députés canadiens fait l'apprentissage des institutions parlementaires et en découvre aussitôt les limites. Dès 1810, Pierre-Stanislas Bédard a fait du caucus des députés francophones un groupe parlementaire organisé, capable d'affronter l'oligarchie britannique et même de formuler le tout premier projet de gouvernement responsable ; en somme, il a fait de la Chambre d'assemblée du Bas-Canada ce formidable levier démocratique d'où allait émerger le projet patriote.

La guerre des subsides

La guerre de 1812 aura eu au moins la conséquence tangible d'avoir coûté atrocement cher à l'Angleterre. En 1816, le déficit des dépenses courantes de l'administration de la colonie atteint 19 000 livres. Au même moment, les taxes perçues par la Chambre d'assemblée encaissent un surplus de 140 000 livres. La tentation est alors irrésistible pour l'Angleterre de faire main basse sur ces surplus pour financer ses dépenses courantes. La Constitution de 1791 reconnaît cependant aux députés un droit de regard sur l'allocation de ces revenus. En 1818, le gouverneur Sherbrooke communique à la Chambre l'ordre reçu « de son Altesse Royale pour voter les sommes nécessaires pour la dépense ordinaire et annuelle de la province ». En exigeant des députés canadiens que ces subsides

lui soient versés sans condition, le gouverneur déclarait une guerre parlementaire qui allait durer 20 ans.

La guerre des subsides sonne le réveil d'une seconde génération de députés, celle des Louis Bourdages, Denis-Benjamin Viger, John Neilson et, surtout, Louis-Joseph Papineau. En 1815, quand il se hisse à la tête du caucus des députés canadiens, Papineau a 29 ans. Tout le long de l'affrontement, le jeune chef fera preuve d'une maîtrise stupéfiante des institutions parlementaires. Papineau entrevoit immédiatement les possibilités qu'offre l'allocation des subsides pour faire pression sur le gouvernement. Il compte s'en servir pour faire des gains sur d'autres enjeux qui préoccupent bien davantage les députés francophones, tels l'éducation, la composition des conseils ou l'attribution des charges publiques.

Aux gouverneurs Sherbrooke puis Dalhousie, qui exigent que les subsides soient versés automatiquement, les députés canadiens ripostent en retardant le vote des crédits, choisissant de les adopter article par article. Ils prennent alors un malin plaisir à décliner la liste des salaires versés aux favoris du gouverneur ainsi qu'à relever les cas de corruption dans l'administration coloniale. On apprend par exemple que le procureur de la province, l'honorable Jonathan Sewell, cumule à lui seul cinq emplois grassement payés et que chacun de ses trois fils bénéficie d'une sinécure payée par la population[3].

À compter de 1824, les affrontements entre l'Assemblée et le gouverneur Dalhousie deviennent systématiques. Les députés canadiens surenchérissent, cherchant à étendre le contrôle de la Chambre sur l'ensemble des dépenses faites dans la colonie. Non seulement ils refusent de voter les subsides en bloc, mais ils laissent même expirer les lois fiscales de sorte qu'ils tarissent leur source de financement. En riposte, lord Dalhousie utilise le Conseil législatif pour bloquer les lois votées par l'Assemblée. Il désavoue aussi la Chambre à répétition, forçant la tenue de nouvelles élections où les mêmes députés sont chaque fois réélus, généralement avec des majorités accrues. Le résultat est que les subsides ne sont plus versés qu'au compte-gouttes et que le gouvernement colonial doit emprunter pour financer ses activités. Papineau est parvenu à paralyser l'administration coloniale[4].

Le gouverneur porte alors l'affaire en Angleterre afin que la Chambre soit mise en accusation. Mal lui en a pris : en 1828, Londres n'a d'autre choix que de reconnaître la validité des arguments du chef canadien, et le droit de l'Assemblée à voter les subsides. Lord Dalhousie est destitué et ira finir sa carrière aux Indes !

Au début de 1830, l'étoile de Papineau est à son zénith. Il est alors le premier représentant de son peuple, celui qui ose affronter l'occupant sur son propre terrain, celui des institutions britanniques. Surtout, il est incorruptible, lui qui refuse un siège au conseil, un siège de ministre, même, tant que le gouvernement ne sera pas véritablement mis au service du peuple et de la majorité française.

En 1828, Londres n'a d'autre choix que de reconnaître la validité des arguments du chef canadien, et le droit de l'Assemblée à voter les subsides. Lord Dalhousie est destitué et ira finir sa carrière aux Indes.

Comment ce peuple d'agriculteurs pauvres et illettrés a-t-il pu répondre au message démocratique et républicain des chefs patriotes, au point de se lever comme un seul homme en 1837 pour aller au-devant des balles anglaises ?

Des républiques de paroisses

Comment expliquer qu'en seulement deux générations, ce peuple que l'on croyait dévasté a pu prendre conscience de son unité et s'approprier les institutions parlementaires, au point de faire trembler le gouvernement colonial ?

D'abord, ce petit peuple a su se relever depuis la Conquête. Sa population a décuplé, passant de 60 000 à un demi-million en 1830. Il s'est enrichi aussi. Entre les fermes isolées de la Nouvelle-France, on assiste au début du siècle à la naissance des villages. Autour d'un moulin, puis d'un magasin, d'une église et d'une auberge, des noyaux villageois naissent partout entre 1815 et 1850. On passe durant cette période de 46 à 247 villages, selon Serge Courville[5]. Certains d'entre eux se dotent de collèges classiques, comme à l'Assomption, Nicolet ou Saint-Hyacinthe, et deviennent dès lors des foyers de rayonnement intellectuel.

La naissance du village entraîne aussi l'essor d'une classe nouvelle composée de marchands, d'artisans et de professionnels francophones. Formés dans les séminaires, les notaires, les avocats et les médecins sont particulièrement sollicités pour leurs conseils et en raison de leurs relations. Plus fortunés et plus éduqués que leurs concitoyens, les professionnels n'en partagent pas moins les dures réalités économiques du

Village de Saint-Hyacinthe, comté de Sainte-Hyacinthe, par R. S. M. Bouchette (c. 1832). BAC

temps : la crise agricole et l'exclusion des Canadiens français. Ils jouissent donc tout naturellement de la confiance du peuple, qui se reconnaît en eux quand vient le moment de se choisir des commissaires d'école, des capitaines de milice ou des députés.

Le village laurentien sera le terreau du mouvement patriote. Les Papineau, Nelson, Chénier et LaFontaine sont tous issus des professions libérales et sont d'abord enracinés dans le milieu local. Ils voient dans l'arène politique le prolongement naturel de leur influence au sein du village et se perçoivent comme les représentants tout désignés de la nation.

Au village, les rendez-vous dominicaux servent tout naturellement à régler les affaires locales, à choisir l'emplacement de l'église, à élire des marguillers et, bientôt, à tenir des assemblées patriotes. Naît ainsi une proto-démocratie, qui tient à la fois des vieilles traditions du terroir français et des idées républicaines qui ont fait leur chemin depuis le XVIIIᵉ siècle. L'historien Allan Greer parle de républiques paroissiales pour décrire cette démocratie archaïque mais vigoureuse. Ces paroisses n'ont pas encore pris conscience de leur unité nationale, mais on est déjà en mesure d'y ressentir l'exclusion dont sont victimes nos compatriotes et le poids de la tutelle coloniale[6].

En 1806, cette société en gestation s'était dotée d'une voix, le journal *Le Canadien*, à Québec. Un premier élan vite suivi ailleurs par *La Minerve*, *The Vindicator* ou l'*Écho du pays*. Ces journaux rendent compte des débats parlementaires et de la lutte des députés canadiens durant la guerre des subsides. Ils sont aussi une fenêtre sur le monde qui est alors secoué par les révolutions nationales en Amérique latine, en Grèce, en Pologne, dans le Haut-Canada et en Irlande, autant de lieux où se retrouvent des préoccupations très proches de celles que Papineau énonce dans ses discours.

Une question demeure toutefois : comment ce peuple d'agriculteurs pauvres et illettrés a-t-il pu répondre au message démocratique et républicain des chefs patriotes, au point de se lever comme un seul homme en 1837 pour aller au-devant des balles anglaises ? Pour comprendre le dévouement de milliers de citoyens à la cause patriote, il faut d'abord s'intéresser aux ressorts de la société rurale traditionnelle où les fidélités sont sacrées et les rivalités locales sont vécues d'une manière particulièrement viscérale.

Il faut ainsi rappeler l'importance des réseaux familiaux, des liens communautaires et du clientélisme dans le régime seigneurial. À Verchères, à Saint-Hyacinthe ou à Saint-Charles, c'est un village entier qui devient patriote quand un seigneur ou un notable se joint au mouvement. À l'inverse, Lanaudière tout entière demeure loyale au pouvoir britannique quand les puissants Joseph Masson ou Barthélemy Joliette décident d'imposer à tous leur fidélité au gouvernement. De tous ces clans, celui de Papineau, Cherrier, Viger et Dessaulles est le plus puissant, et permet au chef patriote de régner en roi et maître de l'Île Jésus à Saint-Hyacinthe.

Louis-Antoine Dessaulles (1861). BAnQ

« Address of the Sons of Liberty », placard de 1837. BAnQ

Ce qu'on appelle les convictions politiques tient donc largement à ces réseaux de solidarité ancrés dans les paroisses. Ce sera la force du Parti patriote que d'être parvenu à les coaliser autour d'une lutte nationale visant la réforme des institutions politiques. Le prix à payer, cependant, sera de devoir compter avec des éléments radicaux difficiles à contrôler, surtout quand la tension monte à l'automne de 1837 et que les messages du chef deviennent ambigus.

Car en dehors de la Montérégie, l'influence de Papineau est moins claire. Dans Deux-Montagnes, Vaudreuil, l'Acadie et à Québec, ce sont des chefs locaux qui assurent l'animation politique. Or, les Chénier, Côté, Gagnon, Dumouchel ou Bouchette, mus par les querelles locales, sont enclins à défendre des points de vue plus radicaux que ce que souhaiterait le parti. Des questions comme l'accès aux terres, l'endettement des paysans ou l'abolition pure et simple du régime seigneurial reviennent régulièrement. Parmi ces sources de conflits, les tensions entre franco-catholiques et anglo-protestants sont évidentes. Les patriotes de Napierville détestent les loyalistes installés à Odelltown. Les anglophones de Huntington et de Russelltown sont puissamment irrités par les assemblées que tiennent les patriotes à Sainte-Martine. De même, les Écossais d'Argenteuil irritent au plus haut point les radicaux de Saint-Benoît. Ces rivalités s'expriment en particulier à la veille de l'insurrection, alors que les « grandes batailles » sont partout précédées par une série de charivaris et de coups de main d'abord destinés à dénouer des rivalités locales. À ce jeu, autant du côté patriote que loyal, il est probable que des groupuscules aient pu agir de leur propre chef, faire déraper la stratégie nationale et enclencher le mécanisme devant mener aux affrontements.

Les 92 Résolutions

L'année 1832 est une année charnière d'où émergera une troisième génération de militants, celle qui fera la rébellion : les Narcisse Cardinal, Wolfred Nelson, Jean-Olivier Chénier, François-Marie-Thomas DeLorimier. Elle débute par l'arrestation en janvier de deux journalistes (Ludger Duvernay et Daniel Tracey) pour libelle diffamatoire contre le Conseil législatif ; ils seront accueillis en triomphe à leur sortie de prison. Vient ensuite, en mai, l'élection partielle à Montréal où l'armée assassine froidement trois partisans patriotes sans qu'aucune accusation ne soit ensuite portée. Enfin, en juin, une terrible épidémie de choléra tue 6 000 personnes, suscitant une vive colère contre la politique d'immigration à outrance prônée par la Grande-Bretagne.

Au sortir de ces crises, on voit apparaître le nom de parti « patriote », un mot emprunté à la fois à la révolution américaine et à la Révolution de Juillet, qui avait eu lieu en France en 1830. Être patriote consiste à prêter allégeance à la patrie populaire plutôt qu'à titre de sujet d'un roi ou d'une reine. À la « sujétion », les patriotes substituent la « citoyenneté », le pouvoir souverain passant du Roi à la Patrie ou la République[7]. François-Réal Angers écrit alors : « Ô terre américaine, / Sois l'égale des rois : / Tout te fait souveraine, / La nature et tes lois[8]. »

Pressé par ses radicaux et soucieux de conserver son autorité sur le caucus, Papineau engage alors la radicalisation du parti et dépose, au début de 1834, 92 résolutions exigeant la réforme en profondeur des institutions politiques.

Trois ans plus tard, l'« Adresse des Fils de la liberté de Montréal aux jeunes gens des colonies de l'Amérique du Nord » résume ces résolutions avec toute l'éloquence qui leur sied[9] :

Portrait de Chevalier de Lorimier en prison, par Jean-Joseph Girouard (1838).

[…] En conséquence, nous, les officiers et membres du comité de l'association des Fils de la liberté dans Montréal, en notre propre nom, ainsi qu'au nom de ceux que nous représentons, nous nous engageons solennellement envers notre patrie maltraitée, et envers chacun de nous, à dévouer toute notre énergie, et à nous tenir prêts à agir, suivant que les circonstances le requerront, afin de procurer à cette province :

» un système de gouvernement réformé, basé sur le principe d'élection ;

» un gouvernement exécutif responsable ;

» le contrôle par la branche représentative de la législature sur tous les revenus publics et de quelque source qu'ils proviennent ;

» le rappel de toutes les lois et chartes passées par une autorité étrangère, et qui pourraient empiéter sur les droits du peuple et de ses représentants et spécialement celles qui ont rapport à la propriété et à la tenure des terres appartenant soit au public soit aux individus ;

» un système amélioré pour la vente des terres publiques, aux fins que ceux qui désireraient s'y établir puissent le faire avec le moins de frais possible ;

» l'abolition du cumul des places et de l'irresponsabilité des officiers publics ;

» et une stricte égalité devant la loi pour toutes les classes sans distinction d'origine, de langage ou de religion.

On fait souvent l'erreur de réduire les 92 Résolutions à la simple demande d'un gouvernement responsable. Elles vont en fait beaucoup plus loin, en exigeant la généralisation du principe électif à tous les niveaux. Si les manuels scolaires souhaitent absolument une formule simple pour résumer les revendications patriotes, ils devraient plutôt parler d'une américanisation des institutions, qui devraient reposer, comme aux États-Unis, sur deux

Jean-Olivier Chénier

chambres électives et sur l'imputabilité de l'exécutif à tous les paliers de gouvernement (non pas seulement au niveau ministériel). Ainsi, selon la résolution 21, « le parlement du Royaume-Uni, dans une noble rivalité avec les États-Unis d'Amérique, empêcherait que les sujets de Sa Majesté en Canada n'eussent rien à leur envier[10] ».

L'idée d'une république traverse tout le document. Papineau n'a alors de cesse de répéter que les rois et les reines n'ont rien à faire dans le Nouveau Monde, et qu'il est certain « qu'avant un temps bien éloigné, toute l'Amérique doit être républicaine[11] ».

Les résolutions sont-elles pour autant une déclaration d'indépendance ? Cette éventualité n'échappe pas aux adversaires des patriotes, dont le député de Sherbrooke, Barthelemy Gugy :

> Si certaines de vos 92 Résolutions sont acceptables, d'autres incompréhensibles, et d'autres encore absurdes, une chose est certaine, c'est que mises ensemble elles signifient une révolution, une véritable déclaration d'indépendance de la Grande-Bretagne !

Sans lui répondre directement, Papineau riposte tout de go :

> Ce que je désire, c'est un gouvernement composé d'amis des lois, de la liberté, de la justice, d'hommes qui protègent indistinctement tous les citoyens, qui leur accordent tous les mêmes privilèges. J'aime, j'estime les hommes sans distinction d'origine ; mais je hais ceux qui, descendants altiers des conquérants, viennent dans notre pays nous contester nos droits politiques et religieux. S'ils ne peuvent s'amalgamer avec nous, qu'ils demeurent dans leur île ! Il n'y a pas de différence d'eux à nous, et nous sommes tous ici sur le pied d'une égalité complète[12]…

Les 92 Résolutions recoupent un chapelet de récriminations largement répandues dans la population, qu'elles concernent le gaspillage des fonds publics, l'accès aux terres de la Couronne ou l'octroi des charges publiques. Elles suscitent un véritable engouement populaire et la tenue d'assemblées publiques, prétexte à signer une monumentale pétition envoyée en Angleterre en avril 1834.

Les 92 Résolutions enclenchent enfin un processus qui ne trouvera son terme que sur les champs de bataille. L'année suivante, Londres nomme lord Gosford à la tête d'une commission qui a pour mandat d'enquêter sur les griefs patriotes. L'Angleterre hésite et prendra trois ans pour répondre, et pour cause. En avril 1837, les Dix résolutions Russell opposent une fin de non-recevoir aux 92 Résolutions et autorisent même l'exécutif à se saisir des subsides sans l'accord de la Chambre d'assemblée, retirant du coup aux députés patriotes leur seul véritable pouvoir constitutionnel.

Une centaine d'assemblées publiques

La nouvelle des résolutions Russell provoque un grand émoi dans les milieux réformistes. Les députés patriotes déclarent immédiatement la grève parlementaire et choisissent de s'en remettre au peuple, « source primordiale du droit naturel ». La stratégie consiste donc à tenir une série d'assemblées publiques spectaculaires afin de désavouer publiquement le gouvernement colonial et d'en appeler à la création d'institutions parallèles issues du consentement des gouvernés.

Dès le 20 avril, *La Minerve* annonce la tenue d'une première grande assemblée à Saint-Ours, dans le comté de Richelieu. Le manifeste de Saint-Ours rompt avec les revendications traditionnelles. Il appelle les campagnes à s'organiser et annonce le boycottage des produits importés :

> Que nous nous abstiendrons, autant qu'il sera en nous, de consommer les articles importés et particulièrement ceux qui paient des droits plus élevés, tels que le thé, le tabac, les vins, le rhum, etc. Que nous consommerons de préférence les produits manufacturés en ce pays ; que nous regarderons comme bien méritant de la patrie quiconque établira des manufactures de soie, de draps, de toiles, soit de sucre, de spiritueux, etc. Que considérant l'acte du commerce comme non avenu, nous regarderons comme très licite le commerce désigné sous le nom de contrebande ; jugerons ce trafic très honorable ; tâcherons de le favoriser de tout notre pouvoir, regardant ceux qui s'y livreront comme méritant bien du pays, et comme infâme quiconque se porterait dénonciateur contre eux.

Le 15 mai, trois assemblées se tiennent à Québec, à Saint-Marc et à Saint-Laurent, où Louis-Joseph Papineau annonce que « la circonstance nouvelle c'est que le Parlement britannique prend parti contre nous puisque le gouvernement persécuteur repousse toutes et chacune des réformes demandées. […] Désormais, toutes les colonies anglaises ont les motifs les plus urgents d'avancer l'heure de leur séparation et il faut que nous soyons tôt ou tard prêts à prendre ce que la main de fer du pouvoir veut nous arracher[13] ».

Contrairement aux batailles bien connues de 1837-1838, confinées à la région de Montréal, les assemblées de l'été de 1837 se tiennent à la grandeur du Bas-Canada et rassemblent des milliers de participants. Le 1er juin, à Sainte-Scholastique, William H. Scott s'engage : « [N]ous travaillerons sans peur et sans reproche, comme dans le passé, à assurer à tout le peuple, sans distinction, les mêmes droits, une justice égale et une liberté commune. » À Napierville, Cyrille-Hector-Octave Côté pose clairement l'objectif commun : « Qu'on fasse en sorte d'assurer tôt ou tard le triomphe des principes démocratiques

En avril 1837, les Dix résolutions Russell opposent une fin de non-recevoir aux 92 Résolutions et autorisent même l'exécutif à se saisir des subsides sans l'accord de la Chambre d'assemblée, retirant du coup aux députés patriotes leur seul véritable pouvoir constitutionnel.

qui seuls peuvent fonder un gouvernement libre et stable sur ce nouveau continent. »
À Saint-François-de-Yamaska, Célestin Caron appelle à ne compter « que sur nous-mêmes,
sur notre propre énergie et sur la sympathie de nos voisins du continent d'Amérique ».
À La Malbaie, à 400 km de Montréal, Louis Bouchard propose de considérer « comme
rompu et nul le contrat social qui nous attachait à l'empire britannique, qui en cessant de
remplir ses engagements nous relève des obligations que les traités nous imposaient[14] ».

Papineau déploie alors une énergie peu commune afin d'assister au plus grand
nombre possible de rassemblements. Il prononce un discours à l'assemblée de Saint-
Laurent le 15 mai, un autre à Sainte-Scholastique le 1er juin, puis arrive à Berthier le
18 juin, « précédé d'un cortège de 105 voitures et d'un arc de triomphe marqué
Honneur à Papineau ! » Il est l'invité d'honneur d'un banquet à Québec le
28 juin. Il prend la parole à l'Acadie le 16 juillet 1837, puis le lendemain, à la
grande assemblée de Napierville, devant 4 000 personnes. Le tribun
entreprend ensuite une tournée dans le district de Québec, où il prononce au moins des allocutions à Kamouraska et à Montmagny.
Papineau est de retour à temps pour faire un discours à l'Assomption le
29 juillet, puis à Varennes le 10 septembre, ayant participé entre-temps
à une brève session du Parlement à Québec à la fin août[15].

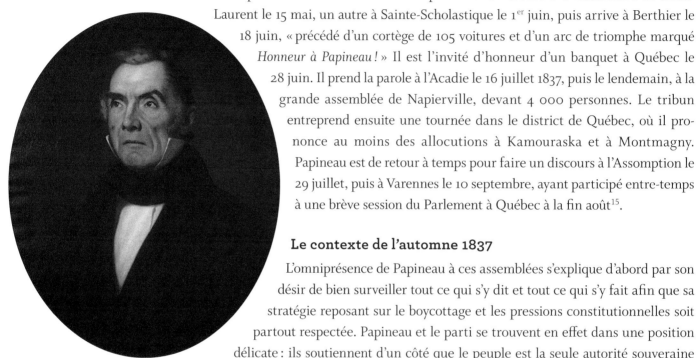

Portrait du Dr Wolfred Nelson,
par Théophile Hamel.
Musée McCord

Le contexte de l'automne 1837

L'omniprésence de Papineau à ces assemblées s'explique d'abord par son
désir de bien surveiller tout ce qui s'y dit et tout ce qui s'y fait afin que sa
stratégie reposant sur le boycottage et les pressions constitutionnelles soit
partout respectée. Papineau et le parti se trouvent en effet dans une position
délicate : ils soutiennent d'un côté que le peuple est la seule autorité souveraine
tout en s'assurant, de l'autre, que ce même peuple n'engage aucune action directe sus-
ceptible de faire dérailler la stratégie de pression politique sur le gouvernement.

Or les occasions d'accrochage vont se multiplier. De l'annonce des résolutions
Russell en avril 1837 à l'assemblée des Six Comtés en octobre, les patriotes tiennent pas
moins de 98 grandes assemblées populaires. Leurs adversaires loyaux en tiennent
presque autant – 87 – parfois dans les mêmes localités et à seulement quelques jours
d'intervalle, essentiellement pour clamer leur appui au gouvernement anglais et dénoncer les manœuvres de l'adversaire. On peut parler de dérapage à partir du moment où
certaines de ces organisations, loyales ou patriotes, prennent d'elles-mêmes des initiatives. Ce sera d'abord, à compter de juillet, une première vague de démissions chez les
magistrats pro-patriotes, suivie d'une autre plus intense encore à la fin d'août. Un mouvement que Papineau n'avait pas commandé ni même vu venir.

Réunis à l'hôtel Nelson le 9 septembre, Papineau et le Comité central patriote sont
soudainement inondés des lettres de ces démissionnaires enthousiastes, au point qu'on
craint que le désordre s'installe dans les campagnes[16].

L'Assemblée des six comtés à Saint-Charles-sur-Richelieu, en 1837, par Charles Alexander (1891). MNBAQ

Puis ce sera, en septembre et en octobre, une vague de charivaris en périphérie du district de Montréal, menés pour forcer les magistrats récalcitrants à démissionner et régler certaines querelles locales : contre un Casavant à Saint-Césaire, contre la mission Odin-Feller à Saint-Valentin, ou contre Eustache Cheval ou Hortense Globensky à Saint-Eustache. On tente bien de donner aux charivaris un vernis légal, mais certains d'entre eux se soldent tout de même par quelques meurtres.

L'assemblée des Six Comtés

L'assemblée qui se déroule à Saint-Charles le 23 octobre 1837 est sans conteste la plus célèbre de celles qu'ont tenues les Patriotes. Près de 5 000 personnes y assistent, parmi lesquelles pas moins de treize députés de la Chambre d'assemblée, le tout sous la présidence du docteur Wolfred Nelson.

L'événement s'étale sur deux journées. La première est consacrée à l'accueil des délégations des comtés de Richelieu, Saint-Hyacinthe, Rouville, Chambly, Verchères et l'Acadie, aux discours des chefs, puis au vote par acclamation d'une série de 13 résolutions dénonçant le gouvernement et appelant le peuple à prendre en main sa destinée. Le lendemain, on adopte le texte d'une « Adresse de la Confédération des Six Comtés au peuple du Bas-Canada » et on annonce la tenue d'une assemblée constituante chargée de rédiger une constitution.

À propos de cette fatidique journée du 23 octobre 1837, les historiens s'entendent à peu près. Pour Laurent-Olivier David, le terme « patriote » ne désigne plus dès lors les membres d'un parti politique, mais ceux qui choisissent de s'engager dans la lutte armée. Pour Garneau aussi, c'est le moment où la lutte politique se mue en un appel aux armes. Filteau considère qu'il s'agit d'une catastrophe : les patriotes tournent le dos à l'action constitutionnelle et modérée et donnent l'initiative aux plus radicaux. Pour Allan Greer, enfin, c'est à cette date que les bourgeois patriotes tendent la main aux masses rurales plus radicales. En somme, l'assemblée des Six Comtés représente bien un tournant : un parti politique entreprend, vaille que vaille, de se transformer en une machine de guerre[17].

Le compte rendu qu'en fait *La Minerve* du 26 octobre est proprement jubilatoire tout en laissant poindre des accents militaristes indéniables :

> L'assemblée du 23 courant à Saint-Charles fera époque dans l'histoire du Canada. Les habitants les plus marquants des six comtés ont fait preuve de patriotisme, de zèle et d'union ; ils se sont montrés dignes de leur patrie et ils ont réalisé les espérances des bons patriotes. Honneur donc à ces braves et dignes citoyens ! Chacun paraissait pénétré de l'importance des travaux du jour.

Le gouverneur Archibald Acheson, comte de Gosford.
BAC

> La réunion présentait ici le coup d'œil le plus magnifique. Une compagnie d'environ cent miliciens sous les armes se tenait sur les derrières, disposée dans le plus bel ordre, sous le commandement des braves capitaines Lacaisse et Jalbert, deux des officiers démis par lord Gosford, mais élus depuis par et pour le peuple.

> Une foule de drapeaux et de bannières flottaient dans les airs et fessaient lire, entr'autres, ces inscriptions : « Fuis, Gosford, persécuteur des Canadiens ! » – « Vive Papineau et le système électif ! » – « Honneur à ceux qui ont renvoyé leurs commissions, et à ceux qui ont été démis, infamie à leurs successeurs ! » – « Nos amis du Haut-Canada : notre force est dans notre union » – « Honneur aux braves Canadiens de 1813 : le pays espère encore leur secours » – « INDÉPENDANCE » – « Les Canadiens meurent mais ne savent pas se rendre ! »

> À midi précis, un coup de canon ayant été tiré, les citoyens réunis des six comtés, dont la population est un sixième de celle de toute la province, s'approchèrent, en même temps que les délégués des différentes paroisses.

> En tête de la phalange patriotique se trouvait le grand réformiste, l'honorable M. Papineau, habillé en étoffe du pays. Arrivé sur le terrain, M. Papineau fut salué par la décharge d'une centaine de fusils et des coups de canon.

> L'honorable et digne président Wolfred Nelson porta la parole le premier ; il expliqua au long le but de l'assemblée et termina par annoncer qu'une députation du comté de l'Acadie se présentait avec une adresse aux cinq comtés demandant d'être admis dans la confédération. Cela fait, M. le président présenta l'honorable M. Papineau à l'assemblée, en disant : « Approchez, Canadien illustre, venez réjouir par votre présence les cœurs de vos concitoyens opprimés, outragés, et permettez qu'ils bénissent à haute voix le défenseur de leurs droits et le bienfaiteur de leur pays. » Ces mots prononcés avec solennité firent une profonde sensation.

Dans son discours, le dernier qu'il prononça avant l'insurrection, Papineau continue à souffler le chaud et le froid et refuse de donner le signal du soulèvement. Immédiatement après Papineau, Wolfred Nelson lance son fameux : « Eh bien moi, je diverge d'opinion avec M. Papineau et je crois que le temps est venu de fondre nos plats d'étain pour en faire des balles ! »

Après Papineau et Nelson enchaîneront Cyrille Octave Côté Thomas Storrow Brown et Amury Girod. Le contraste entre les appels au calme de Papineau et les discours incendiaires de ses suivants est flagrant, même si aucun commentateur ne le note immédiatement[18].

L'assemblée des Six Comtés débouchera donc sur un dilemme déchirant entre modérés et radicaux. D'un côté, les chefs du Parti patriote souhaitent absolument préserver la carte politique afin de maintenir la pression et de faire peser le fardeau de la preuve sur les épaules du gouvernement colonial en s'appuyant sur un large consensus au sein de la population. Ils doivent cependant compter avec les plus « pressés », ceux qui, dans nombre de régions, posent déjà des gestes de désobéissance civile. Le parti doit donc aussi leur donner le change afin d'encadrer le vent de dissidence qui souffle sur les campagnes :

> [N]ous voyons avec satisfaction que nos compatriotes du comté des Deux-Montagnes et des Six-Comtés […] se sont organisés d'une manière permanente pour aviser aux moyens de régler leurs affaires [et nous] regardons cette organisation comme devant être imitée ailleurs, et comme un gage des plus heureux résultats[19].

Or, au moment de voter cette quatrième résolution, les délégués des Six Comtés sont déjà largement placés devant le fait accompli. Partout, les officiers judiciaires patriotes ont déjà démissionné. Dans Deux-Montagnes, l'Acadie et Richelieu, on a même entrepris de nommer de nouveaux officiers élus « par et pour le peuple » et instauré les ferments d'un gouvernement révolutionnaire. En somme, au moment où les chefs patriotes tentent d'encadrer le mouvement à Saint-Charles, les actes illégaux se multiplient dans les campagnes[20]. Mesurons seulement l'écart entre la stratégie du parti et le cri lancé par le patriote Pierre-Rémi Narbonne au terme du discours de Papineau : « Égorgeons le seigneur, les autres, nous les mettrons simplement entre des bœufs[21] ! »

On imagine l'intense partie de poker que joue alors Papineau. Il a bien sûr derrière lui ses radicaux, qui le presse d'abattre ses cartes. Mais le chef patriote doit aussi compter avec ses véritables adversaires : le clergé, les seigneurs, les bureaucrates anglais et, surtout, la puissante bourgeoisie marchande de Montréal et Québec. Tous n'attendent qu'un faux pas pour engager la répression. On sait que Papineau a encore un atout : l'insurrection armée. Mais s'il joue cette carte, la victoire militaire est loin d'être assurée. En fin de compte, Papineau n'abattra jamais son jeu. Depuis le mois d'août, il n'est plus que réactif, il cherche à gagner du temps. Il s'en expliquera plus tard en ces mots : « Ce n'est pas que l'insurrection n'eût pas été légitime, mais nous avions résolu de n'y pas recourir encore[22]. »

Thomas Storrow Brown.
Université de Montréal

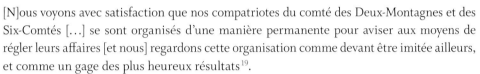

Jean-Olivier Chénier.

L'indécision de Papineau peut-elle en partie expliquer l'échec de l'insurrection ? Clairement pas : les conditions matérielles d'une victoire militaire n'étaient tout simplement pas réunies.

Un double soulèvement

On l'oublie souvent, mais le lundi 23 octobre, au moment même où 5 000 patriotes sont massés à Saint-Charles, les loyaux de Montréal se rassemblent aussi par milliers au marché Sainte-Anne. Sous la présidence de Peter McGill et la vice-présidence de John Molson, la Constitutional Association dénonce alors les patriotes et appelle de toute urgence l'armée à rétablir l'ordre dans la province.

Si le mouvement patriote est d'abord un parti politique s'appuyant sur une base démocratique destinée à mener la joute électorale, le mouvement loyal constitue avant tout une coalition d'intérêts économiques réunis pour faire échec au projet patriote. Après sa déconfiture aux élections de 1834, le mouvement loyal avait renoncé à la stratégie électorale et se préparait dès lors à en découdre sur le terrain militaire. Dès 1835, il avait formé des milices d'autodéfense. Elles constitueront plus tard le cœur des régiments de volontaires qui dévasteront les villages insurgés.

L'« Appel à tous les véritables Anglais » du 23 octobre ne laisse pas de doute sur les intentions des loyaux. Les membres du Doric Club présents sur place applaudiront à tout rompre les trois premières résolutions adoptées en rafale :

Les Insurgés à Beauharnois, Bas-Canada, par Katherine Jane Ellice. L'artiste a été faite prisonnière à la seigneurie de son beau-père à Beauharnois lorsque celle-ci a été attaquée, le 4 novembre 1838. Les rebelles l'ont libérée six jours plus tard avec sa sœur Tina.
BAC

Que tous citoyens ont droit à la protection du gouvernement dont l'emploi de moyens adéquats pour prévenir et empêcher que l'on commette les crimes dont l'état social peut être menacé. Que les machinations d'une faction désorganisatrice et révolutionnaire en cette province, agissant partie par les moyens de la turbulence et de l'excitation d'assemblées publiques, où les discours les plus inflammatoires sont prononcés, partie au moyen d'une presse licencieuse sèment le scandale et la sédition dans la province.

Que cette assemblée voit avec alarme que le présent état d'excitation a été promu et encouragé par la conduite peu judicieuse et les tentatives inutiles de conciliation du gouvernement.

Que cette assemblée invite tous ses concitoyens dans toute la province à s'organiser en associations locales, comme étant le moyen le plus efficace d'assurer l'ordre public, la protection de la vie et de la propriété et le maintien de la liaison heureuse qui existe entre cette province et l'Empire britannique[23].

Le lendemain, le *Montreal Herald* rappelle en éditorial : « Le temps de l'indécision est passé. Les Britanniques doivent ou écraser leurs oppresseurs, ou se soumettre tranquillement au joug qui leur est préparé[24] ! »

C'est au lendemain de ces deux assemblées survoltées que l'évêque de Montréal choisit d'intervenir, essentiellement afin de calmer les fidèles patriotes par un mandement qui rappelle qu'il ne faut jamais se rebeller contre l'autorité légitime. Ce premier mandement somme toute modéré de Mgr Lartigue sera suivi d'un second, en janvier, où le prélat évoque les « horreurs d'une guerre civile, les ruisseaux de sang inondant vos rues et vos campagnes » et rappelle que « presque sans exception, toute révolution populaire est une œuvre sanguinaire[25] ».

La naissance du nationalisme

Deux semaines après l'assemblée de Saint-Charles, les Fils de la liberté affrontent des membres du Doric Club dans les rues de Montréal. Profitant du climat de désordre, les autorités britanniques émettent le 16 novembre des mandats d'arrêt contre 26 chefs patriotes en raison de leur participation à l'assemblée des Six Comtés, prétextant qu'on y avait lancé des appels délibérés à la violence.

Plusieurs patriotes, dont Papineau, choisissent alors de prendre le maquis. En décidant de leur donner la chasse, l'armée anglaise force les patriotes à mener une résistance héroïque mais vaine. Ce seront les batailles de Saint-Denis, de Saint-Charles et de Saint-Eustache. Le 5 décembre, la loi martiale est déclarée dans tout le district de Montréal et, en mars 1838, la constitution du Bas-Canada est suspendue. Le pays se retrouve alors pour trois ans sous la botte d'un Conseil spécial qui mène des arrestations massives : 99 hommes sont condamnés à mort, dont douze seront pendus, et des centaines d'autres forcés à l'exil aux États-Unis.

Le pays se retrouve alors pour trois ans sous la botte d'un Conseil spécial qui mène des arrestations massives : 99 hommes sont condamnés à mort, dont douze seront pendus, et des centaines d'autres forcés à l'exil aux États-Unis.

Affiche bilingue de 1837 offrant une récompense pour la capture de Papineau.
BAnQ

CI-DESSOUS
Pendaison de cinq patriotes devant la prison du Pied-du-Courant (détail).
Dessin d'Henri Julien.

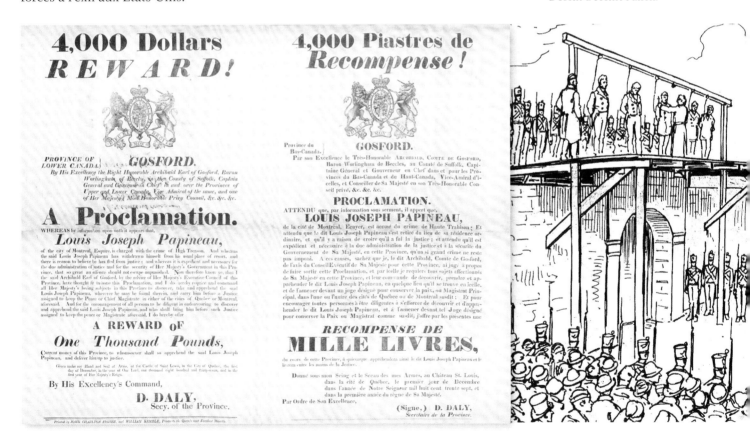

Le Bas-Canada est très tôt aux prises avec une crise sociale causée par une concentration éhontée de la richesse et la marginalisation d'une vaste majorité de la population confinée à l'agriculture de subsistance.

À qui la faute ? Peut-on expliquer cette déroute par un dérapage des patriotes des comtés les plus radicaux, sans doute lassés par les messages alambiqués d'un Papineau ? Assiste-t-on plutôt au dénouement d'un complot fomenté par des membres du gouvernement, alliés aux organisations loyales fin prêtes à écraser la rébellion aux premiers signes de soulèvement ? Contentons-nous ici de dire qu'une explication n'exclut absolument pas l'autre. Proposons en somme, avec l'historien Yvan Lamonde, que « dix ans de tensions coloniales, dix ans de tergiversations métropolitaines, dix ans d'attentes finalement déçues, la pression militaire britannique, la radicalité de certains éléments du Parti patriote, ajoutée à d'autres causes, permettent de comprendre que la situation ait évolué vers un goulot d'étranglement dont la responsabilité est difficilement imputable à une personne ou à un seul des protagonistes[26] ».

Quant à l'espoir né à Saint-Charles de réunir des délégués de tout le Bas-Canada, il s'évanouira entre-temps. Pourtant, cette vaste convention nationale, cette réunion d'hommes de toutes les classes et de toutes les paroisses du pays, aura lieu, en quelque

Vue arrière de l'église Saint-Eustache et dispersion des insurgés, par Charles Beauclerk (1840).
Musée McCord

sorte. De novembre 1837 à septembre 1839, 1 297 hommes, dont 23 députés élus, sont massés dans des conditions abominables à la prison du Pied-du-Courant de Montréal. Pour la première fois, ces citoyens de républiques de paroisses peuvent échanger sur leur difficile réalité et partager les sources de leur colère. Papineau et les patriotes avaient propagé les idées libérales et entrepris la lutte pour la réforme des institutions. C'est cependant la répression et l'emprisonnement de centaines de militants qui fondera, au-delà d'une lutte diffuse pour la conquête des droits collectifs, le sentiment national.

Une lutte sociale globale

Assiste-t-on alors au résultat d'une crise sociale, politique ou ethnique ? Ces trois dimensions sont évidemment présentes, mais successivement, et selon une séquence qu'on retrouve d'ailleurs dans la plupart des grandes révolutions et des soulèvements populaires. Le Bas-Canada est très tôt aux prises avec une crise sociale causée par une concentration éhontée de la richesse et la marginalisation d'une vaste majorité de la population confinée à l'agriculture de subsistance.

« Les ruines de Saint-Benoît », vignette du *Monde Illustré* (1887). BAnQ

Cette majorité prend ensuite conscience qu'elle est sans voix sur le plan politique, qu'elle n'est maîtresse que d'un parlement sans pouvoir, et que le gouvernement est dominé par une oligarchie coloniale. Les patriotes de Papineau tentent bien de faire entendre la voix du peuple, mais ils sont rabroués par le cabinet anglais en 1837. La crise sociale devenue politique dégénère en une crise ethnique au moment des affrontements et de la répression militaire qui frappe presque strictement les Canadiens français et ce, avec une brutalité sans pareille dans l'histoire canadienne.

Le témoignage d'un combattant permet de saisir comment l'insurrection a fait voler en éclat la lutte constitutionnelle au profit de motivations plus viscérales. Écrivant à sa femme, Philippe-Napoléon Pacaud se confie :

Je ne sais pas combien j'en ai tué ; mais si je ne tirais pas sans quelque inquiétude, je tirais certainement sans remords. Ce n'était pas tant le sentiment des affronts et des injustices subies, que le vieil instinct des haines traditionnelles de races qui se réveillait en nous ; nous combattions bien le despote, mais c'était surtout l'Anglais que nous aimions à coucher en joue ! Aveugle sentiment bien disparu depuis[27].

La nation, entre conservation et révolution

Plusieurs de ceux qui ont vu le film *15 février 1839* ont été frappés par les propos racistes que Falardeau met parfois dans la bouche des protagonistes. Or si une telle situation est impensable avant 1837, alors que la lutte politique est tout autant menée par des anglo-phones que par des francophones, le contexte s'est radicalement transformé après les

La sentence de Durham pèse toujours sur le destin du peuple québécois. Parler et vivre en français en Amérique n'ira jamais de soi, c'est un droit que nous payons cher.

Attaque contre Saint-Charles, par Charles Beauclerk (1840). Musée McCord

campagnes de Colborne, les villages brûlés, les fermes pillées, les arrestations massives et les pendaisons. Au sortir de la répression, le souvenir de 1837-1838 demeurera – et pour longtemps – celui d'un affrontement ethnique, et de l'écrasement d'une race par une autre. C'est d'ailleurs la lecture qu'en fera lord Durham. Dans son fameux rapport, l'auteur prophétise déjà sur le sort des perdants :

> C'est pour les tirer de leur infériorité que je veux donner aux Canadiens notre caractère anglais. [...] Je le désire pour l'avantage des jeunes instruits que la différence du langage et des usages sépare du vaste Empire auquel ils appartiennent. [...] Je désire plus encore l'assimilation pour l'avantage des classes inférieures. S'ils essaient d'améliorer leur condition, en rayonnant aux alentours, ces gens se trouveront nécessairement de plus en plus mêlés à une population anglaise ; s'ils préfèrent demeurer sur place, la plupart devront servir d'hommes de peine aux industriels anglais[28].

Il fallait choisir entre s'exiler aux États-Unis – ils seront prêts d'un million à prendre cette voie après 1837 – ou devenir citoyens de seconde classe, prolétarisés dans les usines d'une révolution industrielle ; choisir en somme entre l'assimilation à l'étranger ou l'exploitation en leur patrie. La sentence de Durham pèse toujours sur le destin du peuple québécois. Parler et vivre en français en Amérique n'ira jamais de soi, c'est un droit que nous payons cher.

À la suite de la rébellion, l'union de 1840 engage l'assimilation et la mise en minorité des francophones. On en profite aussi pour fusionner les avoirs du Bas et du Haut-Canada, même si ce dernier est 17 fois plus endetté. Les revenus des taxes au Bas-Canada, si jalousement défendus par les députés patriotes durant la guerre des subsides, allaient donc servir à financer le chemin de fer et le décollage industriel de l'Ontario.

Au Canada français se profilait alors un siècle de démission des élites et de domination cléricale. On a dit qu'après avoir été lâchement abandonné par sa mère légitime, la France, puis martyrisé en 1837-1838 par sa marâtre anglaise, le peuple canadien allait enfin trouver en la Sainte Église la mère aimante qui ne l'abandonnerait jamais. Les accents républicains et indépendantistes qui avaient résonné à l'assemblée des Six Comtés allaient devoir attendre la Révolution tranquille pour à nouveau trouver écho dans la vallée du Saint-Laurent.

Depuis, l'héritage patriote est revendiqué par deux grandes familles politiques. Unis sous la bannière d'un seul homme jusqu'en 1837, les nationalistes seront désormais divisés entre Bleus et Rouges, entre ceux qui résistent et ceux qui revendiquent, entre ceux qui entendent conserver un héritage et ceux qui souhaitent le transcender.

En 1854, quand est fondée la corporation du cimetière Côte-des-Neiges, deux projets concurrents d'hommage aux patriotes voient le jour : le monument à Ludger Duvernay, financé par la Société Saint-Jean-Baptiste, et le monument des victimes de la rébellion de 1837-1838, parrainé par les Rouges et l'Institut canadien. Ils représentent les deux branches rivales du nationalisme et les deux parts de l'héritage patriote. L'un, conservateur et religieux, insiste sur la lutte pour la préservation d'une langue et d'une culture. L'autre, plus radical, revendique l'héritage démocratique et républicain des patriotes. Ces deux monuments aux patriotes sont toujours debout, côte à côte à l'entrée du cimetière, comme un rappel ironique que la lutte nationale des Québécois tient autant de la « conservation » que de la « révolution[29] ».

L'importance de l'assemblée des Six Comtés vient sans doute du fait qu'elle représente encore pour plusieurs une expérience insurpassée sur la voie de l'émancipation nationale. Si le Québec actuel peut apprécier sans rougir l'œuvre accompli par Louis-Hyppolite La Fontaine, Honoré Mercier, Antoine Labelle, Jean Lesage ou René Lévesque, c'est qu'à maints égards on a non seulement intégré cet héritage mais qu'on l'a même dépassé. La lutte patriote, et en particulier cette lumineuse journée du 23 octobre 1837, demeure en revanche un épisode indépassable et le rappel lancinant d'une lutte inachevée dont il nous reste à reconnaître le sens et à tirer les leçons.

Car au fond, que nous dit le fameux patriote dessiné par Henri Julien ? Sa puissance d'évocation vient moins de son apparente férocité que de la charge symbolique d'une image qui nous renvoie à un devoir de mémoire. Ce qui frappe finalement dans ce dessin, c'est ce corps jeune et vigoureux, mais surmonté d'une tête de vieillard fumant la pipe. C'est le passé interpellant le présent, la mémoire au service de l'action. J'aime à y voir le destin du peuple québécois : recréer cette alliance historique entre modérés et radicaux, entre conservateurs et progressistes, entre notre passé et notre avenir, afin que le Québec reprenne sa marche là où il l'avait laissée en 1837. ◆

Louis Hippolyte Lafontaine vers 1880.
Musée McCord

« Le vieux de '37 », illustration d'Henri Julien pour *Le vieux Patriote*, poème de Louis Fréchette (c. 1880). Cette version date de 1904.

VI

1ᵉʳ juillet 1867

L'Acte de l'Amérique du Nord britannique

par EUGÉNIE BROUILLET, *constitutionnaliste*

La conquête de la Nouvelle-France par la Grande-Bretagne en 1760 peut être considérée comme l'événement fondateur du Canada contemporain en ce qu'elle a eu pour conséquence la cohabitation forcée de deux peuples de cultures différentes au sein d'un territoire rattaché à un empire unique. Cette dualité culturelle a toujours été au cœur des arrangements politiques et juridiques qui ont jalonné l'histoire constitutionnelle des colonies britanniques d'Amérique du Nord qui ont visé parfois à y mettre un terme, d'autres fois à l'encadrer.

Le 1ᵉʳ juillet 1867 marque l'entrée en vigueur de l'Acte de l'Amérique du Nord britannique, le texte juridique fondateur de la fédération canadienne. Trois colonies britanniques d'Amérique du Nord (le Canada-Uni comprenait le Québec et l'Ontario d'aujourd'hui, le Nouveau-Brunswick et la Nouvelle-Écosse) ont alors décidé de s'unir sous une forme fédérative de gouvernement. Le contenu de cette nouvelle constitution a été élaboré par les représentants politiques des colonies elles-mêmes, alors que les constitutions antérieures leur avaient été imposées par la métropole britannique.

Le fédéralisme comme principe normatif

Le choix du fédéralisme comme fondement d'un régime constitutionnel comporte un certain nombre d'implications sur le plan des valeurs et sur le plan normatif. Il résulte de la rencontre d'une double volonté, celle de maintenir à la fois l'unité et la diversité par un processus continuel d'adaptation. Il s'agit donc d'un principe qui implique de façon inhérente une contradiction, une tension continuelle entre deux désirs opposés.

La conférence constitutionnelle de Charlottetown en 1864 (détail). BAC

113

Pour Bruno Théret, « un système fédéral "authentique" peut [...] être défini comme celui dans lequel est institué un mécanisme d'autoconservation du principe fédéral qui régule en permanence sa contradiction constitutive entre unité et diversité : si l'unité l'emporte sur la diversité ou si, à l'inverse, c'est la diversité qui triomphe aux dépens de l'unité, on ne peut plus guère parler de fédéralisme[1] ».

Le plus grand défi, en contexte fédératif, consiste donc à tenter de maintenir un certain équilibre entre les tendances à l'union et à la désunion qui s'expriment au sein des collectivités. Cette notion d'*équilibre* constitue le concept phare en contexte fédératif. Elle ne dicte pas, toutefois, de positions arrêtées, puisque le fédéralisme doit être compris comme un processus : un modèle en évolution et en perpétuelle adaptation plutôt qu'un système statique régi par des règles immuables[2]. En ce sens, l'équilibre est un idéal à atteindre plutôt qu'un critère absolu[3].

Sur le plan juridique, le principe fédératif implique, pour l'essentiel, un partage de la fonction législative entre deux ordres de gouvernement autonomes ou non subordonnés dans un certain nombre de matières réservées à leur pouvoir législatif exclusif ; cette autonomie doit être garantie dans une constitution écrite supralégislative, dont l'interprétation et la mise en œuvre sont confiées à un arbitre judiciaire qui présente des garanties d'indépendance à l'égard de l'un et l'autre des ordres de gouvernement[4].

La préservation de la nature fédérative d'un État commandera ainsi la recherche d'un certain équilibre entre les pouvoirs respectifs de chacun des ordres de gouvernement, le partage des compétences se situant au cœur du principe fédératif : la valeur de l'unité sera pour l'essentiel préservée si l'ordre de gouvernement fédéral peut exercer ses compétences législatives sans interférences significatives des gouvernements provinciaux, et vice versa en ce qui a trait à la valeur de la diversité.

L'Acte d'Union de 1840

En 1840, le parlement de Westminster adopte l'Acte d'Union[5], qui a pour effet d'unir le Haut-Canada et le Bas-Canada en une seule et même entité politique et juridique. Cette constitution vise à mettre fin au problème de la dualité culturelle au sein des colonies britanniques d'Amérique du Nord par l'assimilation de l'un des deux peuples : les Canadiens français.

Afin d'y parvenir, les autorités impériales abolissent d'abord l'Assemblée législative du Bas-Canada établie par l'Acte constitutionnel de 1791 et lui substituent un seul parlement pour les deux sections de la nouvelle province du Canada (le Canada-Ouest et le Canada-Est). Le pouvoir législatif y sera exercé conjointement par la Chambre élective et le Conseil législatif, dont la nomination des membres relève du gouverneur[6].

Les règles de fonctionnement de la Chambre élective sont particulièrement révélatrices de l'impact majeur de cette constitution sur le devenir collectif des Canadiens français concentrés dans la section Est de la province du Canada-Uni : le Québec.

L'article XII de la nouvelle constitution prévoit que chacune des deux sections sera représentée par un nombre égal de représentants, même si à cette époque la population du Haut-Canada se chiffre à 450 000 habitants, et celle du Bas-Canada à 650 000[7]. On comptait sur le fait que les représentants du Canada-Ouest s'uniraient avec leurs compatriotes culturels et linguistiques du Canada-Est afin de faire des Canadiens français une minorité permanente au sein du Parlement uni. On espérait qu'ainsi, cette minorité en viendrait à opter pour l'assimilation dans une société anglophone[8].

Mais c'était méconnaître le passé de ce peuple ou, du moins, sous-estimer sa détermination à continuer d'exister. Dans la pratique, l'union législative des deux Canadas dut être adaptée afin de satisfaire l'identité culturelle distincte des francophones.

Concrètement, il s'avéra rapidement que les efforts déployés pour gouverner les deux groupes culturels sous un même gouvernement se heurtaient à de grandes difficultés. L'union législative dut être transformée dans les faits en un régime de type fédératif dans lequel chacune des deux entités culturelles administrait ses propres affaires sur la portion de territoire de la province où elles étaient respectivement majoritaires[9].

Paradoxalement, c'est donc sous un régime d'union législative que le dualisme culturel est véritablement institutionnalisé par le biais de diverses conventions constitutionnelles, un dualisme qui pavera la voie à l'adoption d'un régime fédératif en 1867.

Parmi les principaux éléments dualistes du fonctionnement du régime de l'Union figure la règle de la double majorité pour l'adoption des lois. La question se posait alors : une loi votée par une majorité de députés de l'Assemblée peut-elle s'appliquer à l'une des sections de l'Union où la majorité des députés s'est prononcée contre la mesure adoptée ? Les chefs politiques du Canada Est (le Québec) ne pouvaient accepter qu'un vote majoritaire de l'Assemblée vienne modifier leurs institutions, si la mesure ne recevait pas l'appui d'une majorité des députés de leur « section »[10]. Il en allait de la survie de leur identité culturelle.

C'est ainsi que se développa au sein du Parlement du Canada-Uni une convention constitutionnelle selon laquelle les questions reliées à l'identité culturelle des collectivités

> Dans la pratique, l'union législative des deux Canadas dut être adaptée afin de satisfaire l'identité culturelle distincte des francophones.

Antoine-Aimé Dorion, chef du Parti libéral du Bas-Canada.
Musée McCord

en présence (éducation, affaires municipales, etc.) pouvaient être régies différemment dans chacune des deux sections.

Les Pères de la fédération (car le Canada n'est tout simplement pas une confédération) s'inspireront de cette leçon de l'histoire afin de déterminer les matières qui devraient être confiées au parlement central, et celles qui devraient demeurer sous la juridiction des provinces : le partage fédératif des compétences législatives instauré formellement par la Loi constitutionnelle de 1867 prend donc en quelque sorte sa source sous le régime de l'Union de 1840.

Des pratiques dualistes se sont également développées dans le fonctionnement du gouvernement, qui était dirigé par deux chefs de partis, un de chaque section de la province. La composition du Conseil exécutif (le conseil des ministres) devait refléter les deux groupes culturels.

C'est en raison du fonctionnement dualiste de l'exécutif que de nombreux problèmes politiques surgirent et menèrent au changement de régime constitutionnel en 1867. En effet, tant que l'exécutif s'appuyait sur la confiance d'une double majorité de réformistes dans les deux sections de la province, les crises politiques pouvaient être évitées. Ce fut le cas au cours des ministères Lafontaine-Baldwin (1847-1851) et Hincks-Morin (1851-1854). La période suivante a toutefois été marquée par l'opposition des deux majorités, ce qui a engendré une instabilité ministérielle sans précédent. C'est entre autres afin de mettre un terme à cette instabilité politique qu'une coalition de partis se forma en 1864, laquelle permit l'adoption du régime fédératif en 1867.

En résumé, sous le régime d'Union, un régime qui comportait plusieurs pratiques fédératives a émergé au Canada-Uni. La solution préconisée par Londres afin de mettre un terme à la dualité culturelle qui s'exprimait au sein de ses colonies, soit l'assimilation du peuple canadien-français, a progressivement été transformée à l'interne en un régime de cohabitation dans lequel chacune des deux sections pouvait, dans une certaine mesure, administrer les matières liées à sa culture propre.

L'instabilité gouvernementale et le combat mené par les représentants du Canada-Ouest pour l'adoption du principe de représentation proportionnelle à la population dans la Chambre d'assemblée (la population de cette section étant maintenant plus importante que celle du Canada-Est) rendaient inévitable l'élaboration d'une nouvelle constitution.

L'historique du projet fédératif

W. P. M. Kennedy estimait que c'était une erreur que d'attribuer l'accomplissement de la fédération canadienne aux seuls délégués qui prirent part aux conférences préfédératives de Charlottetown, de Québec et de Londres[11]. L'idée d'unir les colonies britanniques par des liens plus ou moins fédératifs avait germé au cours du siècle précédant son adoption comme principe de gouvernement en 1867, et ce, dans des milieux divers.

Mais c'est au cours des années 1850 que la question de la fédération commence à s'imposer véritablement en politique canadienne. Le projet est soumis pour la première fois au Parlement du Canada-Uni au cours de la session de 1851, alors que William Henry Merritt, député de Lincoln, propose une adresse à la Reine qui lui demanderait d'autoriser le gouverneur à organiser une conférence pour considérer la possibilité d'une union fédérative. Cette motion ne reçoit toutefois l'appui que de quelques membres de la Chambre. En 1857, Antoine-Aimé Dorion, chef du parti libéral du Bas-Canada, suggère la création d'une union fédérative des deux sections du Canada comme moyen de remédier aux difficultés qui résultent des profondes différences de religion, de langue et de lois[12].

En 1858, le projet fédératif prend forme avec plus de précision sous la plume de Jean-Charles Taché. L'année précédente, ce médecin canadien-français érudit avait fondé à Québec le journal *Le Courrier du Canada*. Dans un ouvrage, il esquisse un partage des compétences législatives lié à la création d'un système de gouvernement fédératif. Taché oppose le principe fédératif au principe unitaire. Selon lui :

> [T]out ce qui a trait aux lois civiles, à l'éducation, à la charité publique, à l'établissement des terres publiques, à l'agriculture, à la police urbaine et rurale, à la voirie, enfin à tout ce qui a rapport à la vie de famille, si on peut s'exprimer ainsi, de chaque province, resterait sous le contrôle exclusif des gouvernements respectifs de chacune d'elle, comme de droit inhérent, les pouvoirs du gouvernement fédéral n'étant considérés que comme une cession de droits spécialement désignés. […] Les attributs donnés par nous au gouvernement fédéral n'ont trait qu'aux relations extérieures et aux choses qui tiennent aux intérêts communs des provinces confédérées[13].

Notons que Taché aurait réservé le « pouvoir résiduaire » aux parlements provinciaux. Cette esquisse d'un partage des compétences législatives entre les deux ordres de gouvernement fera dire par la suite au député de Lévis, Joseph-G. Blanchet, lors des débats sur le projet de fédération tenus au cours de la session parlementaire de 1865 au Canada-Uni, que « dans la distribution des pouvoirs entre les gouvernements locaux et le gouvernement général, le projet de la conférence est presque mot pour mot le travail de M. Taché[14] »… à ceci près que le pouvoir résiduaire fut plutôt attribué au parlement fédéral.

C'est lors de la session parlementaire de l'été 1858 que débute pour ainsi dire la concrétisation politique du projet de fédération des colonies britanniques d'Amérique du Nord. Le député de Sherbrooke, Alexander T. Galt, propose à l'Assemblée législative du Canada-Uni une motion dans laquelle il présente son plan de fédération comme une solution aux nombreuses difficultés éprouvées sous le régime de l'union législative malgré les ajustements conventionnels insérés dans son fonctionnement.

Son projet de fédération comprenait l'union du Canada-Ouest, du Canada-Est, des provinces maritimes, des territoires du Nord-Ouest et de ceux de la Baie d'Hudson. Bien que sa motion ne reçut pratiquement aucun appui, son entrée dans le nouveau gouvernement Macdonald-Cartier au poste de ministre des Finances allait faire tourner le vent : il avait accepté d'entrer dans le Cabinet à la condition que son projet de fédération devienne une question prioritaire[15]. C'était un pas en avant dans la réalisation ultime de l'union fédérative.

Alexander T. Galt en 1890.
Musée McCord

Conformément au programme du gouvernement, George-Étienne Cartier accompagne donc Alexander T. Galt et John Ross dans une mission à Londres à l'automne 1858. Ceux-ci présentent à Edward Bulwer Lytton, secrétaire aux colonies, un mémoire recommandant l'union de toutes les provinces de l'Amérique du Nord britannique comme seul remède aux difficultés entre les deux sections du Canada et comme moyen de consolider la puissance britannique sur le continent. En conséquence, le mémoire demande au gouvernement impérial d'autoriser une rencontre de délégués de toutes les colonies et des deux sections du Canada, pour considérer une union fédérative et discuter des principes sur lesquels elle devrait être fondée[16]. Une dépêche au gouvernement impérial est envoyée à Londres le 23 octobre 1858 :

> Il est de notre devoir d'exposer que le gouvernement du Canada éprouve de grandes difficultés à satisfaire comme il conviendrait aux désirs de sa nombreuse population. L'union du Bas-Canada et du Haut-Canada eut pour base le maintien d'une parfaite égalité entre ces Provinces, condition d'autant plus nécessaire qu'elles différaient par la langue, les lois et la religion ; et quoiqu'il y ait une population anglaise considérable dans le Bas-Canada, ces différences existent à un degré tel qu'elles empêchent toute communauté absolue de sentiments entre les deux sections[17].

La réponse de Londres fut négative. L'adoption d'un régime fédératif pour ses colonies nécessitait l'établissement de voies de communication entre elles : il fallait un chemin de fer intercolonial. Or, à cette époque, la métropole n'était pas encore prête à débloquer les fonds nécessaires à cette grande entreprise[18]. De plus, Londres invoqua le fait que bien qu'elle ne fût pas opposée à une telle union fédérative, le silence des provinces maritimes à propos de ce projet l'empêchait d'autoriser la tenue d'une conférence[19]. Cette initiative des délégués canadiens, bien qu'elle se soit soldée par un échec, a quand même eu pour effet de donner une impulsion importante au mouvement en faveur de la fédération.

En 1859 se tient à Toronto une convention de délégués du Canada au cours de laquelle le projet d'une union fédérative englobante est rejeté au profit d'une proposition plus restreinte d'une fédération des deux Canadas (Haut et Bas-Canada). Cette proposition est présentée à la Législature en 1860 où elle est défaite par une majorité écrasante.

Au cours de la période qui va de 1854 à 1864, un autre projet d'union fédérative se développe dans les provinces maritimes, le Nouveau-Brunswick, la Nouvelle-Écosse et l'Île-du-Prince-Édouard, qui préconisaient la création de liens fédératifs entre elles en réaction à l'échec du projet du chemin de fer intercolonial qu'elles jugeaient essentiel à leur survie économique et politique face aux États-Unis. La question économique était pour elles de plus en plus liée à l'unité politique.

Au Canada, les choses traînent jusqu'en 1864, les gouvernements successifs n'ayant qu'une existence précaire : l'application de la règle de la double majorité rendait plus difficile le gouvernement de la colonie. La crise politique atteint son point culminant le 14 juin 1864, alors que le gouvernement Taché-Macdonald est défait en Chambre et que la province se trouve dans l'impasse. Les événements qui suivirent marquent le début de la période qui mènera à l'adoption du régime fédératif en 1867.

À la suite de la défaite du gouvernement Taché-Macdonald, une coalition politique se forme qui permettra enfin la mise en branle du projet fédératif. George Brown, chef des réformistes, accepte de s'allier au nouveau gouvernement conservateur Cartier-Macdonald, pour le seul motif que ce gouvernement de coalition s'engage « à soumettre, durant la prochaine session, une mesure ayant pour objet de faire disparaître toutes les difficultés actuelles en introduisant au Canada le principe fédéral avec des dispositions qui permettront aux provinces maritimes et aux territoires du Nord-Ouest d'être inclus dans le même système de gouvernement [20] ».

La réponse de Londres fut négative. L'adoption d'un régime fédératif pour ses colonies nécessitait l'établissement de voies de communication entre elles : il fallait un chemin de fer intercolonial.

À la même époque, les parlements du Nouveau-Brunswick et de la Nouvelle-Écosse adoptent séparément des résolutions autorisant leur gouvernement à engager des négociations et à tenir une convention afin de créer une union des provinces maritimes. La convention ainsi constituée décide de se réunir à Charlottetown au mois de septembre 1864. Informé de la tenue de cette conférence, le gouvernement du Canada-Uni saisit l'occasion pour soumettre son projet d'union fédérative de toutes les colonies britanniques d'Amérique du Nord et y envoie donc une délégation. Le projet de fédération qui sommeille depuis longtemps tant au Canada-Uni que dans les provinces maritimes est sur le point d'être mis sur papier. L'Acte de l'Amérique du Nord britannique de 1867 sera conçu par

Assemblée à Québec des délégués des législatures du Canada : Nouvelle-Écosse, Nouveau-Brunswick, Île-du-Prince-Édouard et Terre-Neuve. Photographie de George P. Roberts (1864). BAC

étapes successives lors des trois conférences qui ont présidé à son élaboration : Charlottetown (septembre 1864), Québec (octobre 1864) et finalement Londres (décembre 1866).

Au cours de ces conférences et des débats qui se sont tenus au sein de l'Assemblée législative du Canada-Uni après l'adoption des Résolutions de Québec (1864), divers motifs furent invoqués par les colonies pour justifier le choix du principe fédératif comme fondement du nouveau gouvernement. L'adoption d'un régime fédératif résulte de la rencontre, dans les collectivités impliquées, de facteurs poussant à l'union et de facteurs militant en faveur d'une séparation.

> L'été 1863 est un tournant dans la guerre civile américaine : il devient alors assez probable que les États du Nord l'emporteront et constitueront alors la plus grande puissance militaire du monde.

Les facteurs d'union

Le problème général de la défense des colonies britanniques a été l'une des raisons importantes de la naissance de la fédération canadienne. Ce facteur était aussi présent dans la formation de nombreuses autres fédérations : comme l'a souligné Jean-Charles Bonenfant, c'est souvent afin d'augmenter leur puissance que des entités politiques se sont unies[21].

La décennie 1860 fut en effet marquée dans les colonies britanniques par un sentiment général de crainte d'une annexion aux États-Unis. Lorsque la guerre de Sécession éclate en 1861, les colonies britanniques d'Amérique du Nord sont toujours des unités politiques indépendantes les unes des autres et dépourvues d'un système de milice conjoint et efficace[22].

L'été 1863 est un tournant dans la guerre civile américaine : il devient alors assez probable que les États du Nord l'emporteront et constitueront alors la plus grande puissance militaire du monde[23]. L'armée américaine tentera-t-elle d'envahir et d'annexer les colonies britanniques de l'Amérique du Nord ?

Sergeants du 3ᵉ bataillon d'artillerie lourde du Massachusetts, durant la guerre de sécession.
LOC

Chez les hommes politiques de l'époque, la probabilité d'une invasion américaine ne fait pas l'unanimité. Cependant, la grande majorité d'entre eux s'entendent pour dire que les colonies doivent démontrer à la métropole qu'elles sont prêtes à faire leur part dans l'organisation de leur défense. La politique impériale de défense militaire des colonies s'était graduellement modifiée, et Londres requérait de plus en plus une participation effective de ces dernières. George-Étienne Cartier s'exprime en ces termes devant l'Assemblée législative du Canada-Uni en 1865 :

> La question se résout comme ceci : il nous faut ou avoir une confédération de l'Amérique Britannique du Nord, ou bien être absorbés par la confédération américaine. [...] Nous savons que l'Angleterre est déterminée à nous aider et à nous appuyer dans toute lutte avec nos voisins. Les provinces anglaises, séparées comme elles le sont à présent, ne pourraient pas se défendre seules. Nous avons des devoirs à remplir vis-à-vis de l'Angleterre et pour obtenir son appui pour notre défense, nous devons nous aider nous-mêmes, et nous ne pouvons atteindre ce but sans une confédération[24].

Malgré quelques incidents frontaliers et navals, et l'expression d'intentions annexionnistes dans certains éditoriaux new-yorkais[25], la fin de la guerre civile américaine en avril 1865 n'a pas été suivie par une attaque contre le Canada. Au contraire, la considérable armée de l'Union américaine fut rapidement démantelée. Cependant, une autre menace, beaucoup moins sérieuse mais immédiate, se profile à la même époque : celle des Féniens, des militants irlandais installés aux États-Unis et organisés dans la Fenian Brotherhood. Ces soldats expérimentés désiraient s'en prendre à la Grande-Bretagne en frappant ses colonies. Leurs milices attaquèrent ainsi plusieurs régions frontalières en 1866[26]. Les hommes politiques ne manquèrent pas d'utiliser cette menace pour démontrer la nécessité d'unir les forces militaires des colonies[27].

Le facteur économique a été, sans contredit, un autre élément fondamental du désir d'union des colonies. Au cours de la décennie 1860, l'économie du Canada, qui subissait les contrecoups de la guerre civile américaine, était en dépression. Les échanges entre les différentes colonies n'ayant, à cette époque, qu'une valeur insignifiante[28], l'économie canadienne était très dépendante du traité de réciprocité avec les États-Unis, entente fragile que les autorités américaines ont effectivement abrogée en 1866. La conversion de la Grande-Bretagne au libre-échange militait aussi en faveur de la création d'une unité économique et politique plus large[29]. Enfin, rappelons que pour les leaders politiques de l'époque, la construction d'un chemin de fer intercolonial semblait être une condition essentielle à la survie économique des colonies et un moyen d'empêcher l'envahissement de l'ensemble des activités économiques par les Américains. Ce moyen de transport permettrait au Canada entier d'avoir une porte d'entrée et de sortie sur la mer, ce qui était essentiel, particulièrement en saison hivernale[30].

George-Étienne Cartier en 1885.
Musée McCord

La construction d'un chemin de fer intercolonial semblait être une condition essentielle à la survie économique des colonies et un moyen d'empêcher l'envahissement de l'ensemble des activités économiques par les Américains.

Le ministre des Finances de l'époque, Alexander T. Galt, avait fait ressortir les divers avantages économiques de la fédération dont le plus important, selon lui, était que les colonies ne dépendraient plus d'une seule industrie. En s'adjoignant les trois provinces sur l'Atlantique, le Canada aurait la possibilité de devenir une puissance maritime. Toutes les provinces pourraient aussi profiter de l'accroissement du commerce qui résulterait de la suppression des barrières tarifaires. Elles réduiraient ainsi leur dépendance au marché américain dont l'accès était menacé par l'éventuelle abrogation du traité de réciprocité. En somme, il s'agissait de réorienter le commerce dans un axe est-ouest :

> Des tarifs prohibitifs ont entravé le libre-échange des produits coloniaux, et un des avantages les plus grands et les plus immédiats qui devra naître de cette union, sera le renversement de ces barrières et l'ouverture du marché de chacune des colonies aux produits de l'industrie de toutes les autres. […] Aujourd'hui, nous sommes menacés de voir s'interrompre ce commerce [avec les États-Unis] ; nous avons lieu de croire que l'action des États-Unis sera hostile à la continuation du libre échange commercial avec nous ; […] C'est évidemment un devoir pour nous de chercher d'autres débouchés pour nos produits. Une porte nous est fermée, il faut en ouvrir une autre ; nous devons nous répandre dans une autre direction, et, en établissant la liberté de commerce avec nos co-sujets, former des relations dont la stabilité ne sera pas à la merci de tout pays étranger. Ainsi donc, sur cette question, on peut en venir à la conclusion que l'union entre ces colonies est également demandée par leurs ressources immenses et la situation particulière qu'elles occupent les unes vis-à-vis des autres, à l'égard de la Grande-Bretagne et des États-Unis[31].

Si les facteurs militaire et économique ont été les principaux catalyseurs des désirs d'union qui se sont exprimés dans les colonies britanniques d'Amérique du Nord au cours de la décennie 1860, d'autres éléments ont joué. Citons d'abord leurs similitudes en tant que parties d'un même empire et l'existence d'une communauté de langue et de culture au sein de trois des quatre colonies originelles (le Canada-Ouest, le Nouveau-Brunswick et la Nouvelle-Écosse). On peut également noter une certaine communauté de valeurs au sein des quatre colonies, notamment quant au maintien du principe monarchique et du gouvernement responsable[32].

La seule présence de facteurs agrégatifs au sein de collectivités ne mène pas à la formation d'un État fédératif, mais bien à celle d'un État unitaire. Le choix d'un régime fédératif naît de la rencontre de ces facteurs avec des facteurs centrifuges, ceux qui favorisent la désunion.

Les facteurs de séparation

Plusieurs types de facteurs de séparation peuvent jouer en faveur d'une union fédérative : une existence politique séparée en tant que colonie ou État souverain, des intérêts économiques divergents, l'isolement géographique de collectivités distribuées sur un vaste territoire, lequel contribue au développement de consciences régionales bien ancrées,

entre autres. Tous ces facteurs de séparation se retrouvent à l'origine de la fédération canadienne[33]. Les colonies britanniques qui décident de s'unir ont chacune une assez longue histoire politique et juridique et jouissent du gouvernement responsable depuis 1848. C'est ce qui fait que, « les provinces veulent bien s'unir, mais tiennent aussi à survivre comme unités politiques autonomes[34] ».

On peut affirmer toutefois que le facteur de séparation le plus déterminant dans le choix du principe fédératif pour la nouvelle constitution a été la présence très majoritaire sur le territoire du Canada-Est d'un groupe national différent, solidement installé depuis plus de deux siècles et aspirant à conserver, et même à étendre, son autonomie politique en possédant son propre gouvernement.

Nous l'avons vu, l'Union législative de 1840 s'était transformée dans la pratique en un régime fédératif à l'état larvaire. L'égalité de la représentation des deux sections du Canada-Uni au sein de l'Assemblée législative avait permis aux représentants canadiens-français, par leur action concertée, de jouer un rôle de première importance dans la politique canadienne. Cependant, la revendication de la représentation proportionnelle à la population par les leaders politiques du Canada-Ouest se faisait de plus en plus vive et on pressentait que les autorités impériales y donneraient suite un jour ou l'autre. Dans

Conférence de Québec, en 1864, pour établir les bases d'une union des provinces de l'Amérique du Nord britannique. Rex Woods (c. 1965), d'après une peinture de Robert Harris de 1885.
BAC

ce contexte politique, le Canada-Est ne pouvait plus se fier à des pratiques fédératives en marge de la constitution formelle pour assurer la survie de son identité culturelle distincte.

Les profondes dissensions qui existaient entre les conservateurs et les libéraux du Canada-Est quant au projet de fédération des colonies ne peuvent occulter leur prémisse commune quant à l'identité culturelle de leurs concitoyens : l'autonomie de leur section, et, par conséquent, de la collectivité canadienne-française, devrait être primordiale dans toute nouvelle constitution[35]. Leurs opinions divergentes quant au projet de fédération avaient trait à la façon d'atteindre cet objectif commun.

Pour les conservateurs, l'adoption d'un régime fédératif donnerait au Canada-Est son gouvernement propre, lequel serait nanti de pouvoirs législatifs autonomes sur toutes les matières alors jugées essentielles à la survie et à l'épanouissement de son identité culturelle. C'est donc à la condition que l'union serait fédérative et non législative que les représentants des Canadiens français du Bas-Canada ont accepté de s'unir avec les autres colonies britanniques.

L'esprit derrière le partage des compétences législatives était que les matières d'intérêt commun à toutes les colonies seraient confiées à la responsabilité d'un parlement central, alors que les matières dans lesquelles les provinces possédaient des intérêts particuliers demeureraient sous leur juridiction exclusive. Or, ces intérêts particuliers étaient précisément ceux liés à l'identité culturelle des collectivités en présence, spécialement les Canadiens français. George-Étienne Cartier pouvait ainsi affirmer dans le langage de l'époque : « Sous le système de fédération, qui laisse au gouvernement central le contrôle des grandes questions d'intérêt général dans lesquelles les différences de races n'ont rien

Les membres de la Commission ayant pour mandat de codifier les lois du Bas-Canada relatives aux affaires civiles (*c.* 1865).
Musée McCord

à démêler, les droits de race ou de religion ne pourront pas être méconnus[36]. » Pour les Bas Canadiens, si une certaine forme d'association avec les autres colonies était nécessaire, le degré d'intégration ne devait pas dépasser le seuil requis par la viabilité militaire et économique du Québec. Dans cette alliance fédérative, le Québec allait être le pays des Canadiens-français, travaillant avec d'autres pour des projets communs, mais toujours autonome dans l'avancement de la nation canadienne-française[37]. On lisait ainsi dans *La Minerve* du 1er juillet 1867 : « Comme nation dans la nation, nous devons veiller à notre autonomie propre[38]. »

Quelques acteurs et leur vision du nouveau pays

Bien que les auteurs s'entendent généralement pour dire que les pères fondateurs de la fédération canadienne ont été plus sensibles à des considérations pragmatiques qu'à des considérations de philosophie politique, certains d'entre eux ont exprimé leur vision politique du pays projeté. Parmi ceux-ci se trouvent au premier rang John A. Macdonald et George-Étienne Cartier.

George-Étienne Cartier.
BAC

La plupart des chercheurs qui se sont penchés sur la période préfédérative ont accordé à juste titre beaucoup d'importance au rôle joué par Macdonald dans l'élaboration du régime fédératif canadien. Il fut en effet l'un des principaux concepteurs du nouveau régime qui, à plusieurs égards, porte son empreinte. Certains extraits de son discours sur le projet d'union devant l'Assemblée législative du Canada-Uni en 1865 peuvent nous éclairer sur sa vision.

D'abord, parlant du projet initial d'union des provinces maritimes, il affirme : « Personne ne savait encore si cette union devait être législative ou fédérale, mais ce que tous voulaient, c'était d'arriver à une mesure qui aurait l'effet *de ne faire qu'un seul peuple de trois peuples différents[39]*. » Il

> Pour les Bas-Canadiens, si une certaine forme d'association avec les autres colonies était nécessaire, le degré d'intégration ne devait pas dépasser le seuil requis par la viabilité militaire et économique du Québec.

poursuit son discours en expliquant le tour qu'ont pris les événements lors de la conférence de Charlottetown : « Nous fîmes part aux délégués de nos vues assez longuement et pûmes tellement les satisfaire par les raisons que nous apportâmes à leur appui, et si bien les convaincre des avantages d'une union générale sur une union particulière qu'ils mirent de suite de côté leur propre projet et se rallièrent à l'idée de former une grande nation et un gouvernement fort. » Cette idée qu'une union politique des colonies sous un gouvernement fort permettrait de ne faire qu'un seul peuple de peuples différents laisse entendre que Macdonald présumait que ces derniers disparaîtraient progressivement en se fondant dans un tout homogène.

John A. Macdonald.
BAC

Il exprime ensuite son opinion quant à la forme de gouvernement qui devrait être privilégiée. Malgré sa préférence pour une union législative permettant la mise sur pied d'un gouvernement fort, il se voit dans l'obligation d'y renoncer en raison particulièrement de la présence au Canada-Est d'un peuple « parlant un langage différent, et professant une foi différente de la majorité du peuple sous la confédération » et qui sent que « ses institutions, ses lois, ses associations nationales » pourraient souffrir de l'adoption d'un régime unitaire[40]. Ce n'est donc qu'à reculons et en raison de la nécessité que le Canada-Est intègre l'union projetée que Macdonald consent à une forme fédérative de gouvernement.

Cependant, malgré cette concession de principe, Macdonald ne modifie pas sa conception de ce que devrait être la nouvelle nation canadienne : une nation qui ne ferait pas que se superposer à celles existant à l'intérieur du nouvel État, mais qui les supplanterait un jour pour devenir le seul pôle d'identification de l'ensemble des citoyens. En effet, comme plusieurs auteurs l'ont souligné, sa vision du fédéralisme canadien était centralisatrice et postulait une certaine subordination des provinces au gouvernement central[41].

En comparant ce projet au régime américain, Macdonald révèle aussi ses espoirs dans la nouvelle nation canadienne. Selon lui, l'union projetée corrigeait les erreurs commises par les Américains dans l'élaboration de leur système fédératif, soit le caractère trop décentralisé de ce dernier. Voici ce qu'il en disait devant l'Assemblée législative du Canada-Uni en 1865 :

Nous avons eu, pour nous guider, l'expérience des États-Unis. […] Avant la formation de l'union américaine, chacun le sait, les différents états qui en firent partie étaient des provinces séparées. Il n'existait entre elles, précisément comme cela se trouve pour nous, d'autre lien que celui du souverain qui leur était commun. Leur organisation et leurs lois étaient différentes. […] Par leur constitution, elles déclarèrent que chaque État était une souveraineté par lui-même, excepté à l'égard des pouvoirs conférés au congrès général. Ici nous avons adopté un système différent : nous avons concentré la force dans le gouvernement général. […] Nous lui avons conféré […] tous les pouvoirs inhérents à la souveraineté et à la nationalité[42].

Cette vision de la nation canadienne n'était toutefois pas partagée par l'ensemble des concepteurs originels du régime. Parmi ceux-ci se trouvait George-Étienne Cartier qui, bien qu'il fût un grand promoteur de l'union projetée, n'entretenait pas les mêmes aspirations que son compatriote du Canada-Ouest quant au type de nationalité commune qui devrait en émerger.

Pour Cartier, le Canada devait être une nation dans laquelle des identités et des allégeances multiples pourraient s'épanouir au sein d'une structure qui engendrerait la naissance d'une nationalité politique commune[43]. Ce fut sous son influence que la forme fédérative, plutôt que la forme unitaire vers laquelle inclinaient bon nombre de délégués, fut choisie comme fondement de la Constitution lors de la conférence de Charlottetown de l'automne 1864[44]. Sous le régime d'Union, il s'était toujours opposé fermement et avec succès à toutes les tentatives des leaders politiques du Canada-Ouest de remplacer le principe de l'égalité de représentation des deux sections du Canada-Uni à Chambre législative par celui d'une représentation basée sur la population, sachant que cette concession serait fatale à l'identité culturelle particulière de ses compatriotes[45].

C'est à la conférence de Québec d'octobre 1864 que Cartier fut appelé à jouer le rôle le plus important de sa carrière politique. En tant que tête dirigeante de la délégation du Bas-Canada, Cartier devait veiller (avec le concours précieux d'Hector Langevin et de Jean-Charles Chapais) à ce que « les intérêts de ses compatriotes fussent sauvegardés et à ce que leurs droits, leurs institutions, leur nationalité, c'est-à-dire en somme tout ce qu'ils chérissaient par-dessus tout, fussent assurés de leur pérennité sous l'union projetée[46] ». C'est ainsi qu'il accepta que toutes les questions liées aux intérêts communs des colonies soient confiées à un gouvernement général au sein duquel « il n'y aura[it] nullement à craindre qu'il soit adopté quelque principe qui puisse nuire aux intérêts de n'importe quelle nationalité particulière[47] ».

Contrairement à la vision centralisatrice de John A. Macdonald, celle de Cartier était véritablement fédéraliste, c'est-à-dire qu'elle impliquait des provinces souveraines quant aux matières liées à leur identité, mais unies quant à leurs intérêts communs au sein d'un gouvernement général, lui aussi souverain.

Cependant, comme il va de soi lors de l'adoption d'un tel régime, le fédéralisme canadien prôné par Cartier sous-entendait la création d'une nationalité commune à toutes les entités fédérées. Voici ce qu'il affirmait devant l'Assemblée législative du Canada-Uni : « Le temps est venu pour nous de former une grande nation, et je maintiens que la confédération est nécessaire à nos propres intérêts commerciaux, à notre prospérité et à notre défense. [...] Dans l'Amérique Britannique du Nord, nous sommes *cinq peuples différents*, habitant cinq provinces séparées. Nous avons les mêmes intérêts commerciaux et le même désir de vivre sous la couronne britannique[48]. » Contrairement à Macdonald, qui parlait d'une fusion de

CI-DESSOUS

Annotations et dessins de Macdonald sur une page du rapport de la Conférence de Québec.

BAC

Hector Langevin. Photographie de William Notman (1865).
Musée McCord

trois peuples en un seul, Cartier souligne les désirs et intérêts partagés par ces cinq peuples différents. Un peu plus loin dans son intervention, il précise ce qu'il entend par nation canadienne : « Une objection a été suscitée au projet maintenant sous considération, à cause des mots "nouvelle nationalité". Lorsque nous serons unis, si toutefois nous le devenons, nous formerons une nationalité politique indépendante de l'origine nationale, ou de la religion d'aucun individu[49]. »

Ainsi, la création d'une nation canadienne, par l'adoption d'un régime fédératif, était conçue comme permettant et valorisant non seulement la survie, mais l'épanouissement d'identités culturelles intraétatiques. La question identitaire a donc joué un rôle prédominant dans les discussions qui ont précédé l'adoption du régime fédératif. Chose certaine, c'est en raison de l'assurance que la création d'une nationalité canadienne n'interférerait pas avec leur identité culturelle particulière que les leaders politiques du Canada-Est ont accepté de s'unir avec les autres colonies britanniques d'Amérique du Nord au sein d'un système de gouvernement fédératif.

Le Québec et la lettre du régime de 1867

L'État fédératif comporte un certain nombre de caractéristiques institutionnelles qui le distinguent fondamentalement de l'État unitaire. Il s'agit, nous l'avons dit, du partage de la fonction législative, du principe d'autonomie des ordres de gouvernement dans leurs compétences exclusives, de la suprématie de la constitution et de l'apparence de neutralité de l'arbitrage constitutionnel.

L'existence d'accrocs au principe fédératif dans la lettre de la constitution de 1867 amène certains auteurs à conclure qu'elle a un caractère « quasi fédéral[50] ». Pourtant, le préambule de la Loi constitutionnelle de 1867 énonce que les colonies « ont exprimé le désir de contracter une Union Fédérale[51] », et cette loi a bel et bien eu pour effet d'instaurer au Canada un régime fédératif, et ce, dans toutes les acceptions du terme. La nature des institutions mises sur pied en 1867 le confirme.

Le partage de la fonction législative

Les articles 91 à 95 de la Loi constitutionnelle de 1867 pourvoient au partage de la fonction législative entre les ordres de gouvernement fédéral et provincial. Les articles 91 à 93 dressent deux listes de matières : celles sur lesquelles le parlement fédéral pourra légiférer en exclusivité (art. 91), et celles qui relèvent des compétences provinciales, elles aussi exclusives (art. 92 et 93).

Comme au sein de tout État fédératif, le partage des compétences législatives fut effectué suivant la distinction entre les affaires d'intérêt commun et celles qui touchent à des intérêts particuliers. Étant donné que l'objectif principal de l'union fédérative était lié aux aspects économiques et militaires, la compétence législative sur les matières s'y rapportant fut attribuée au parlement fédéral. C'est ainsi que les provinces lui donnèrent la compétence de prélever des deniers publics par tous modes ou systèmes de taxation et de légiférer notamment en matière de réglementation des échanges et du commerce, des banques, de la monnaie, de la navigation, de la milice, des services militaires et de la défense du pays (art. 91). Le parlement fédéral se voyait également accorder la compétence de créer une cour générale d'appel pour le Canada (art. 101).

La question identitaire a donc joué un rôle prédominant dans les discussions qui ont précédé l'adoption du régime fédératif.

Les matières de compétence provinciale exclusive couvraient en général toute la vie interne des provinces, tout ce qui était lié à leur style de vie particulier. Les provinces conservaient aussi le pouvoir de légiférer en exclusivité sur leur territoire, notamment sur la propriété et les droits civils, l'éducation, les institutions municipales, la célébration du mariage, les travaux et entreprises de nature locale, l'administration de la justice, la constitution interne et généralement sur toutes les matières d'ordre purement local ou privé. Elles conservaient aussi le pouvoir de lever des taxes directes pour des fins provinciales (art. 92 et 93).

La répartition des diverses matières de compétence rendait compte de façon adéquate des facteurs d'union et de séparation présents au sein des colonies.

Le principe d'autonomie

Le principe d'exclusivité ou d'autonomie est expressément enchâssé dans la constitution de 1867. Les paragraphes introductifs des articles 91 et 92 énoncent que chacun des deux ordres de gouvernement pourra, en exclusivité, c'est-à-dire à l'exclusion de l'autre ordre, faire des lois sur les matières énumérées dans les différents paragraphes suivants. En d'autres termes, chacun des deux ordres de gouvernement sera souverain, ou autonome, dans ses champs de compétence énumérés.

Jean-Charles Chapais (père), vers 1870.
Archives de la Côte-du-Sud

La question de l'autonomie du parlement fédéral ne semble pas avoir engendré de discussions particulières durant les conférences préfédératives ni lors des débats à l'Assemblée législative du Canada-Uni de 1865. Il en va cependant autrement quant au statut des parlements provinciaux.

L'ensemble des délégués conservateurs du Canada-Est s'entendaient pour affirmer que, dans le schème de gouvernement proposé, les provinces ne seraient en aucune façon subordonnées au gouvernement central dans leurs champs de compétence exclusive[52].

George-Étienne Cartier.
BAC

Les députés conservateurs du Canada-Ouest ont eux aussi affirmé à plusieurs reprises que le schème fédératif ne compromettrait pas l'autonomie des provinces. John A. Macdonald lui-même, après avoir marqué sa préférence pour un État unitaire, a dû défendre le caractère souverain des provinces au cours de la conférence de Québec d'octobre 1864 afin de rallier les provinces, particulièrement le Canada-Est, au projet de régime fédératif[53].

Pour les réformistes du Canada-Ouest, la raison première de l'adoption du régime fédératif était d'obtenir un contrôle effectif des affaires locales en rétablissant leur province comme entité séparée du Canada-Est[54]. Pour eux, le régime fédératif de 1867 n'établissait pas une prédominance fédérale. Au contraire, l'accord réalisait en partie les revendications d'autonomie locale qu'ils émettaient depuis les années 1820[55].

Les libéraux du Canada-Est s'opposaient quant à eux avec force à l'adoption du schème fédératif. Au cœur de leur argumentation se trouvait le statut des parlements provinciaux, qu'ils estimaient par trop subordonné. Le texte de la Loi constitutionnelle de 1867 prévoit en effet d'attribuer au gouvernement central certains pouvoirs pouvant potentiellement miner l'autonomie des provinces dans l'exercice de leurs compétences législatives. Les éléments le plus souvent pointés du doigt étaient le « pouvoir de réserve » et le « pouvoir de désaveu des lois provinciales ».

Le pouvoir de réserve permet aux lieutenants-gouverneurs des provinces, avant de sanctionner un projet de loi provincial, d'en réserver l'appréciation au gouverneur général. Le pouvoir de désaveu permet quant à lui au gouverneur général, lorsqu'il en reçoit copie, d'annuler une loi dûment adoptée par une province (art. 55 à 57 et 90). Or, la nomination des lieutenants-gouverneurs comme celle du gouverneur général relève du gouvernement fédéral. Notons qu'aujourd'hui, ces pouvoirs sont rendus caducs par l'effet de conventions constitutionnelles[56].

Mais en 1867, ces dispositions étaient vues par certains comme un accroc au principe fédératif, et plus précisément au principe d'autonomie des parlements provinciaux dans leurs domaines de compétence exclusive. Toutefois, même à l'époque préfédérative, ils n'étaient pas conçus de façon aussi catégorique que l'on a pu le croire.

La question des pouvoirs de réserve et de désaveu des lois provinciales a été portée à l'attention des délégués des provinces à la conférence de Québec par le député haut-canadien Oliver Mowat. C'est à cet homme politique que l'on doit en grande partie la rédaction des Résolutions de la conférence de Québec relatives au partage des compétences législatives entre les deux ordres de gouvernement[57]. Expert en droit administratif et versé dans l'art de la rédaction législative, il a été durant 20 ans le premier ministre de l'Ontario (1872-1892). Il a laissé sa marque dans l'histoire constitutionnelle canadienne en tant qu'ardent défenseur du principe d'autonomie des provinces. C'est d'ailleurs à son initiative que plusieurs décisions du Comité judiciaire du Conseil privé affirmant le caractère souverain des provinces dans leurs domaines de juridiction exclusive ont été rendues.

À Québec, Oliver Mowat proposa une résolution qui avait notamment pour effet de maintenir l'existence des pouvoirs de réserve et de désaveu du gouvernement *impérial* sur les lois fédérales et provinciales. Au cours des débats subséquents, cette résolution fut modifiée de façon à ce que ces pouvoirs, dans le cas des lois provinciales, soient plutôt confiés au gouvernement *fédéral*[58]. Les résolutions finalement adoptées à l'issue de la conférence de Québec se lisent comme suit :

> 50. Tout projet de loi de la législature générale pourra être réservé de la manière ordinaire pour la sanction de Sa Majesté et les projets de loi des législatures locales pourront aussi, *de la même manière*, être réservés pour la considération du gouverneur général.
>
> 51. Les projets de loi de la législature générale seront sujets au désaveu de Sa Majesté, durant les deux ans qui suivront la passation, comme l'ont été jusqu'à présent les projets de loi adoptés par les législatures desdites provinces, et ceux des législatures locales seront sujets au désaveu du gouverneur général durant les douze mois qui suivront leur adoption[59].

Il peut paraître surprenant qu'Oliver Mowat, défenseur du principe fédératif dans les premières décennies de la fédération, ait fait cette proposition et, par la suite, ne se soit pas exprimé sur ces pouvoirs et sur les circonstances dans lesquelles ceux-ci pourraient être exercés. Sa nomination, dès la fin de la conférence de Québec, comme juge à la Cour de la chancellerie par le procureur général du Haut-Canada, John A. Macdonald, l'a par la suite empêché de participer aux débats de l'Assemblée législative du Canada-Uni en 1865. Cette nomination qui le mettait à l'écart pourrait d'ailleurs ne pas avoir été étrangère à sa défense d'une vision décentralisée de la future fédération, vision qui entrait en conflit avec celle privilégiée par Macdonald[60].

Le pari de Mowat était le suivant : si les provinces sont des gouvernements responsables devant leur électorat depuis 1848, le gouvernement fédéral sera incapable de s'immiscer dans leurs sphères de compétence exclusive, de la même manière que ce principe d'autonomie avait rendu inacceptables les interférences arbitraires de Londres dans les affaires domestiques des colonies dans les décennies 1840 et 1850[61].

Oliver Mowat.
BAC

Tous les délégués n'ont pas saisi l'impact possible du principe de gouvernement responsable sur les pouvoirs de réserve et de désaveu.

Il ressort des débats parlementaires devant l'Assemblée législative du Canada-Uni de 1865 que tous les délégués n'ont pas saisi l'impact possible du principe de gouvernement responsable sur les pouvoirs de réserve et de désaveu, et ce, particulièrement du côté des libéraux du Canada-Est[62]. Cependant, la majorité des représentants de cette section ne partageait pas cette opinion et voyait le principe du gouvernement responsable comme rendant inévitable la reconnaissance du statut souverain des provinces dans leurs sphères de compétence exclusive. Au surplus, la présence des députés canadiens-français à la Chambre des communes garantirait un usage non abusif du veto[63]. En général, les députés du Canada-Est partageaient donc la vision qui avait été celle d'Oliver Mowat lors de la rédaction des Résolutions de Québec quant à l'impact sur l'autonomie des provinces des pouvoirs de réserve et de désaveu.

Dans quelles circonstances croyait-on, à l'époque préfédérative, que le gouvernement fédéral serait justifié de faire usage de ces pouvoirs ? Diverses opinions ont été émises à ce sujet par les concepteurs originels du régime. Certains ont avancé que le

Le parlement canadien vu de l'ouest. Photographie de William James Topley.
BAC

gouvernement fédéral pourrait user de ses pouvoirs de veto afin d'empêcher une injustice, par exemple des atteintes aux droits de propriété ou à ceux des minorités linguistiques provinciales[64]. D'autres ont avancé que les pouvoirs de réserve et de désaveu permettraient de prévenir des conflits de juridiction entre les deux paliers de gouvernement[65]. Cette position entrait en conflit avec l'idée généralement admise à l'époque que le contrôle de la constitutionnalité des lois provinciales et fédérales devrait échoir au pouvoir judiciaire. Le pouvoir de désaveu, quant à lui, appartient, hors de tout doute à l'exécutif.

Parmi les concepteurs du régime de 1867, seul Hector Langevin semble avoir traité spécifiquement des conditions dans lesquelles il serait approprié de réserver ou de désavouer une loi provinciale : « Cette réserve ne se fera que pour les mesures de la nature de celle que l'on soumet aujourd'hui à la sanction de Sa Majesté[66]. » Cette dernière proposition semble correspondre à la vision d'Oliver Mowat, principal rédacteur des Résolutions de Québec, quant à l'utilisation de ces pouvoirs de veto. Ce dernier raconta, à la conférence interprovinciale de 1887, qu'il était entendu lors de la conférence de Québec que le gouvernement fédéral exercerait ses pouvoirs dans les mêmes limites que le gouvernement impérial les avait exercés[67].

L'emploi de l'expression « de la même manière » (« in a likely manner ») dans les résolutions 50 et 51 corrobore cette idée. Or en pratique, dans les années 1860, l'usage par le gouvernement impérial de son pouvoir de désaveu des lois coloniales était largement tombé en désuétude. Ainsi, ces pouvoirs étaient conçus comme un outil de maintien du statu quo, et non comme une entrave au libre exercice par les provinces de leurs pouvoirs législatifs[68]. Une lettre du lieutenant-gouverneur Gordon du Nouveau-Brunswick à Edward Cardwell, secrétaire aux colonies, dans laquelle il commentait les Résolutions de Québec, est révélatrice : « Mais dans son domaine propre, ce gouvernement [provincial] sera libre de tout contrôle, car le veto du gouverneur général ne sera utilisé que rarement, si tant est qu'il le soit jamais[69]. »

Or, la réalité fut tout autre. L'utilisation fréquente et enthousiaste du pouvoir de désaveu par le gouvernement fédéral de John A. Macdonald au cours des premières décennies de la fédération fut source de diverses contestations judiciaires émanant des gouvernements ontarien et québécois. Le Comité judiciaire du Conseil privé de Londres, dernier tribunal d'appel pour les affaires canadiennes jusqu'en 1949, considéra que, malgré les dispositions de l'Acte de l'Amérique du Nord britannique sur le pouvoir de désaveu du gouvernement fédéral, l'interférence avec le fonctionnement des gouvernements responsables provinciaux était fondamentalement injuste[70].

Edward Cardwell, caricaturé dans *Vanity Fair* en 1869.

Les craintes de certains délégués, particulièrement les libéraux du Canada-Est, au sujet des pouvoirs de réserve et de désaveu du gouvernement fédéral ne se sont jamais pleinement réalisées. Les tribunaux ont continué après l'adoption du régime fédératif de 1867 à exercer le contrôle de constitutionnalité des lois coloniales qu'ils exerçaient déjà sous le régime antérieur. Bien que le pouvoir de désaveu ait été fréquemment utilisé dans les premières décennies du nouveau régime, le gouvernement fédéral, dès 1935, a affirmé qu'on ne saurait y avoir recours sur la seule base de l'invalidité des lois provinciales[71]. Graduellement, le « contrôle de l'opportunité » des lois provinciales, c'est-à-dire celui qui est fondé sur d'autres motifs que leur inconstitutionnalité, devint lui aussi caduc à la suite de conventions constitutionnelles.

John A. Macdonald en 1868.
BAC

Un régime fédératif est donc né en 1867, fruit des négociations entre les tenants d'une vision plutôt centralisée et ceux qui étaient favorables à un système de gouvernement plus équilibré. Ce régime était certes imprégné d'éléments de centralisation, mais il s'accordait à la réalité socioculturelle et politique des collectivités impliquées. Plus particulièrement, il satisfaisait l'essentiel des préoccupations identitaires des Bas-Canadiens : leur autonomie politique avait désormais un statut constitutionnel et s'étendait à toutes les matières qui, à cette époque, étaient considérées comme étant liées à leur identité culturelle. Comme l'écrivait Jean-Charles Bonenfant, « [l]'esprit de 1867, c'est donc aussi l'acceptation définitive de l'existence des Canadiens français, c'est la suite logique de l'Acte de Québec. [...] [Les pères fondateurs] ont eu vraiment l'intention d'assurer la survivance des Canadiens français et ils ont accepté les moyens qui, à l'époque, leur semblèrent les meilleurs pour la réaliser[72]. »

✳   ✳   ✳

L'Acte de l'Amérique du Nord britannique a bel et bien eu pour objet et pour effet de mettre en place au Canada une forme fédérative de gouvernement. Si on analyse l'esprit et la lettre de la Constitution à la lumière du contexte colonial de l'époque, on peut conclure que les espoirs des Canadiens français étaient fondés : il leur était permis de croire que ce nouveau pays se développerait de façon à assurer leur protection et leur épanouissement comme collectivité nationale ; que leur appartenance à une nation canadienne n'impliquerait pas le renoncement à leur identité première ; et que la nouvelle structure constitutionnelle à laquelle ils adhéraient leur procurerait les instruments politiques et juridiques nécessaires à la maîtrise de leur destin collectif au sein d'un ensemble étatique plus large. Près de cent cinquante ans après l'entrée en vigueur de l'acte fondateur de la fédération canadienne, force est de constater que ces espoirs ont été en bonne partie déçus. L'État canadien d'aujourd'hui est une fédération mononationale qui, sur le plan juridique, nie la dimension nationale de la collectivité québécoise. ◆

> Près de cent cinquante ans après l'entrée en vigueur de l'acte fondateur de la fédération canadienne, force est de constater que ces espoirs ont été en bonne partie déçus.

VII

1ᵉʳ avril 1918

Émeute à Québec contre la conscription :
résistance politique ou culturelle ?

par Béatrice Richard, *historienne*

Le Québec s'apprête à célébrer Pâques. Pour la quatrième année consécutive, le printemps s'amorce avec en bruit de fond les échos d'une guerre lointaine, meurtrière, incompréhensible voire injustifiée pour nombre d'habitants de la Belle Province. À l'été 1914, il a suffi que l'Angleterre déclare la guerre à l'Allemagne pour que le Canada, encore une quasi-colonie, se retrouve automatiquement entraîné dans le conflit. Trois ans plus tard, les Canadiens se voient maintenant contraints d'y envoyer leurs fils. Jusqu'ici, seuls des volontaires s'enrôlaient dans la Grande Croisade contre le Kaiser. Mais voilà que, depuis peu, la Loi sur le service militaire conscrit d'office tout Canadien adulte de 20 à 35 ans pour le service outremer – à moins qu'il n'obtienne une exemption d'un tribunal spécial. Si, d'un océan à l'autre, la population semble s'y résigner, ce n'est pas le cas au Québec, où se concentre la résistance au devoir militaire. À cet égard, l'élection récente d'un gouvernement d'Union à Ottawa sous l'égide du Parti conservateur n'a fait que polariser le débat entre anglophones et francophones. Farouchement pro-conscriptionniste, la coalition au pouvoir compte bien profiter de l'appui du Canada anglais pour mater la province récalcitrante. Et pour cause. Vu d'Ottawa, ce bastion canadien-français au cœur de la Confédération semble au bord de la guerre civile.

Depuis que le premier ministre conservateur, Robert Laird Borden, a annoncé son intention d'imposer le service militaire, en mai 1917, un climat de guérilla s'est emparé du Québec. La révolte gronde. Les accrochages entre la population et les forces de l'ordre se multiplient dans les principaux centres urbains, tandis que dans les campagnes, la police du Dominion se heurte à la sourde hostilité d'habitants qui se liguent pour cacher

Robert Laird Borden, premier
ministre conservateur (1911-1920).
Ville de Montréal

PAGE PRÉCÉDENTE
Affiche de recrutement.
MCG

137

Dehors, la foule réclame la tête d'un certain Bélanger, l'un des trois policiers impliqués dans l'interpellation de Mercier. Son comportement particulièrement brutal en cette occasion a soulevé la réprobation générale.

leurs conscrits. Ces tensions inquiètent le gouvernement au plus haut point. Sa hantise : que les désordres ne dégénèrent en insurrection générale[1]. Pourtant, Henri Bourassa, le chef de file des nationalistes, avait sonné l'alarme dès juin 1917. Selon lui, imposer la conscription au Québec constituait une « invite à l'émeute » ou, pire, « l'invite formelle et définitive à l'insurrection[2] ». Depuis un an, les rapports de police et les rapports militaires qui remontent jusqu'à Ottawa ne font que confirmer ces craintes, avec un constat, unanime : la province est au bord de l'explosion, une étincelle suffirait à mettre le feu aux poudres. L'étincelle viendra… d'une salle de quilles.

Nous sommes le jeudi 28 mars 1918. La nuit est tombée sur le quartier populaire de Saint-Roch où les badauds s'apprêtent à savourer une longue fin de semaine. De nombreux jeunes gens se mêlent à la foule, ce qui n'est pas sans attirer les « *spotters* », sobriquet dont on affuble les agents du Dominion qui traquent les réfractaires.

À 20 heures, trois policiers fédéraux ratissent la patinoire Martineau, rue Notre-Dame-des-Anges, puis se dirigent vers les deux salles de quilles de la place Jacques-Cartier. Une demi-heure plus tard, deux jeunes hommes se présentent à la porte de l'un de ces établissements, qui est plein à craquer. On les prévient aussitôt de la présence

La une de *La Presse* au lendemain de l'émeute.

policière. Bien connus de la population locale, les agents ont été rapidement repérés. L'un des arrivants, Joseph Mercier, se souvenant qu'il n'a pas son certificat d'exemption sur lui, tente de rebrousser chemin. Trop tard. Les trois policiers lui barrent la route, le sommant de présenter ses papiers. Les clients de la salle de quilles observent la scène en retenant leur souffle. Mercier propose bien aux *spotters* de téléphoner à ses parents pour leur faire apporter le précieux document, mais sans résultat. Les policiers préfèrent remettre le fautif aux autorités militaires.

Murmures réprobateurs dans la salle car personne n'est dupe : à Québec, ces agents ont la réputation d'être des voyous à la solde du gouvernement fédéral et de chercher davantage à se remplir les poches – à raison d'une prime de 10 $ par réfractaire épinglé – qu'à appliquer la loi. La nouvelle de l'arrestation se répand comme une traînée de poudre. Au même moment, une masse de fidèles sort de l'église Saint-Roch, située à deux pas de là, et vient grossir la foule qui a commencé à s'agglutiner devant la salle de quilles. Aux cris de « Lâchez-le ! », « Libérez-le ! », un cortège évalué par la suite à 2 000 personnes emboîte le pas à Mercier, maintenant flanqué de deux militaires, jusqu'au poste de police. Une heure plus tard, le père du jeune homme s'y présente avec le fameux certificat. Mercier est libéré sur-le-champ. *A priori*, l'incident est clos. Et pourtant, l'histoire ne fait que commencer.

Le problème, c'est qu'entre-temps les policiers ont procédé à deux autres arrestations au même endroit. Dans l'assistance, la fureur est à son comble. À peine arrêté, l'un des hommes est happé par la foule complice qui s'empresse de le faire disparaître. Ce second incident a jeté de l'huile sur le feu. Très vite, les manifestations de colère tournent à l'émeute. Selon les rapports subséquents, 3 000 personnes auraient alors pris d'assaut le poste de police, le bombardant de projectiles de fortune, pierres, briques, glaçons, etc. Aux abois, les assiégés n'ont d'autre choix que d'appeler l'armée à la rescousse. Le chef de police, Émile Trudel, fait partie du lot. Il s'empresse de téléphoner au brigadier général Joseph-Philippe Landry, le commandant du district militaire de la région de Québec, pour lui demander de les tirer, lui et ses hommes, de ce mauvais pas. Dehors, la foule réclame la tête d'un certain Bélanger, l'un des trois policiers impliqués dans l'interpellation de Mercier. Son comportement brutal a soulevé la réprobation générale.

Le général Landry alerte aussitôt le maire de Québec, Henri Edgar Lavigueur, et mobilise la troupe de la Citadelle, soit environ 400 hommes. Le maire se précipite au poste de police et tente d'amadouer les manifestants. Après leur avoir demandé de se retirer, voyant la foule se disperser, il quitte l'endroit, convaincu d'avoir rempli sa mission. Mais à peine a-t-il disparu que le désordre reprend de plus belle. Une partie des émeutiers pourchasse les policiers qui se sont retranchés dans une école du quartier, bombardant ses fenêtres de projectiles divers. Un autre groupe poursuit Bélanger qui, lui, s'est réfugié dans un tramway. Mal lui en prend : la foule renverse le véhicule, infligeant

Henri-Edgar Lavigueur, maire de Québec (1916-1920).
BAnQ

de sérieuses blessures à son occupant, puis tente de l'achever sans autre forme de procès. L'homme devra son salut à l'intervention providentielle d'un vicaire qui parvient, non sans mal, à raisonner les meneurs[3].

Vendredi saint, 29 mars 1918

Est-ce pour éviter de faire de la publicité à des actes de résistance manifestes au service militaire obligatoire ? Est-ce par crainte de représailles ? Le lendemain, le *Quebec Chronicle*, quotidien favorable à la conscription, ne consacre qu'un entrefilet à l'échauffourée. Cela n'empêche pas les rumeurs les plus folles de circuler. La population s'apprêterait à mettre la vieille ville à sac et à incendier tous les édifices du gouvernement fédéral sur son passage. Les cibles incluraient l'Auditorium de la place Montcalm (l'édifice actuel du Capitole) où se trouvent les bureaux du registraire, emplacement hautement stratégique d'où l'on administre les dossiers des conscrits. Seraient également visés l'édifice Merger, dans le quartier Saint-Roch, qui abrite les médecins chargés d'évaluer les conscrits – ils sont tout aussi détestés que les *spotters* – et le Manège militaire, devenu le symbole de la répression. Le sénateur David Ovide Lespérance aurait lui-même fait l'objet de menaces de mort à cause de ses positions pro-conscription.

Le chef de police Émile Trudel.

Ce climat délétère incite les pouvoirs publics à rester sur un pied d'alerte. Le maire Lavigueur improvise une cellule de crise depuis la mairie en maintenant un contact téléphonique permanent avec le général Landry et le chef de police Trudel. La troupe de la Cidatelle et la milice se tiennent prêtes à intervenir.

Pendant ce temps, la population se mobilise. À partir de 19 h 30, une foule bruyante et hétéroclite estimée à 3 000 personnes commence à se rassembler dans la Basse-Ville. Plusieurs cortèges se forment pour emprunter les côtes en direction de la Haute-Ville. Sur leur passage, des manifestants brisent les vitres du *Quebec Chronicle* et celles de *L'Événement*, autre organe de presse favorable à la conscription. Une foule d'environ 8 000 personnes finit par se rassembler devant l'Auditorium, place Montcalm. Vers 21 h 30, des manifestants prennent l'édifice d'assaut, bombardant de blocs de glace les policiers qui l'encerclent. Les forces constabulaires battent en retraite alors que les assaillants s'engouffrent dans l'édifice, assommant au passage les détectives qui en défendent l'entrée. Une fois à l'intérieur, les émeutiers soumettent les bureaux du registraire à un saccage en règle – mobilier et dossiers taillés en pièces puis jetés par la fenêtre – et déclenchent un incendie.

Entre-temps, Lavigueur, effaré, a fait appel aux troupes, qui entrent en scène, baïonnette au canon, sur une place Montcalm bondée – plus 12 000 personnes selon les estimations de la police. Il est alors 22 h 20. Au milieu du silence glacé de la foule, quelques irréductibles s'exclament : « Commandez à vos troupes de tirer, monsieur le maire ! Nous sommes prêts à mourir ! Nous en avons trop enduré ! Nous n'en endurerons pas plus ! » Ébranlé, Lavigueur renonce à lire l'acte d'émeute, ce qui aurait autorisé les soldats à tirer, et choisit de parlementer avec les meneurs. Petit à petit, la foule se disperse. L'histoire aurait peut-être pu s'arrêter là, mais le premier ministre Borden, semble-t-il, en a décidé autrement.

Samedi saint, 30 mars 1918

Le lendemain, jour du Samedi saint, le général Landry reçoit d'Ottawa les directives qu'il attendait : l'armée disposera désormais des pleins pouvoirs pour faire respecter la loi et l'ordre dans la ville de Québec. Convaincu que la province est au bord de la guerre civile, le premier ministre espère ainsi tuer la révolution dans l'œuf et sauver l'unité du pays[4].

Concrètement, cela signifie que la sécurité publique ne relève plus des autorités municipales, la police étant désormais soumise à l'autorité militaire. Landry déploie aussitôt 780 de ses hommes dans les rues de la capitale. Certes, les informations dont il dispose lui font craindre le pire. Un bruit persistant veut que les manifestants s'apprêtent à assaillir le Manège militaire pour délivrer des conscrits et des déserteurs. D'autres rumeurs prétendent que des Américains d'origine germanique ont armé secrètement les meneurs des émeutes, ou encore que des insurgés s'apprêtent à attaquer et à piller les armureries de la province[5].

Ce climat délétère incite les pouvoirs publics à rester sur un pied d'alerte. Le maire Lavigueur improvise une cellule de crise depuis la mairie en maintenant un contact téléphonique permanent avec le général Landry et le chef de police Trudel. La troupe de la Cidatelle et la milice se tiennent prêtes à intervenir.

Les moyens engagés sont à la mesure de l'inquiétude des pouvoirs publics. Pas moins de 2 000 hommes en provenance de l'Ontario et du Manitoba sont attendus à Québec le lendemain et le surlendemain. Placés sous le commandement du major-général François-

Officiers en voiture, dont le brigadier général Landry (siège arrière, à droite), arrivant dans un camp militaire (c. 1920). BAnQ

Le cardinal Bégin.
BAC

Louis Lessard, les soldats sont dépêchés par chemin de fer avec la mission de remettre bon ordre dans la cité. L'enjeu est de taille. Depuis sa fondation, Québec a toujours été une cité militaire. Avec la guerre, la Citadelle et le manège abritent des arsenaux imposants comme jamais, incluant des pièces d'artillerie. Qu'adviendrait-il si ce matériel tombait entre de mauvaises mains ? La situation préoccupe le gouvernement à un point tel qu'il envoie un enquêteur sur place, nul autre que le directeur du Conseil du service militaire, le lieutenant-colonel Harold Arthur Clément Machin.

De fait, les manifestations reprennent le soir même dans les quartiers Saint-Roch et Saint-Sauveur. Tel qu'annoncé par la rumeur, le cortège prend la direction du Manège militaire, situé sur la Grande-Allée. La manifestation rassemble une fois de plus des gens de tous âges et de toutes conditions, bourgeois, travailleurs, femmes, enfants et vieillards, et prend parfois des allures festives. À l'autre bout du spectre, des manifestants attaquent le manège, jettent des pierres et des glaçons aux soldats, échangent des injures avec la troupe qui finit par charger la foule avec les chevaux. Les cavaliers repoussent manifestants et curieux sans distinction, frappant certains au passage avec des bâtons. Mais les émeutiers, qui se sont déplacés vers la rue Saint-Jean, contre-attaquent violemment, faisant pleuvoir des projectiles sur la troupe. Le tumulte se poursuit tard dans la nuit, jusqu'à l'heure où, épuisés, les manifestants vont se coucher.

Dimanche de Pâques, 31 mars 1918

En cette journée de célébration religieuse, les habitants de Québec se rassemblent dans leurs paroisses respectives pour assister à la grand-messe. Les curés du diocèse ont reçu des consignes strictes de leur archevêque, Mgr Louis-Nazaire Bégin. Ils ont l'obligation de lire en chaire une lettre pastorale qui ordonne aux fidèles de respecter la loi et l'ordre. Le message peut se résumer en une phrase : les troubles des derniers jours contreviennent aux principes chrétiens et l'Église les réprouve totalement.

Révoltés, certains prêtres se contentent de marmonner la missive pour aussitôt excuser leurs fidèles et dénoncer les excès de la police fédérale. C'est le cas de l'abbé J. C. Laberge, qui s'empresse de dénoncer les « agents de la police fédérale », les rendant responsables d'avoir « déchaîné cette vague de ressentiment populaire[6] ». Témoin direct des éclats des derniers jours, le curé de la paroisse Saint-Jean-Baptiste de Québec reflète bien le désarroi d'un bas clergé déchiré entre son devoir d'obéissance à l'égard de la hiérarchie

> Les curés du diocèse ont reçu des consignes strictes de leur archevêque, Mgr Louis-Nazaire Bégin. Ils ont l'obligation de lire en chaire une lettre pastorale qui ordonne aux fidèles de respecter la loi et l'ordre.

et la compassion due aux pauvres pêcheurs. À Québec, le message de l'épiscopat passe d'autant moins bien qu'au sortir des églises, les fidèles ne peuvent éviter le spectacle des troupes qui quadrillent la ville. Dans l'après-midi, des incidents éclatent et l'on déplore les premiers blessés par balles, deux jeunes hommes et une jeune fille[7]. On n'a encore rien vu.

En fin d'après-midi, un train spécial arrive de Lévis, en provenance de Halifax. À son bord se trouve le major-général de la milice canadienne et des inspections de troupes de l'Est du Canada, François-Louis Lessard. Le plus haut gradé francophone de l'armée canadienne possède certes l'expérience nécessaire pour mater toute forme d'insurrection. En plus d'avoir participé à la répression de grévistes à Québec, en 1878, il a combattu les Métis de l'Ouest en 1885 et les Boers durant la guerre d'Afrique du Sud. Pour cette nouvelle mission, Ottawa lui a octroyé les pleins pouvoirs « avec des instructions spéciales pour réprimer les troubles[8] ». Pendant ce temps, des trains de soldats bondés affluent à Québec. Deux jours durant, le 31 mars et le 1er avril, pas moins de 10 000 hommes convergent vers la capitale. De toute évidence, les manifestants de Québec doivent à tout prix être écrasés.

Si l'on en croit ses Mémoires, Borden est alors obsédé par la conscription. Il s'agit pour lui de la loi de la dernière chance, celle qui assurera la victoire aux Alliés. Certes, la situation est alarmante. La capitulation russe, conséquence directe de la Révolution de 1917, de même que les mutineries dans l'armée française contribuent à fragiliser la position de l'Entente sur le front. Délivrée d'un ennemi à l'Est, l'Allemagne peut dorénavant concentrer ses offensives à l'Ouest, sur les troupes franco-britanniques. Calamité à laquelle s'ajoute la guerre sous-marine illimitée qui atteint les eaux canadiennes. Les États-Unis sont certes entrés en guerre aux côtés des Alliés, mais ils ne seront pas prêts à intervenir en Europe avant l'été. En attendant leur arrivée, il faut tenir. Par ailleurs, la révolution bolchevique a montré les dangers de la subversion et il n'est pas question pour Borden d'importer ce modèle au Canada[9].

À Québec, l'arrivée de troupes fraîches et armées jusqu'aux dents fait l'effet d'une bombe. Le maire Lavigueur est aussitôt inondé d'appels téléphoniques de citoyens effrayés, l'enjoignant d'intercéder auprès des autorités militaires pour qu'elles rappellent les troupes dans la Citadelle. De l'avis général, la présence militaire massive risque de provoquer l'irréparable. D'ailleurs, les incidents se multiplient. À la fin de la journée, la tension atteint un point tel que l'émissaire du ministère de la Justice, Alleyn Taschereau, ressent le besoin d'appeler Armand Lavergne à la rescousse. Avocat et homme politique de renom, cet ancien député nationaliste est connu pour ses positions farouchement anticonscriptionnistes. Une foule compacte, formée d'hommes, de femmes et d'enfants de tous âges s'est rassemblée dans la Basse-Ville, bravant les baïonnettes. Taschereau sait que les

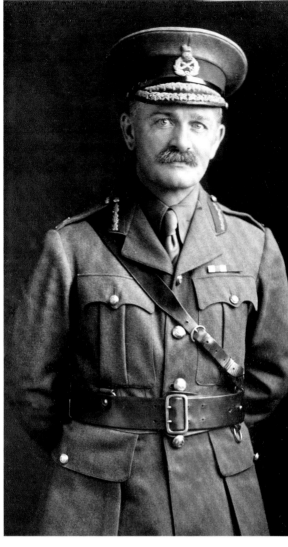

Joseph Philippe Landry.
BAnQ

Armand Lavergne.
BAnQ

troupes n'hésiteront pas à tirer à la moindre incartade. Arrivé sur place, Lavergne parvient non sans mal à raisonner les meneurs. Si les manifestants se dispersent, plaide-t-il, l'armée se retirera. L'homme est de bonne foi. S'il s'engage de la sorte, c'est parce que Taschereau l'a assuré de son soutien. Lavergne se charge ensuite d'aller convaincre les deux généraux, Landry et Lessard : s'ils rappellent leurs troupes, la population se calmera[10]. Les deux hauts gradés n'en ont cure. Pour eux, le travail ne fait que commencer.

Lundi de Pâques, 1er avril 1918

Pour les habitants de Québec, le lundi de Pâques commence par une très mauvaise nouvelle. Alimentés par les autorités militaires, les journaux locaux font paraître un avis public avertissant la population que la seule présence à un attroupement constitue un acte criminel. Inquiet de la tournure des événements, Lavergne file au bureau du général Lessard qui s'est installé au Château Frontenac. Entre les deux hommes s'instaure alors un véritable dialogue de sourds. « S'il n'y a pas de troupes dans la rue, il ne se passera rien », assure Lavergne. « Non, il est trop tard, réplique Lessard. J'ai la force et je m'en sers ! Je vais disperser tout rassemblement. » Dans l'après-midi, c'est au tour du maire Lavigueur de supplier le chef militaire de retirer ses hommes. Réponse cinglante de Lessard : « Nous n'avons d'ordre à recevoir de personne. Vous n'avez pas pu contrôler la situation avec votre police municipale. Maintenant, j'ai la nôtre en main et je prends les moyens nécessaires pour réprimer la chose le plus tôt possible. Nous allons tirer et nous allons faire des prisonniers[11]. » Fin de la discussion et lever de rideau sur le dernier acte de la tragédie.

À 19 h 20, les troupes quittent la citadelle en direction de la Basse-Ville, la cavalerie ouvrant la marche. Le général Lessard suit l'évolution de la situation depuis son quartier général du château Frontenac. Quarante minutes plus tard, ses hommes s'engagent sur la place Jacques-Cartier pour disperser un rassemblement et repousser la foule dans les rues avoisinantes. Aussitôt, la cavalerie entre en scène, pourchassant brutalement les groupes qui ne cessent de se reformer. La foule réplique en bombardant la troupe de la manière devenue habituelle. Un peu partout dans la ville, des scènes du même ordre se reproduisent. Le peuple et l'armée s'affrontent dans une véritable guerre de rue.

Les pires craintes de Lavergne se confirment. Loin de l'éteindre, l'intervention militaire alimente la fureur des manifestants qui n'hésitent pas à cerner les soldats et à poursuivre les groupes qu'ils parviennent à isoler. Faisant fi des fusils et des baïonnettes, les plus déterminés échangent invectives, injures et autres politesses avec les soldats de Sa Majesté. Dans la mêlée, le centre de gravité de la manifestation ne cesse de se déplacer. Les adversaires tourbillonnent ainsi à travers les

> Les pires craintes de Lavergne se confirment. Loin de l'éteindre, l'intervention militaire alimente la fureur des manifestants qui n'hésitent pas à cerner les soldats et à poursuivre les groupes qu'ils parviennent à isoler.

rues étroites du quartier Saint-Roch. Pendant ce temps, des émeutiers planqués sur les toits bombardent les militaires avec des morceaux de glace. Pour ajouter à la confusion, une brume très dense descend sur les belligérants. Débordées, les forces de l'ordre tentent de resserrer les rangs, lorsque des coups de feu se font entendre. D'où proviennent-ils ? La question ne sera jamais élucidée. Ces premiers tirs n'en signalent pas moins la fin de la récréation. À l'embranchement des rues Saint-Joseph, Bagot et Saint-Vallier, un peloton d'une quinzaine de soldats se met en position et, après une brève sommation, fait feu. Les balles pleuvent tandis que les mitrailleuses entrent en action, semant la panique parmi les manifestants et les curieux attroupés qui s'enfuient dans toutes les directions.

Bilan de l'échauffourée : quatre morts, tous atteints par des balles explosives, et, officiellement, une trentaine de blessés. En réalité, c'est deux fois plus de citoyens qui auraient été touchés par les balles. On comprend que ceux qui le peuvent préfèrent se cacher pour panser leurs blessures, de crainte d'être arrêtés. La suite des événements leur donne raison : 62 manifestants sont faits prisonniers, de jeunes résidents des quartiers Saint-Roch et Saint-Sauveur pour la plupart. Le profil des quatre victimes officielles reflète bien le caractère populaire du soulèvement. Dans chaque cas, il s'agit de résidents du quartier qui n'ont aucune activité politique connue : Honoré Bergeron, 49 ans, père de six enfants, menuisier de son état, a été atteint au dos ; Alexandre Bussière, 25 ans, jeune marié et mécanicien à la Canadian National Railways, s'est fait transpercer le poumon ; Édouard Tremblay, 23 ans, célibataire, étudiant à l'école technique, est mort au bout de son sang faute de secours rapide ; Georges Demeule, 14 ans, fils d'ouvrier, a reçu une balle en plein cœur. Des gens sans histoire, propulsés bien malgré eux au rang de martyrs.

La répression ne s'arrête pas là. Au lendemain des émeutes, les soldats sont postés aux quatre coins de la ville avec ordre de tirer à vue. « *Shoot to kill* », tel est l'ordre d'opération. Le 4 avril, en vertu de la Loi des mesures de guerre, un arrêté ministériel proclame la loi martiale à Québec, confirmant ainsi le règne sans partage de l'armée sur la cité. Pour les citoyens, cela signifie la suspension de l'*habeas corpus*, donc la possibilité d'être arrêté et détenu indéfiniment, sans mandat ni jugement.

Édouard Tremblay, Georges Demeule, Honoré Bergeron et Alexandre Bussières. Montage de photos imprimées dans *La Patrie* les 3, 4 et 6 avril 1918.

LES HEROS DE ST-JULIEN ET DE FESTUBERT

Oui, vous avez raison; c'est hideux le carnage;
Oui, le Progrès blessé recule et se débat;
Notre siècle en fureur retourne au moyen-âge,
Mais sachons donc nous battre au moins
puisqu'on se bat.

SUIVRONS-NOUS LEUR EXEMPLE?

S'adresser au Bureau de Recrutement

À la guerre courte et joyeuse annoncée, se substitue rapidement la guerre de tranchées, interminable et démoralisante. Résultat : dès 1915, le volontariat s'essouffle.

Affiche de recrutement après les sanglantes batailles d'Ypres (Saint-Julien) et de Festubert (1916).
MCG

Comment a-t-on pu en arriver là ? Le récit que l'on vient de faire contient certes une part de la réponse. Vu d'en haut, le Québec représente un foyer de subversion qui non seulement menace l'État, mais constitue un obstacle supplémentaire à la victoire sur l'Allemagne. Dans ce contexte, les insurgés de Pâques 1918 font figure d'ennemi intérieur. Un ennemi qu'il faut abattre de toute urgence. Compte tenu de cette logique, on peut se demander dans quelle mesure le pouvoir en place n'aurait pas recherché l'affrontement, forcément inégal, pour mieux parvenir à ses fins ? C'est que, loin d'être spontanée, l'émeute s'enracine dans une crise qui dure depuis deux ans déjà.

La folie de Sam Hughes

Rappelons certains faits. Au moment de la déclaration de guerre, les belligérants s'attendaient à un conflit court, y compris le Canada qui s'est lancé dans la mêlée fort d'une milice de 3 000 soldats réguliers et de quelque 55 000 réservistes dépourvus d'expérience. Portés par cette illusion, le gouvernement canadien et une majorité d'élus ont cru que cette armée d'opérette suffirait à encadrer un corps expéditionnaire composé exclusivement de soldats volontaires[12]. Le plus fervent défenseur de ce système est nul autre que le ministre de la Milice et de la Défense, Sam Hughes. Partisan d'une armée de citoyens soldats, l'homme méprise l'armée régulière – qui le lui rend bien – et estime que le seul élan patriotique des Canadiens devrait suffire à écraser l'ennemi prussien.

Au départ, certes, tout va rondement. En moins de deux mois, la petite armée régulière canadienne prépare les quelque 33 000 volontaires qui formeront la 1re Division[13]. Le 3 octobre 1914, tous quittent Halifax pour l'Europe en un seul convoi. À l'instar de Sam Hughes, ils n'ont qu'un objectif : arriver avant la fin des hostilités pour avoir la chance d'y participer et de partager les lauriers de la victoire. Cependant, quelques mois de combat suffisent pour ramener les plus exaltés à la réalité. À la guerre courte et joyeuse annoncée, se substitue rapidement la guerre de tranchées, interminable et démoralisante. Résultat : dès 1915, le volontariat s'essouffle. Hughes n'en a cure. Il poursuit sur sa lancée avec le mode de recrutement qu'il a implanté au début de la guerre : déléguer aux élites locales la responsabilité de lever des bataillons de volontaires. De simples notables se retrouvent ainsi parachutés recruteurs avec le grade de lieutenant-colonel[14]. Ceux-ci peuvent certes compter sur le soutien des nombreuses associations patriotiques qui se mobilisent pour la Grande Croisade, notamment en Ontario où l'on chasse les « volontaires » jusque dans les salles de bal[15].

Au début du conflit, le système fonctionne si bien que le gouvernement se laisse convaincre de doubler le total des effectifs autorisés, les faisant passer de 250 000 à 500 000 hommes. Or cela représente une ponction considérable sur les 8 millions d'habitants que compte alors le Canada. Aussi, la machine s'enraye-t-elle très vite. Le volontariat débridé désorganise l'industrie et l'agriculture, des secteurs vitaux pour l'effort de guerre. Par exemple, l'industrie munitionnaire absorbe déjà plus de 300 000 travailleurs. Or les besoins ne cessent de croître…

Autrement dit, à recruter sur la seule base volontaire, on risque de déshabiller Pierre pour habiller Paul ! À cet égard, les industriels eux-mêmes ne se privent pas de faire la leçon. C'est le cas de Lord Shaughenessy, président du Canadien-Pacifique, qui déclare en mars 1916 : « Nous devons agir lentement en ce qui concerne le recrutement, et mettre à exécution les plans qui sont les meilleurs pour le pays, d'une manière sensée, méthodique et en tout semblable à celle d'un homme d'affaires[16]. » Alarmées, les associations patriotiques commencent quant à elle à murmurer… Le volontariat exclusif a induit des déséquilibres dans le recrutement et tous ne paient pas leur juste part de l'impôt du sang ! Très vite, les Canadiens français sont pointés du doigt.

Affiche de recrutement du 150e Carabiniers Mont-Royal, à Montréal.
MCG

Les Canadiens français, boucs émissaires

Au même moment, le général de brigade James Mason, un sénateur conservateur, présente un bilan très sombre de la situation devant le Parlement. Alors que les Canadiens essuient de lourdes pertes sur le saillant d'Ypres, en Belgique, le recrutement pique du nez, souligne-t-il. Chiffre à l'appui, le sénateur démontre sans peine que le succès du volontariat dépend en grande partie des origines nationales. La première vague du corps expéditionnaire canadien comprenait 63 % de recrues nées en Grande-Bretagne, 30 % avaient vu le jour au Canada et 7 % en d'autres endroits du globe. Parmi les Canadiens de naissance, on dénombrait 85 000 anglophones (28,5 % des effectifs) et 12 000 francophones (4,55 % des effectifs, alors que ceux-ci représentaient 40 % des forces mobilisables)[17]. Pour le général, la seule façon de rééquilibrer le fardeau était d'imposer l'immatriculation nationale ou… la conscription.

Au Québec, le rapport fait grand bruit. Histoire de sauver l'honneur national, plusieurs redoublent d'énergie pour faire mousser l'enrôlement, le tout sur fond d'insultes des deux côtés de l'Outaouais. À cet effet, le Dr Mignault, médecin-major et fondateur

Soldats canadiens revenant des tranchées durant la bataille de la Somme, en novembre 1916. Photographie de W. I. Casle.
BAC

du 22ᵉ Bataillon (francophone), forme le Comité de recrutement canadien-français, calqué sur les organisations anglophones, sans grand résultat… Le bilan de son successeur, le major-général François Lessard, sera tout aussi médiocre.

En octobre, *La Presse* publie une série d'articles qui tentent d'expliquer la piètre performance de la province francophone. Les rédacteurs font valoir qu'en matière de recrutement, l'écart avec l'Ontario n'est pas si grand, puisque le Québec compte 16 000 enrôlés (dont 9 000 Canadiens français), soit 1 % de sa population en âge de servir contre 42 000 dans la province voisine, soit 2,5 % des recrues potentielles. À ces statistiques se greffe une longue liste de facteurs censés justifier la tiédeur des Canadiens français. L'indignation causée par l'imposition du règlement 17 qui abolit l'usage du français dans les écoles ontariennes arrive en tête. Pourquoi irions-nous défendre les droits d'autrui de l'autre côté de l'Atlantique alors qu'on bafoue les nôtres dans notre propre pays ? argumentent les nationalistes. Un point de vue que résume Armand Lavergne en ces termes : « Si nous devons conquérir nos libertés, c'est ici que nous devons rester. Ce n'est pas dans les tranchées des Flandres

Les rares régiments francophones, les plus accessibles aux Canadiens français, sont des unités de combat, plus exposées aux pertes. À l'inverse, les volontaires ontariens ont la possibilité de s'enrôler dans des unités auxiliaires, en principe moins dangereuses.

que nous irons conquérir le droit de parler français en Ontario[18]. » Sont également invoquées l'emprise anglaise sur le système de recrutement – nombre de Canadiens français se sont vu refuser l'honneur de diriger des unités au profit de compatriotes anglophones – et les faibles possibilités d'avancement des Canadiens français dans l'armée. Par ailleurs, la population du Québec demeure massivement rurale, un milieu historiquement réfractaire au service militaire obligatoire. Enfin, les rares régiments francophones, les plus accessibles aux Canadiens français, sont des unités de combat, plus exposées aux pertes. À l'inverse, les volontaires ontariens ont la possibilité de s'enrôler dans des unités auxiliaires, en principe moins dangereuses.

Quoi qu'il en soit, l'heure de faire les comptes a sonné. À la fin de l'année, le gouvernement fédéral décide de procéder à un inventaire des ressources humaines et matérielles du pays, le Service national. Cela signifie que tout citoyen âgé de 16 à 65 ans doit se faire ficher et immatriculer. Il n'en fallait guère plus pour convaincre la population du Québec de l'imminence d'une conscription. Les autorités ont beau multiplier les démentis, rien n'y fait. Devant la réticence des Canadiens français à signer leurs cartes d'immatriculation, les évêques sont appelés à la rescousse pour convaincre leurs fidèles d'obéir, avec la promesse que jamais, au grand jamais, le Service national ne mènera à la conscription.

Le premier ministre Borden en 1918.
BAC

Les plus sceptiques voient leurs appréhensions confirmées le 18 mai, lorsqu'au terme d'un voyage de trois mois en Europe, Robert Borden annonce l'inévitable : compte tenu des besoins en hommes sur les champs de bataille et de l'échec du volontariat, son gouvernement a décidé de recourir à la conscription. À cette date, l'armée canadienne compte 326 000 hommes outremer (sur un total de 400 000). Or il lui en faudrait entre 50 000 et 100 000 de plus pour compenser l'hécatombe, et cela, dès maintenant. Impossible d'y songer sans recourir au service militaire obligatoire pour tous les Canadiens mâles, célibataire ou sans enfants, âgés de 20 à 35 ans. Tel est en substance le calcul qui inspire le projet de loi déposé presque un mois plus tard devant le Parlement, le 11 juin 1917.

À son retour d'Angleterre, le 29 mai, le premier ministre Robert Borden a bien essayé de rallier à sa cause le chef de l'opposition, Wilfrid Laurier, en l'invitant à former avec lui un cabinet de coalition pour mettre en œuvre la conscription. Laurier refuse catégoriquement. Et pour cause. Plus du tiers de ses 88 députés proviennent du Québec (36) et sont tous farouchement opposés à cette mesure, tandis que sa députation hors Québec, plus nombreuse (52), se divise entre partisans et opposants. Pour Laurier, s'allier à Borden reviendrait à s'aliéner son électorat canadien-français, ce qui signerait l'arrêt de mort de son parti. Aussi propose-t-il de soumettre le projet de loi à un référendum pancanadien, dernier et mince espoir de rallier les opposants à la conscription d'un océan à l'autre. Or,

Affiche de promotion
des obligations de la Victoire
(c. 1917-1918).
MCG

c'est précisément le scénario que préfère éviter Borden. À preuve, la stratégie qu'il adopte aussitôt : profiter de la division du Parti libéral pour écarter Laurier et imposer sa politique.

La stratégie de Borden

Première étape : commettre les libéraux dissidents en les amenant à voter en faveur de la conscription. C'est chose faite le 24 juillet 1917, alors que le Parlement adopte la Loi sur le service militaire (*Military Service Act*), à une majorité de 102 voix contre 44. Deuxième étape : faire élire un gouvernement unioniste majoritaire. Fort d'un cabinet réunissant déjà 13 conservateurs et 10 libéraux, le premier ministre déclenche des élections générales pour le 17 décembre 1917. Entre-temps, Borden assure le plein des voix à la nouvelle formation en modifiant la loi électorale. Dans ce but, il fait adopter la Loi d'élection en temps de guerre, qui accorde le droit de vote aux ressortissants britanniques qui combattent en Europe ainsi qu'aux épouses et parentes de volontaires. Parallèlement, les immigrants originaires de pays ennemis et naturalisés de fraîche date se voient rayés des listes électorales. En agissant ainsi, les conservateurs se débarrassent d'une clientèle traditionnellement acquise aux libéraux. Sans surprise, 62 des 65 sièges du Québec vont aux libéraux restés fidèles à Laurier.

À l'échelle fédérale, la députation lauriériste s'établit à 82 sièges, contre 153 pour le parti Unioniste. Avec une majorité de 300 000 voix, Borden estime avoir obtenu un mandat sans équivoque en faveur de l'application de la Loi sur le service militaire.

Ironie de l'histoire, la conscription demeure une méthode de recrutement étrangère aux coutumes anglo-saxonnes. À cet égard, l'exemple vient de haut, puisque traditionnellement, l'Angleterre a recours à la milice pour défendre son territoire et au volontariat pour combler les rangs d'éventuels corps expéditionnaires. S'appuyant sur sa marine pour défendre ses intérêts dans le monde, la grande puissance navale s'est longtemps contentée d'une armée permanente de taille relativement réduite. Depuis la guerre des Boers, qui a mobilisé près d'un demi-million d'hommes, le gouvernement a cependant ajouté une force expéditionnaire permanente s'appuyant sur des réservistes.

Ce n'est qu'en janvier 1916 que le Royaume-Uni se résigne à adopter la conscription. Aussitôt, une opposition très forte se manifeste, principalement parmi les Irlandais, lesquels finiront par être exemptés à la suite des soulèvements de Pâques 1916. Appelés à emboîter le pas de la métropole, les gouvernements des dominions se heurtent à des mouvements de résistance d'ampleurs variables. Forte du soutien populaire, la Nouvelle-Zélande impose sa Loi sur le service militaire, et ce malgré, l'opposition bruyante d'organisations pacifistes et ouvrières, mais elle en adoucit les angles en levant les conscrits au compte-gouttes. Les Australiens, quant à eux, se prononcent majoritairement contre la conscription à l'issue de deux référendums[19].

Si l'on tient compte de ce portrait de famille, ce qui se produit au Canada n'a rien d'extraordinaire, le Québec francophone ne se révélant être que l'un des pôles de résistance majeurs à la conscription dans l'empire britannique, et même au Canada. On vient de voir comment Borden a manipulé les institutions démocratiques pour circonvenir toute forme d'opposition à la conscription. Certes, l'opposition existe aussi dans le reste du Canada, mais elle est plus fragmentée, moins solidaire qu'au Québec où, on va le voir, l'élite se fait volontiers complice de la résistance.

Entre rébellion et résistance

La loi controversée entre en vigueur en pleine campagne électorale, le 13 octobre 1917. Les premiers appelés en vertu du *Military Service Act* doivent se présenter en janvier 1918. Révolté, le député Francoeur dépose une motion sur l'indépendance du Québec. Le coup d'éclat restera sans lendemain mais il illustre bien l'esprit de révolte qui anime les habitants de la province. Sur le terrain, les réactions oscillent entre la rébellion et l'esquive. Dans leur immense majorité, les conscrits recourent aux tribunaux d'exemption, soit 92 % des appelés en Ontario et 98 % des appelés au Québec.

Entre-temps, Borden assure le plein des voix à la nouvelle formation en modifiant la loi électorale. Dans ce but, il fait adopter la Loi d'élection en temps de guerre, qui accorde le droit de vote aux ressortissants britanniques qui combattent en Europe ainsi qu'aux épouses et parentes de volontaires.

Soldats canadiens votant à Londres aux élections générales de décembre 1917.
MCG

Henri Bourassa.
Ville de Montréal

La loi prévoit en effet plusieurs motifs de dispense. Parmi ceux-ci, outre la débilité physique ou mentale, le fait d'occuper un emploi ou une formation qui répondent à « l'intérêt national » peut être invoqué. Cela concerne principalement les ouvriers qualifiés, les agriculteurs, les religieux et les étudiants.

La Patrie du 8 avril 1918 rappelle que les tribunaux d'exemption ne chôment pas. À Montréal seulement, pas moins de quatorze juges de la Cour supérieure entendent des centaines de recours en exemption. La majorité des requérants – la totalité, pour certains juges – présentent leur demande à titre d'agriculteurs. Même si le phénomène n'a rien de surprenant dans une société majoritairement rurale, certains magistrats se méfient. C'est le cas, par exemple, du juge Maréchal :

> M. Maréchal n'aime pas les cultivateurs qui ne sont pas sérieux, rapporte *La Patrie*. Dans une cause de ce genre, il a dû dresser une véritable enquête sur la vie d'un conscrit qui avait été banquier, comptable et qui n'avait pas du tout la physionomie d'un cultivateur. En effet, ce conscrit n'a qu'un verger et aucune ferme sur sa terre[20].

C'est néanmoins au Québec que l'on accorde le plus de dispenses[21], mais aussi que l'on dénombre le plus grand nombre d'« absences » : des conscrits qui choisissent d'ignorer l'appel, se font passer pour mort ou se cachent, traqués par la police fédérale. Ici et là, les frictions se multiplient entre la population et les forces de l'ordre. Très vite, la population s'organise pour tenir en échec la police du Dominion et protéger les appelés, surtout dans les campagnes où les « étranges » sont plus faciles à repérer. On les voit venir de loin : à l'approche d'un véhicule inconnu, ici un curé sonnera la cloche en guise d'alerte, là des jeunes n'ayant pas encore atteint l'âge du service militaire feront mine de fuir pour attirer les *spotters* sur une fausse piste et laisser le temps aux insoumis de se cacher[22].

Une résistance sourde, diffuse, s'organise ainsi dans tout le Québec, le plus souvent avec la complicité d'élites locales soucieuses avant tout d'éviter les incidents majeurs. Celles-ci ne peuvent certes pas ignorer le cri d'alarme qu'a lancé le chef nationaliste, Henri Bourassa, à l'annonce de la loi honnie :

> Que l'on pèse bien ces paroles : la conscription marquerait, pour les Canadiens français, le commencement d'une révolution qui ne tarderait pas à transformer en un peuple révolutionnaire la population la plus paisible, la mieux ordonnée peut-être des deux Amériques. Une fois déchaîné, cet esprit révolutionnaire ne s'arrêterait pas en route ; il ne s'attaquerait pas seulement au régime militaire : il se manifesterait à la cuisine, aux champs, partout, dans toutes les fonctions de la vie industrielle, sociale et politique.
>
> Les administrateurs de grandes entreprises, les chefs d'industrie, se plaisent à reconnaître que les ouvriers canadiens-français sont les plus paisibles, les plus respectueux des lois et de l'ordre public, les moins aptes à se laisser prendre aux déclamations et aux appels démagogiques des agitateurs. Du jour où on aura fait de ces ouvriers des révoltés, ils deviendront les plus incontrôlables des insurgés contre l'ordre social et économique[23].

Ces déclarations reflètent le climat d'anxiété qui, à l'annonce de la conscription, s'est emparé d'une bonne partie de l'élite canadienne-française, à commencer par le haut clergé. En témoigne la correspondance de l'archevêque de Montréal, Mgr Bruchési, et de Robert Borden au printemps et à l'été 1917. Dans une lettre datée du 27 mai, le prélat conjure le premier ministre d'éviter le pire en renonçant à la Loi sur le service militaire : « Dans la province de Québec en particulier, s'alarme-t-il, on pourra s'attendre à des soulèvements déplorables. On annonce des assemblées de protestation. Les émeutes ne seront pas improbables. Est-ce qu'on n'ira pas jusqu'à l'effusion de sang ?[24] » Fin août, soit un mois après l'adoption de la conscription, Mgr Bruchési revient à la charge avec ce sermon aux accents apocalyptiques :

> Votre loi de conscription est votée et sanctionnée. Ne vous offensez pas de ce que je vais vous dire : je la regarde comme une loi de malheur. Ce que je vous ai écrit va se vérifier. Elle déchaînera dans notre pays une guerre désastreuse et dont nous ne prévoyons pas l'issue. Le peuple est ameuté, il peut se livrer à tous les excès. Des tueries sont à craindre dans nos villes. Les gens de nos campagnes ne se rendront pas. Ils semblent décidés à tout, et il n'y a personne capable de les calmer. La vie de tous ceux qui ont favorisé ou voté cette loi est en danger[25].

L'archevêque sait de quoi il parle. Si le feu couve dans les campagnes, les centres urbains de la province s'enflamment. La rue parle depuis trois mois déjà ! À peine rendu public, le projet gouvernemental a provoqué des manifestations dans la plupart des grandes villes, notamment à Québec, Montréal et Hull. Dans la Vieille Capitale, une assemblée tenue le 21 mai dans le quartier Saint-Sauveur rassemble 10 000 personnes.

La conscription marquerait, pour les Canadiens français, le commencement d'une révolution qui ne tarderait pas à transformer en un peuple révolutionnaire la population la plus paisible, la mieux ordonnée peut-être des deux Amériques.

Artillerie au Camp Valcartier (c. 1914).
Musée McCord

Un jeune orateur, futur député libéral, Oscar Drouin, déclare sous les applaudissements qu'il combattra la conscription jusqu'à la mort. À Montréal, deux jours plus tard, au cours d'une manifestation monstre, les vitres du journal *La Patrie*, favorable à l'effort de guerre, volent en éclats. Le lendemain, c'est au tour de *La Presse* d'essuyer la vindicte populaire. La foule se rassemble au Champ-de-Mars et au parc Lafontaine pour exprimer son mécontentement[26].

Les centres régionaux ne sont pas en reste. Pour s'en convaincre, il suffit de suivre la piste des agents recruteurs du Royal 22e Bataillon – appelé plus tard le Royal 22e Régiment – qu'a retracée l'historien Jean-Pierre Gagnon. Nombre d'entre eux se plaignent d'avoir commencé à être injuriés, voire malmenés, après l'annonce de la conscription. Dans la région de Chicoutimi et du lac Saint-Jean, les citoyens refusent même d'envisager le service au Canada, de crainte d'être envoyés outre-mer[27]. Dès février 1917, alors que les rumeurs de conscription vont bon train, l'hostilité à cette éventualité est telle que le journal régional, *Le Progrès du Saguenay*, refuse de publier des annonces en faveur du recrutement[28]. Dans les archives du journal, on retrouve la notice suivante : « Regrette ne pouvoir accepter proposition. Pays tout entier et notre région particulièrement souffrent trop cruellement du manque de bras pour que nous travaillions à rendre main-d'œuvre encore plus rare[29]. » Dans la région de Montmagny, en juin 1917, un agent recruteur du 22e signale : « Je reçus plus de pierres et d'insultes que de nouvelles recrues, malgré un travail acharné, jour et nuit, par tout le comté. Les gens sont très "montés"; on fait signer des requêtes et on tient des assemblées partout contre la conscription et on maltraite même les 2 ou 3 qui se sont enrôlés[30]. » En juillet, un hôtelier de Grand-Mère reçoit pour sa part une lettre de menaces bien sentie (malgré une orthographe incertaine) : « Cher ami, la présante est pour t'avertie que si tu ne claire pas de suite les militaire qui sont à ton Hôtel, la semaine prochaine tu auras des grand trauble ta propriété peut sauté. Un ami, Par ordre[31]. »

À peu près partout où ils passent, comme dans les comtés de Montmagny ou de l'Islet, les agents recruteurs dressent des constats similaires : impossible de recruter « car les esprits sont très montés en rapport avec la conscription[32] ». L'adoption de la loi honnie, bien évidemment, ne fait que détériorer le climat. Le 4 septembre 1917, à Shawinigan Falls, un officier de recrutement, un certain van Borren, passe à deux doigts de se faire lyncher par une foule déchaînée de 400 personnes, aux cris de : « À bas la conscription, à bas les lâches, à bas van Borren. [...] À mort, tuons-le, pendons-le, jetons-le dans la rivière[33][...]. » L'homme, qui s'en tire avec une blessure à la tête, doit son salut à l'intervention du maire, la police locale n'étant ni équipée ni entraînée pour faire face à ce type de bisbille. Le lendemain, au même endroit, la foule saccage le bureau d'un commerçant réputé favorable à la conscription, le tout devant des forces de l'ordre désemparées. Partout, la ville est placardée d'affiches hostiles à la conscription. Le désordre est tel que *La Presse* s'inquiète « de l'agitation anticonscriptionniste [qui prend] des proportions de plus en plus alarmantes à Shawinigan Falls », et prédit d'autres troubles[34].

Soldat à Valcartier, 1918.
BAnQ

De fait, les incidents du genre se multiplieront à travers le Québec jusqu'aux fatidiques émeutes de Pâques. L'hostilité continue de se manifester notamment pendant la campagne électorale de l'automne précédant le scrutin du 17 décembre 1917. Remis ainsi en perspective, le dénouement tragique du printemps 1918 apparaît soudain beaucoup plus prévisible. D'ailleurs, les sources nous montrent que les autorités politiques et militaires s'attendaient au pire depuis le début de la crise. Flairant les ennuis, le ministère de la Milice et de la Défense a attribué le commandement du district militaire du Québec au major-général Lessard dès juin 1917. Après enquête, ce dernier juge alors déjà que des troubles sérieux sont à prévoir tant les esprits sont échauffés aux quatre coins de la province. Cela l'incite à resserrer les mesures de sécurité relatives aux armureries dans les manèges militaires. Se méfiant des régiments canadiens-français, il préfère confier la garde des emplacements stratégiques de Québec et de Lévis à un bataillon de Fredericton, le 236ᵉ.

Défilé anti-conscription au Square Victoria le 24 mai 1917.
BAC

Un quotidien bouleversé

Les émeutes de Québec ne sont donc pas l'expression d'une rage inopinée, mais bien le débordement annoncé d'un sentiment d'injustice généralisé. Car, au-delà, des joutes oratoires qui opposent impérialistes anglophones et nationalistes francophones, une réalité demeure, souvent oubliée, celle du peuple, qui voit son quotidien complètement bouleversé par la conscription. À l'époque, le Québec demeure largement une société rurale préindustrielle. Y domine une agriculture de type familial, faiblement mécanisée, laquelle nécessite une main-d'œuvre masculine abondante. Par conséquent, toute ponction inconsidérée sur cette ressource humaine risque de mettre en péril l'équilibre socio-économique de la province. Les lettres de demande d'exemption envoyées au général Landry en 1918 témoignent du désarroi que sème la conscription dans ces milieux fragiles et de ses effets concrets sur l'économie familiale.

Un cas parmi des centaines, celui de Mme Paul J. Cloutier, aubergiste de son état à Notre-Dame-du-Lac, donne la mesure du problème. Cette veuve et mère de huit enfants, dont le fils aîné vient d'avoir 20 ans, implore que l'on épargne ce dernier. En effet, la survie de l'entreprise, et donc de la famille, dépend des travaux des champs que seul un homme de son âge et de sa vigueur est capable d'accomplir.

> Je tiens un hôtel de tempérance, plaide-t-elle, et vous savez sans doute qu'en campagne, les revenus sont restreints et si je n'eusse eu mon fils pour cultiver la petite ferme sur laquelle l'hôtel « Cloutier » est bâti depuis bon nombre d'années, je n'aurais certainement pas pu élever mes enfants.
>
> À tous les printemps à l'époque des semences, comme aussi à l'époque des récoltes, ne pouvant suffire à faire seul tout le travail, j'étais obligée de lui avoir un aide, mais maintenant la main-d'œuvre est trop rare et aussi trop dispendieuse. Une autre nécessité s'impose aussi : c'est le bois de chauffage, car il faut aller le chercher sur un lot à des milles d'ici ; cet article a subi une hausse considérable l'an dernier, et menace d'augmenter encore, parce que les cultivateurs en général ne font plus que du bois de pulpe, nouvelle industrie[35].

Épilogue

Au lendemain des émeutes, Borden maintient la pression sur le Québec, non seulement pour écraser la résistance à la conscription, mais aussi pour prévenir le risque de contagion révolutionnaire. À cette fin, Ottawa rend illégales toutes les associations qui seraient jugées subversives, qu'il s'agisse d'organisations syndicales ou politiques. L'hostilité contre la conscription ne fléchit pas, mais les esprits semblent s'apaiser car, les mesures d'exemption faisant leur œuvre, une proportion relativement faible de conscrits se retrouve finalement au front avant la fin des hostilités. Cela représente 24 000 hommes sur 180 000 conscrits pour tout le Canada.

Cet apparent retour au calme ne semble pas rassurer le gouvernement pour autant. En effet, le ministère de la Milice et de la Défense concentre au Québec des effectifs considérables compte tenu de la pénurie de combattants que la conscription est censée comble. Il s'agit de prévenir toute velléité de soulèvement. Ainsi, une partie des troupes ontariennes qui avaient été dépêchées à l'occasion des émeutes reste cantonnée dans la Vieille capitale. Du 10 avril au 7 juin 1918, des renforts de 850 soldats en provenance de l'Ouest sont répartis à travers toute la province, auxquels s'ajoutent 200 cavaliers, dépêchés à Québec même.

Le gouvernement fédéral soumet Montréal et sa région au même type de traitement : 1 200 soldats ontariens y sont déployés entre le 1er et le 11 avril. La troupe cantonne au dépôt de Saint-Jean-sur-Richelieu dans la plus grande discrétion possible, histoire d'éviter d'attiser la colère populaire. À ces effectifs se greffent des recrues de l'Ontario et du Nouveau-Brunswick. Jusqu'à 1 900 hommes seront ainsi maintenus en alerte, prêts à intervenir au moindre débordement, que ce soit à Montréal ou à Québec. Tous les régiments de Montréal sont également sur le pied de guerre.

Au total, l'opération mobilisera 6 000 hommes et s'étendra jusqu'en mars 1919, soit quatre mois après la fin de la guerre[36].

❋   ❋   ❋

Dans cette histoire, le Québec fait clairement figure de bouc émissaire. Certes, 68 % des réfractaires recensés proviennent de cette province, soit 18 827 sur un total de 27 631 pour tout le Canada. Néanmoins, si l'on examine les demandes d'exemption des conscrits, on s'aperçoit que les pourcentages sont comparables dans toutes les provinces avec une moyenne de 93,7 %, le Québec se situant en tête de liste avec 98 %. C'est toutefois dans cette province que le taux de rejet des demandes d'exemption se révèle le plus faible, avec un pourcentage de 4,7 % contre une moyenne de 10,3 % dans le reste du Canada – la Colombie-Britannique arrive en tête avec un taux de refus de 28,5 %, le Nouveau-Brunswick ferme la marche avec 5,1 %[37]. La pression des élites en faveur de la conscription semble avoir été moins marquée au Québec, d'où des jugements peut-être moins sévères dans cette partie du Canada.

Ces chiffres donnent en quelque sorte raison à Henri Bourassa et à Wilfrid Laurier, qui invoquaient l'existence d'une opposition à la conscription dans le reste du Canada pour réclamer la tenue d'un référendum sur le sujet. C'est toutefois au Québec que la résistance demeure la plus forte et la mieux organisée, ne serait-ce qu'à cause de la complicité plus ou moins active de ses élites. Borden a donc concentré la répression au Québec en toute conscience. Pour lui, le château fort canadien-français était devenu le centre de gravité d'un mécontentement grandissant au pays. En se prolongeant, la guerre avait induit

Tank en démonstration dans la rue Sherbrooke, à Montréal.
Musée McCord

une situation de crise généralisée et on a vu que l'exemple de la révolution bolchevique lui faisait craindre le pire, d'autant que le mouvement ouvrier tendait alors à se radicaliser – la grève générale de Winnipeg de 1919 viendra d'ailleurs confirmer ses craintes.

Révolte populaire, donc, et non révolution. Quand Dumont écrit ces lignes, en 1970, la crise de la conscription s'est déjà imposée dans la mémoire collective comme un symbole de l'assujettissement du Québec au reste du Canada.

Écraser le Québec pour l'exemple, prévenir ainsi la contagion révolutionnaire et assurer la victoire des Alliés, tels semblent avoir été les objectifs de Borden dans cette histoire. Focaliser la répression sur la Province indisciplinée lui permettait aussi de gagner un précieux capital politique, du moins à court terme. Il était certes plus aisé de concentrer le ressentiment du reste du Canada contre un ennemi intérieur, bien délimité géographiquement et ethniquement, que contre une mouvance révolutionnaire aux contours beaucoup plus flous. La tâche serait facilitée d'autant que le gouvernement fédéral savait parfaitement que l'élite canadienne-française, inquiète de voir sa population céder à la tentation révolutionnaire, le laisserait rétablir l'ordre sans trop protester – les interventions préalables de Mgr Bruchési et d'Henri Bourassa le laissaient clairement présager.

Mais qu'en est-il de la population canadienne-française de l'époque? Sa révolte répond-elle à un objectif politique précis? Les incidents qui ont opposé la population aux forces de l'ordre entre 1917 et 1918, incluant les émeutes de Pâques, nous incitent à répondre par la négative. Même si la présence d'agitateurs est souvent mentionnée dans les journaux, aucun indice ne permet de les relier à des groupes sérieusement organisés ou subversifs. Pour rappel, les syndicats de l'époque, même s'ils se sont généralement

Les Victoria Rifles de retour à Montréal (1919).
Musée McCord

opposés à la conscription, ont recommandé à leurs membres de respecter la loi. De toute façon, les ouvriers québécois du temps sont très peu syndiqués et se montrent très peu réceptifs aux théories révolutionnaires[38].

Les réactions que l'on repère ici et là se caractérisent davantage par leur caractère viscéral. Au Québec, la survie économique dépend encore largement de la solidarité familiale, notamment dans les milieux qui fonctionnent encore en autarcie. Dans ce contexte, la ponction d'hommes jeunes peut être interprétée comme une attaque qui menace la survie même du groupe. Les lettres de demande d'exemption illustrent bien les conséquences concrètes de la conscription sur les petites unités de production familiales. Cela touche aussi la population urbaine, dans la mesure où, au Québec, les réseaux de sociabilité conservent des ramifications en milieu rural. Certes, la colère populaire cible clairement la politique du gouvernement fédéral, mais les préoccupations qu'elle exprime s'ancrent bien davantage dans le quotidien qu'elles ne s'arriment aux dissertations d'un Henri Bourassa sur la constitutionnalité de la conscription. Ici, un fossé sépare clairement l'élite du peuple.

En s'opposant au service militaire obligatoire, les Canadiens français semblent avoir surtout cherché à combattre une intrusion de l'État fédéral dans un mode de vie encore largement préindustriel. À l'époque, le sort des écoles franco-ontariennes préoccupe davantage les élites québécoises que l'homme de la rue. Ce dernier s'inquiète surtout de la coercition qu'exerce l'État pour réglementer sa vie, au mépris de ses besoins et attentes. Alors il proteste comme il peut, au gré des circonstances, au milieu de foules qui rassemblent jusqu'à 15 000 personnes. À cet égard, le sociologue Fernand Dumont évoque une « protestation qui venait du fond d'une pénible vie quotidienne, d'une rancœur entretenue au fil des ans mais jamais vraiment dite, d'une servitude qu'il était impossible de traduire dans un mouvement politique[39] ».

Révolte populaire, donc, et non révolution. Quand Dumont écrit ces lignes, en 1970, la crise de la conscription s'est déjà imposée dans la mémoire collective comme un symbole de l'assujettissement du Québec au reste du Canada. C'est une interprétation qui, sans doute, mériterait d'être nuancée. Car enfin, les événements de 1917-1918 ne révèlent-ils pas, du même souffle, l'émergence d'une conscience citoyenne en rupture avec les élites traditionnelles ? Qu'il s'agisse du gouvernement Borden ou de ses opposants libéraux et nationalistes, les politiques d'alors prônent tous l'obéissance à l'ordre établi, sans égard aux impacts possibles de la conscription sur le tissu social. La réaction populaire à cette collusion conservatrice ne laisse-t-elle pas entrevoir d'autres aspirations ? Ne peut-on pas y lire une volonté d'affirmation, encore informe, désorganisée, balbutiante, mais annonciatrice de modernité ? Premier choc frontal entre l'État canadien et le Québec, et premier d'une longue série, il se pourrait bien que le soulèvement du printemps 1918, loin d'être l'échec de la rue, préfigure le début d'un temps nouveau… ◆

VIII

18 avril 1940

L'adoption du droit de vote des femmes : le résultat d'un long combat

par MARIE LAVIGNE, *historienne*

L'obtention du droit de vote et d'éligibilité par les Québécoises a marqué non seulement l'histoire des femmes mais aussi celle de tous les Québécois et Québécoises. Moment charnière entre tradition et modernité, le 18 avril 1940 marque le passage à une nouvelle époque[1]. Ce jour-là, le Québec prend acte que les rapports entre les femmes et les hommes ainsi que leurs rôles ont changé, et les élites ont finalement admis cette réalité.

Dans l'histoire des droits politiques des femmes, c'est l'aboutissement d'un combat qui aura duré près d'un demi-siècle. C'est aussi le commencement d'une nouvelle étape, encore plus longue, qui conduira soixante-douze ans plus tard à l'élection de la première femme premier ministre du Québec.

Cette date apparaît enfin comme un moment clé dans l'histoire de la démocratie parlementaire, qui révèle les rapports complexes entre l'affirmation du nationalisme québécois et celle de l'autonomie des femmes[2].

En 1940, le Québec n'est plus le même !

Au moment où le premier ministre Adélard Godbout présente le projet de la Loi accordant aux femmes le droit de vote et d'éligibilité à l'Assemblée législative, à la séance du 11 avril 1940, il explique qu'il appuie désormais le suffrage des femmes car, dit-il : « Les circonstances ont changé chez nous comme dans le monde entier… Les conditions dans lesquelles nous vivons font de la femme l'égale de l'homme[3]. » Il s'agissait là d'une volte-face de la part d'un homme qui avait fait partie du gouvernement libéral de Louis-

Adélard Godbout vers 1935.
BAnQ

Alexandre Taschereau, lequel s'opposait depuis près de deux décennies aux multiples projets de loi sur le droit de vote des femmes. Maurice Duplessis, devenu chef de l'opposition, ne se prive pas de narguer Godbout et enjoint le premier ministre de préciser ce qui a tant changé pour qu'il se dédise. Le député Paquette, lui aussi opposé au suffrage des femmes renchérit : « Il n'y a rien de changé dans la famille[4] » ! C'est cette polémique sur le changement qui est au cœur du dernier débat parlementaire sur l'obtention du droit de vote pour les femmes. De fait, cet épisode de notre histoire est un indicateur de l'évolution du Québec.

De moins en moins de mères de familles nombreuses

Alors que les élites conservatrices et le clergé véhiculent toujours une image de la femme mère d'une famille nombreuse et gardienne des valeurs, de la langue et de la tradition, la réalité s'est modifiée considérablement.

Les taux de natalité élevés qui ont caractérisé notre histoire démographique sont, au tournant du XXe siècle, chose du passé. Il importe par ailleurs de ne pas confondre les taux de natalité avec l'expérience des femmes réelles. On constate ainsi que l'expérience des femmes face à la maternité et à la famille est très variée. Prenons le cas des Québécoises nées vers 1887, celles qui auront près de 60 ans lorsqu'elles voteront pour la première fois au provincial. Parmi celles-ci, plus de 40 % ne correspondent pas à l'image traditionnelle de la femme soit parce qu'elles ne se sont jamais mariées, soit parce qu'elles n'ont pas d'enfant ou n'ont donné naissance qu'à un ou deux enfants. Quand le clergé et les élites parlent des femmes qui assurent la survie de la nation, ils excluent d'emblée toutes ces Québécoises. Chez les femmes nées en 1887, la proportion des mères de familles de plus de dix enfants est d'une sur cinq. Or, chez les femmes qui sont nées en 1913, c'est moins de 8 % qui ont une grande famille[5]. Même pour une région comme le Saguenay, réputée pour sa fécondité exceptionnelle, il faut apporter quelques nuances : le sociologue et démographe Gérard Bouchard note qu'une famille sur six y compte plus de treize enfants, et souligne que « la représentation ancienne et bien ancrée dans la tradition orale, selon laquelle nos aïeules donnaient naissance à un enfant tous les ans » est tirée de l'expérience d'une minorité « extrêmementféconde[6] ».

La « Revanche des berceaux » est bel et bien terminée ! Mais le stéréotype de la Québécoise mère de famille nombreuse a perduré, et c'est ce mythe qui est menacé lorsque les femmes revendiquent un nouveau statut.

De plus en plus de citadines

Le Québec rural coexiste maintenant avec le Québec des villes. Le dépeuplement des campagnes s'est amorcé au milieu du XIXᵉ siècle et, vers 1915, le Québec est devenu majoritairement urbain[7]. Les politiques et les mesures de peuplement et de colonisation de l'arrière-pays ne permettent pas d'inverser ce mouvement inéluctable. Les bonnes terres sont toutes occupées et le Québec rural ne peut plus faire vivre ses jeunes, qui partent soit vers les États-Unis pour travailler dans les manufactures, soit vers l'Ouest canadien. Ceux qui restent se font embaucher dans les villes ou tentent leur chance dans les régions de colonisation.

Au tournant du XXᵉ siècle, environ un Canadien français sur deux vit à l'extérieur du Québec. Nos ancêtres vivent alors un formidable brassage de population et les mouvements migratoires chamboulent les liens traditionnels. Les allers-retours entre les États-Unis et le Québec sont fréquents, les mœurs changent et les idées venues d'ailleurs circulent. La société est bien loin d'être statique et immuable. Lorsque les Québécoises obtiennent enfin le droit de vote en 1940, le Québec est la province la plus urbanisée du Canada[8]. Montréal, la plus grande ville du pays, en est le

> Lorsque les Québécoises obtiennent enfin le droit de vote en 1940, le Québec est la province la plus urbanisée du Canada.

L'heure de pointe sur la place d'Armes (1943). Photo de Conrad Poirier. BAnQ

cntre économique et financier. La vie quotidienne des femmes et des hommes ressemble davantage à celle qui est décrite dans *Bonheur d'occasion* de Gabrielle Roy qu'à celle de *Menaud, maître-draveur* ou de *Maria Chapdelaine*.

L'autorité et l'influence du clergé sont menacées. Celui-ci valorise la vie rurale et la famille traditionnelle et veut mettre la population à l'abri des influences extérieures, américaines notamment. Les femmes sont vues comme celles qui peuvent ancrer la population dans les campagnes grâce à leur labeur et à l'éducation qu'elles donnent à leurs enfants. Le clergé leur attribue le rôle de salvatrices de la nation. En conséquence, les revendications féministes en faveur de l'égalité économique, civile et politique risquent selon eux de briser l'ordre traditionnel et menacent même ce qu'ils nomment plutôt pompeusement la « civilisation canadienne-française ». Comme le clergé contrôle la formation des élites dans les collèges classiques, il inculque aux futurs leaders laïques une vision du monde où les rôles masculins et féminins sont de moins en moins en phase avec la réalité.

De moins en moins de fermières

L'ouvrière et la travailleuse ne font pas partie de cette image idéalisée des femmes. Or, la participation des femmes à la main-d'œuvre salariée connaît une croissance constante : en 1941 près du quart des travailleurs au Québec sont des femmes[9]. La structure industrielle du Québec est basée sur une industrie qui requiert une abondante main-d'œuvre peu qualifiée et bon marché. L'industrie a besoin des femmes, que l'on retrouve principalement dans le textile, la confection, la chaussure et le tabac, tous des secteurs connus pour offrir les moins bons salaires.

L'éventail des emplois pour les femmes s'est toutefois considérablement élargi depuis le XIXe siècle[10]. La concentration des entreprises favorise l'émergence d'une bureaucratie. En 1941, 20 % des travailleuses montréalaises sont des commis de bureau, 10 % occupent des emplois professionnels alors que 30 % sont des ouvrières. Tant que le service domestique a été dominant dans l'emploi des femmes, on a noté peu de réprobation du travail féminin de la part des élites et du clergé : après tout, il faut bien des ménagères de curés, des cuisinières et des bonnes à tout faire ! Même chose pour la confection à domicile, le travail des agricultrices ou celui des religieuses, formes de travail caractérisées par leur invisibilité sociale et sous-estimées dans les statistiques officielles.

Il en va tout autrement du travail féminin en manufacture et dans les bureaux ainsi que du travail des femmes mariées, qui font l'objet de la réprobation du clergé et des élites qui les dénoncent régulièrement.

Les syndicats d'inspiration catholique regroupés au sein de la Confédération des travailleurs catholiques du Canada (CTCC), ancêtre de la Confédération des syndicats nationaux (CSN), ont une attitude qui n'est guère différente de celle des élites. Ils s'opposent au travail des femmes parce qu'il leur apparaît contraire aux valeurs familiales. En outre, les femmes sont pour eux des concurrentes qui occupent des emplois

« au détriment des pauvres pères de famille[11] ». Ils préconisent un salaire familial unique, celui du père, qui soit assez élevé pour que les femmes ne soient pas « obligées » de travailler à l'extérieur.

De fait, les faibles salaires des femmes, qui sont en moyenne moitié moins élevés que ceux des hommes pour toute la période, exercent une pression à la baisse sur les salaires masculins. Lors de la crise économique des années 1930, la CTCC vote à son congrès de 1935 une résolution visant à interdire le travail des femmes mariées : « Attendu que l'une des causes principales du chômage est le développement exagéré du travail féminin, le congrès demande à la législation provinciale de restreindre à de justes proportions l'emploi de la main-d'œuvre féminine […] et spécialement en commençant par le congédiement des femmes mariées[12]. »

La même année, le député Francoeur avait d'ailleurs déposé à l'Assemblée législative un projet de loi visant à interdire le travail des femmes. Ce projet en dit long à la fois sur la détresse économique au moment de la Grande Crise, mais aussi sur la facilité qu'ont

Lors de la crise économique des années 1930, la CTCC vote à son congrès de 1935 une résolution visant à interdire le travail des femmes mariées.

Travailleuses d'une ferme laitière près de Chicoutimi (c. 1930).
BAnQ

certains à faire des femmes des boucs émissaires. Le projet ne sera cependant pas adopté car le premier ministre Taschereau poussera ses troupes à le rejeter. « Je ne vois pas, dira-t-il, de quel droit nous refuserions à la femme la liberté de travailler. »[13]

Malgré le conservatisme ambiant, le Québec n'est pas monolithique. Les grèves et les lock-out sont nombreux dans les textiles et la confection, secteurs où les femmes sont majoritaires. En 1934, 4 000 midinettes et ouvriers du secteur de la robe regroupés dans la Ligue d'unité ouvrière, syndicat communiste, déclenchent une grève générale. Puis suivent les grandes « grèves de la guenille » de 1937 et 1940. De leur coté, les institutrices s'organisent et Laure Gaudreault fonde en 1937 la Fédération catholique des institutrices rurales. Les syndicats internationaux demandent quant à eux un « salaire égal pour un travail égal ».

Jeunes diplômées, vers 1920.
BAnQ.

L'éducation des filles

Du côté de l'éducation, la première moitié du XXe siècle apporte de grands changements pour les femmes. Alors que l'instruction primaire est largement répandue pour tous, l'accès à une formation plus longue est plus difficile pour les filles que pour les garçons. On trouve en outre un écart de niveau important entre les filières ouvertes aux filles et celles qui sont offertes exclusivement aux garçons. C'est dans ces années que s'implanteront les premières formations supérieures dans les écoles normales, les écoles d'infirmières, sans oublier les écoles ménagères. À titre d'exemple, en 1898, il n'existe qu'une école normale pour les filles ; grâce à l'action des communautés religieuses, il y en aura 22 en 1940.

Quant à l'accès à l'université et aux professions libérales, la première barrière est le passage obligé, pour les francophones, par le collège classique qui, au tournant du siècle, n'est pas encore ouvert aux filles. Les premières diplômées universitaires du Québec ont étudié à l'étranger ou à l'Université McGill, qui les admet à partir de 1884 dans sa faculté des arts. Mais, même pour ces femmes privilégiées, l'entrée à l'université ne va pas de soi : elles doivent s'asseoir à l'arrière de la classe et être accompagnées d'un chaperon ! Toutefois, les choses changent rapidement : l'engouement est tel que la faculté des arts de McGill comptera davantage de femmes inscrites que d'hommes en 1917 ! Le débordement vers les

Groupe d'infirmières vers 1913.
BAnQ

CI-DESSOUS
Diplômées de St. Paul's Academy, tenue par les Sœurs de la Congrégation de Notre-Dame à Westmount (1947). Photo de Conrad Poirier.
BAnQ

Elizabeth MacKay, finissante en médecine, reçoit plusieurs prix lors la collation des grades de l'Université McGill (1940). Photo de Conrad Poirier.
BAnQ

autres facultés était inévitable et, peu à peu, les écoles professionnelles de McGill admettent les femmes : le droit en 1911, la médecine en 1922. Ces diplômées se verront toutefois refuser l'accès à la pratique. Ainsi, Annie Langstaff, première diplômée en droit du Québec, ne pourra pratiquer comme avocate, car ce n'est qu'en 1941 que les femmes seront admises au Barreau du Québec.

Du côté francophone, on doit à la détermination de mère Sainte-Anne-Marie de la Congrégation Notre-Dame, et de femmes telles Marie Gérin-Lajoie (née Lacoste[14]) et les journalistes Robertine Barry et Joséphine Marchand-Dandurand, l'ouverture du premier collège classique pour filles en 1908. La rumeur veut que le projet qui s'enlisait dans les méandres de la sollicitation des autorisations universitaires et religieuses ait soudainement débloqué après que le journal *La Patrie* eut annoncé que des laïcs s'apprêtaient à créer un lycée francophone pour jeunes filles. La première diplômée sera la jeune Marie Gérin-Lajoie, qui portait le même prénom que sa mère. Les féministes francophones de la première génération ont elles-mêmes été privées de la formation qu'elles auraient voulu recevoir. Quelques-unes, issues de milieux fortunés, ont pu étudier à l'étranger ou à McGill. D'autres sont autodidactes, comme Marie Gérin-Lajoie, qui passait ses journées dans les ouvrages de droit de son père, qui était juge. L'histoire de l'accès des filles à l'éducation est celle de portes qui s'ouvrent difficilement les unes après les autres, souvent avec l'aide et la complicité des religieuses. C'est une histoire qui s'étend sur plus d'un siècle.

> Quelques-unes, issues de milieux fortunés, ont pu étudier à l'étranger ou à McGill. D'autres sont autodidactes, comme Marie Gérin-Lajoie, qui passait ses journées dans les ouvrages de droit de son père, qui était juge.

Une démocratie sans les femmes

Aucune des revendications des femmes n'aura toutefois la visibilité de celles touchant les droits politiques. Les livres d'histoire font généralement remonter les prémices de l'obtention du droit de vote pour les Québécoises à 1791. En effet, l'Acte constitutionnel confère le droit de voter à toute personne remplissant certains critères de propriété, peu importe le sexe. C'est ainsi que des femmes propriétaires du Bas-Canada ont pu voter et cela jusqu'en 1849. Pour le seul district de Montréal, Nathalie Picard a dénombré 857 femmes ayant voté, soit 2 % de tous les votants[15]. Cette pratique ne fait toutefois pas consensus et on relève en 1827 et 1828 des pétitions prenant position soit pour défendre, soit pour s'objecter au vote des femmes propriétaires. En 1834, un premier projet de loi est voté qui retire le droit de vote aux femmes, mais ce projet sera désavoué en 1837 par le gouverneur.

En 1849, le parlement du Canada-Uni retire définitivement le droit de vote aux femmes : la loi électorale précise désormais que le mot « personne » signifie homme propriétaire. En faisant cela, les parlementaires du Bas-Canada agissent comme les Britanniques qui, par le Municipal Corporation Act de 1835, ont retiré le droit de vote dont jouissaient les femmes propriétaires dans certaines municipalités en Angleterre. Ils agissent en politiciens de leur temps. L'historienne Catherine Cleverdon a émis l'hypothèse que le retrait du droit de vote des femmes du Bas-Canada pourrait être relié à la Déclaration des droits des femmes qui réclamait nommément le droit de vote lors de la Conférence sur les droits de la femme à Seneca Falls aux États-Unis en 1848. On craignait peut-être alors que ces revendications ne traversent la frontière et que davantage de femmes ne se prévalent de leur droit de vote[16].

L'en-tête du *Canada Temperance Advocate* (1831-1899), journal dévoué à « l'abstinence totale, à la prohibition légale et au progrès social ».
Musée McCord

Cette hypothèse est intéressante car elle rappelle que les politiciens de l'époque sont bien au fait des mouvements politiques tant européens qu'américains qui, tels les chartistes en Angleterre ou les abolitionnistes aux États-Unis, réclament l'extension des droits politiques à de nouveaux groupes d'individus. Les parlementaires du Canada-Uni ne pouvaient non plus ignorer que l'extension des droits visait aussi les femmes et que l'émergence du suffragisme en Angleterre et aux États-Unis était liée aux mouvements d'élargissement de la démocratie.

Le projet de 1885

Vers 1880, à peine une trentaine d'années après le retrait du droit de vote aux femmes propriétaires, la Women's Christian Temperance Union de Montréal, ligue antialcoolique, est la première organisation qui militera pour le suffrage féminin. Ce jumelage des revendications suffragistes et de la tempérance est caractéristique du mouvement féministe au Canada. Pour les militantes, le vote des femmes est essentiel pour faire adopter les lois et lancer les réformes qui endigueront le fléau de l'alcoolisme et rehausseront le niveau moral de la société.

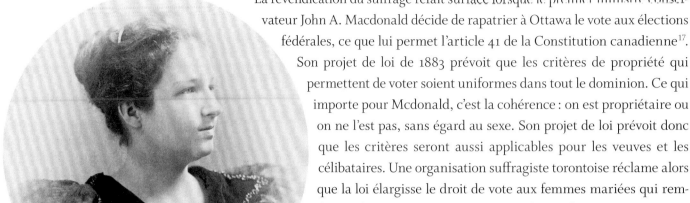

La revendication du suffrage refait surface lorsque le premier ministre conservateur John A. Macdonald décide de rapatrier à Ottawa le vote aux élections fédérales, ce que lui permet l'article 41 de la Constitution canadienne[17]. Son projet de loi de 1883 prévoit que les critères de propriété qui permettent de voter soient uniformes dans tout le dominion. Ce qui importe pour Mcdonald, c'est la cohérence : on est propriétaire ou on ne l'est pas, sans égard au sexe. Son projet de loi prévoit donc que les critères seront aussi applicables pour les veuves et les célibataires. Une organisation suffragiste torontoise réclame alors que la loi élargisse le droit de vote aux femmes mariées qui remplissent les critères de propriété. On devine la suite. Pour ne pas mettre en danger son projet de réforme, Macdonald retire l'article ayant trait au suffrage des femmes propriétaires. La loi votée en 1885 définit l'électeur comme une personne de sexe masculin.

Pourquoi John A. Macdonald a-t-il proposé que certaines catégories de femmes puissent voter ? S'agissait-il d'un ballon d'essai, comme l'a affirmé l'opposition libérale ? Cet épisode met en lumière que même le critère du cens électoral ne peut s'appliquer de façon cohérente et consacre le rejet des femmes de la sphère publique. Les débats, qui ont duré plusieurs jours, exposent pour la première fois sur la scène politique les différents arguments sur le vote des femmes qui seront, grosso modo, les mêmes

Marie Lacoste Gérin-Lajoie.
BAnQ

Joséphine Marchand-
Dandurand vers 1880.
BAnQ

jusqu'en 1940[18]. Il reste que l'effet de cette loi est clair : la démocratie canadienne se définit en excluant nommément les femmes.

Les femmes s'organisent

Malgré l'intervention d'une organisation suffragiste dans le débat de 1885, le mouvement des femmes n'est pas encore structuré. C'est à la fin du XIXᵉ siècle qu'on assiste au Canada au regroupement des organisations féminines tant sociales et philanthropiques que culturelles au sein du National Council of Women, lequel se dote de sections locales. À Montréal, on fonde en 1893 le Montreal Local Council of Women, organisation non confessionnelle qui rassemble surtout des anglophones protestantes[19]. L'organisation des femmes laïques s'inscrit comme une réponse aux problèmes engendrés par l'industrialisation et l'urbanisation. L'engagement social de ces femmes les amène à revendiquer l'accès à l'éducation, l'égalité juridique et le droit de vote.

La question des droits civils et politiques traverse l'histoire du Montreal Council of Women, qui fut au cœur des premières luttes féministes au Québec. Aux côtés des anglophones, des catholiques francophones issues de la bourgeoisie comme Marie Gérin-Lajoie, Joséphine Marchand-Dandurand, Caroline Dessaules-Béique et Marie Lamothe-Thibeaudeau, y occupent des fonctions importantes. Ces femmes militent toutefois à titre individuel, le clergé voyant d'un mauvais œil les organisations catholiques qui prétendraient devenir membres de cette fédération.

En 1896, le National Council of Women tient son congrès national à Montréal et organise une session inaugurale en français. Des féministes en vue et certains éminents personnages de l'époque, dont Wilfrid Laurier, prononcent des discours. Marie Gérin-Lajoie note dans son journal à propos de Laurier, qui est alors en campagne électorale, qu'il « a expliqué que son opinion n'était pas faite sur l'opportunité d'accorder le suffrage aux femmes. » Confiante, elle ajoute : « Nous le convertirons[20] ». Gérin-Lajoie a-t-elle été subjuguée par la courtoisie et l'art de l'ambiguïté de ce maître de la diplomatie ? A-t-elle oublié que l'année précédente, alors qu'un nouveau projet de suffrage était en débat à la Chambre des communes, le très adroit Wilfrid Laurier avait affirmé qu'il ne s'opposerait pas au vote des femmes si les provinces démontraient qu'elles en voulaient, mais qu'il n'imposerait pas le suffrage féminin au Québec, sa province y étant fermement opposée. Toujours est-il que Laurier, devenu premier ministre du Canada, fit voter la nouvelle loi électorale de 1898 qui, conformément aux orientations décentralisatrices du parti libéral, transférait à nouveau la confection des listes électorales aux provinces. Ainsi, le jeu de ping-pong fédéral-provincial renvoyait la question du suffrage féminin aux législatures des provinces. Laurier pourra voguer au-dessus de cette épineuse question tant qu'il sera premier ministre du Canada.

Caricature de Marie Lacoste Gérin-Lajoie (1922).
BAnQ

Ainsi, au moment où de larges organisations suffragistes nationales aux États-Unis et en Angleterre portent les revendications des femmes à l'avant-scène de l'actualité, le mouvement suffragiste au Canada doit se réorganiser et se replier dans les provinces.

Au Québec, les premières luttes pour le suffrage auront lieu aux paliers scolaire et municipal. Depuis 1892, les veuves et les célibataires qui satisfont les critères de propriété peuvent voter au palier scolaire, car la loi ne précise pas à cet échelon le sexe des propriétaires. Théoriquement, la loi rend aussi ces femmes éligibles. Le Montreal Local Council of Women présente donc une candidate à la commission scolaire protestante. La loi est vite modifiée, retirant aux femmes non pas le droit de vote, mais leur éligibilité.

MEMBRE DE LA
Fédération Nationale St-Jean-Baptiste

SECRETARIAT ET BUREAU DES AIDES MATERNELLES
853-est, rue Sherbrooke   Tél: Frontenac 2665
HEURES DE BUREAU: 10 H. À 12 H. A.M.   2 H. À 5 H. P.M.

"LA BONNE PAROLE"
ORGANE DE LA SOCIETE   Prix d'abonnement: $1.00;
escompte de 50% pour les Associations professionnelles, les Fédérations et les
Sections paroissiales, les communautés religieuses.

*Prière de consulter les journaux pour la date des assemblées de membres,
des réunions générales, Messe annuelle du Saint-Esprit, 1er Dimanche
de mai à Notre-Dame de Lourdes.*

Le conseil municipal de Montréal tente en 1902 de retirer le droit de vote aux femmes locataires veuves ou célibataires ayant les qualités financières prévues par la loi. La mobilisation des féministes et des réformistes fait échouer le projet. Marie Gérin-Lajoie, qui intervient au nom du Montreal Local Council of Women, est très active dans ce dossier. Le projet ne passe pas : c'est l'une des rares victoires des suffragistes québécoises. Il faut noter, cependant, que cette victoire ne touche, dans les faits, qu'un petit nombre de femmes (environ 5 000), car celles qui sont mariées sont juridiquement des incapables et ne jouissent d'aucun droit à cet égard.

Féministes anglophones et francophones ont travaillé côte à côte au sein de la même organisation durant plus d'une décennie. Toutefois, le fait que le clergé s'oppose à ce que les organisations catholiques se regroupent sous une bannière neutre et non confessionnelle entrave la pénétration des idées féministes et l'action sociale concertée des femmes laïques d'obédience catholique. Sans un certain appui de l'Église, plus aucune avancée n'est possible, tant sur le front des actions sociales et philanthropiques que pour l'obtention de droits politiques et civils. À titre d'exemple, Marie Gérin-Lajoie relate dans son journal les contorsions auxquelles elle doit se livrer pour que les femmes puissent assister à des conférences sur l'hygiène et le soin à donner aux enfants malades : « Le tact était de commencer dans le quartier français le mieux préparé à accepter cette innovation. Nos femmes canadiennes n'ayant de volonté que celle de leur pasteur, il restait à deviner quel serait le curé le plus capable de diriger son troupeau vers les salles de la conférence[21] ». Ainsi, même

Marie Lacoste Gérin-Lajoie.
BAnQ

Le premier conseil général
de la Fédération nationale
Saint-Jean-Baptiste (1907).
BAnQ

pour les bonnes œuvres les plus irréprochables, la bénédiction du clergé est requise. Il apparaît dès lors nécessaire de créer une nouvelle fédération qui regroupera les associations francophones et catholiques et dont l'action ne sera pas perçue comme menaçante par les nationalistes et le clergé. La Fédération nationale Saint-Jean-Baptiste est fondée en 1907 par Caroline Dessaules-Béique et Marie Gérin-Lajoie.

Marie Gérin-Lajoie est une grande organisatrice, mais aussi une intellectuelle de haut niveau, autodidacte par nécessité, à qui l'on doit un *Traité de droit usuel* (1902), ouvrage de vulgarisation du droit civil et constitutionnel. Pour elle, la mainmise du clergé est telle, qu'il ne suffit pas d'intégrer les revendications féministes dans un cadre organisationnel acceptable aux yeux du clergé. Il faut aussi rendre le féminisme acceptable, sinon conforme au catholicisme d'ici ; dans cette perspective, le féminisme ne peut progresser que s'il se conjugue avec la foi. Gérin-Lajoie devient alors une fervente du mouvement du féminisme chrétien né en France dans la foulée de la publication en 1891 de l'encyclique *Rerum novarum* du pape Léon XIII. Comme le soulignait Yolande Pinard, Gérin-Lajoie « voit déjà s'effriter les oppositions puisque le féminisme épouse maintenant la cause des catholiques en s'inspirant de la doctrine sociale de l'Église[22] ». Ce mouvement fait la promotion de l'égalité, mais dénonce le féminisme libertaire et le féminisme socialiste. L'argumentaire du féminisme chrétien influence profondément l'action des féministes francophones et certains religieux progressistes se rallieront à cette position.

Emmeline Pankhurst arrêtée devant Buckingham Palace en 1914.

À la même époque, les anglophones organisent à Montréal une série de conférences où défilent les plus célèbres militantes anglaises pour le suffrage, tant celles issues de l'aile modérée que les plus radicales, comme Emmeline Pankhurst. Le suffragisme anglais, contrairement à sa réalité canadienne ou française, est un large mouvement populaire. En juin 1908, 250 000 à 400 000 femmes manifestent à Londres lors de la Women's Sunday March. En 1913, le mouvement est à son apogée en Angleterre et son aile radicale s'engage dans des actions violentes auxquelles le gouvernement répond de façon tout aussi violente. Des manifestantes sont emprisonnées, certaines font la grève de la faim et sont gavées de force. Ces événements font la une de la presse mondiale. Au printemps 1913, le quotidien montréalais *The Gazette* publie presque quotidiennement des articles sur les suffragettes et dénonce ce militantisme qu'il qualifie de « plaie sociale[23] ». Henri Bourassa répond dans *Le Devoir* à cette « première poussée de féminisme » et publie des éditoriaux sur les féministes et le suffrage en mars et avril de la même année[24]. Le féminisme, prétend-il, est inspiré de l'individualisme protestant, menace la famille et la civilisation canadiennes-françaises. L'historienne Susan Mann a analysé la pensée de Bourassa qui, dit-elle,

En 1913, le mouvement est à son apogée en Angleterre et son aile radicale s'engage dans des actions violentes auxquelles le gouvernement répond de façon tout aussi violente.

« trempe sa plume dans le vitriol ». Bourassa déploie dans ses textes un attirail d'arguments qui seront repris par les opposants au suffrage des femmes tant au fédéral qu'au provincial[25].

C'est dans ce climat d'agitation qu'est créée une organisation qui se concentre spécifiquement sur l'obtention du droit de vote, la Montreal Suffrage Association. Mais l'opposition du gouvernement britannique semble donner raison aux politiciens d'ici qui s'opposent au suffrage. En effet, le premier ministre du Québec Lomer Gouin trouve bien commode de répliquer à la présidente de cette association, l'universitaire Carrie M. Derrick, que « les femmes ne votent pas en Angleterre[26] » !

Le vote au fédéral

L'explosion de la Première Guerre mondiale a mis le mouvement suffragiste en veilleuse autant au Canada qu'en Europe. Puis, en 1917, on assiste à un retour du balancier avec la querelle fédérale-provinciale sur la question des listes électorales. Le premier ministre du Canada Robert Borden, fidèle à l'orientation centralisatrice du parti conservateur ramène ce pouvoir au fédéral. Il dépose la Loi des élections en temps de guerre, qui accorde à 500 000 femmes au front, épouses ou parentes des soldats, le droit de vote.

Membres de la Fédération nationale Saint-Jean-Baptiste en 1923.
BAnQ

CI-DESSUS À GAUCHE

« Quêteuses » d'une campagne de financement du Denier national.

BAnQ

CI-DESSUS À DROITE

La revue *La bonne parole*, organe de la Fédération nationale Saint-Jean-Baptiste (1913).

BAnQ

Décriée, cette loi est vue comme une manœuvre électorale pour reporter au pouvoir le gouvernement conservateur. Marie Gérin-Lajoie écrit que le suffrage « est moins un privilège qu'on [concède à ces femmes] qu'un droit accordé aux soldats de voter plusieurs fois par l'intermédiaire de parentes ».

Dans le contexte de mobilisation du Québec contre la conscription, la Loi des élections en temps de guerre ne pouvait qu'indisposer les nationalistes canadiens-français, puisque le nombre d'épouses ou de parentes de soldats est moins élevé au Québec qu'ailleurs au Canada. Pour Marie Gérin-Lajoie, la solution est de donner le droit de vote à toutes les femmes du Québec sans exception afin qu'elles puissent ainsi manifester leur opposition à la conscription[27]. Les suffragistes anglophones, qui appuient la conscription, réclament elles aussi le vote pour toutes les femmes, mais en reconnaissance pour leur effort de guerre. La loi de Borden révèle les tiraillements entre féminisme et nationalisme et les embûches que rencontrent les militantes du Québec, divisées entre elles par la question nationale.

En 1918, un projet de loi élargit le suffrage à toutes les femmes. Henri Bourassa revient à la charge dans une série de trois éditoriaux et la députation du Québec à Ottawa, majoritairement dans l'opposition libérale, reprend systématiquement ses arguments, ce qui n'empêche pas que la nouvelle loi soit adoptée.

Le Canada a suivi la voie tracée par sa mère patrie. Le parlement du Royaume-Uni, ayant mis fin à son opposition systématique, avait finalement consenti au suffrage des femmes. Ce droit de vote, les Anglaises l'ont obtenu à l'arraché. Les Canadiennes, pour leur part, l'ont obtenu comme une « récompense » pour leur participation à l'effort de guerre. Le droit d'éligibilité au fédéral est voté en 1920, et dès 1922, les femmes ont le droit de vote dans toutes les provinces canadiennes, à l'exception du Québec.

L'exception québécoise

À l'occasion du scrutin de 1921, où Québécoises et Canadiennes votent pour la première fois au fédéral, les suffragistes font partout au Québec de la formation politique. Pour nombre de militantes, l'adoption d'une loi sur le suffrage au Québec ne pouvait que suivre. C'était dans l'air du temps. Le pape s'était même prononcé en 1919 pour le vote des femmes. De plus en plus de voix reconnaissent le bien-fondé du principe de l'égalité politique. Marie Gérin-Lajoie propose de relancer le mouvement et d'unir anglophones et francophones au sein d'une même organisation afin de concerter leurs actions. On crée alors le Comité

Mgr Paul-Eugène Roy vers 1920.
BAnQ

CI-DESSOUS
Déléguées au congrès de l'Union internationale des ligues catholiques féminines à Rome (1922).
BAnQ

provincial du suffrage féminin, dont les coprésidentes sont Marie Gérin-Lajoie pour les francophones et Anna Lyman pour les anglophones.

Dès février 1922, 400 femmes se rendent à Québec réclamer le suffrage. Elles sont accueillies au restaurant du parlement, seul lieu assez grand pour recevoir une délégation d'une telle ampleur. Après les avoir entendues plaider leur cause, le premier ministre Taschereau aurait dit en aparté : « Si jamais les femmes du Québec obtiennent le droit de vote, ce n'est pas moi qui (le) leur aurai donné. » Ses députés et ses ministres ne seront pas tenus à la solidarité ministérielle et, condescendant, Taschereau ajoute qu'ils pourront « trancher [la question] comme ils l'entendront[28] ». On imagine aisément la déception des déléguées à la fin de cette rencontre !

L'opposition du clergé se manifeste ouvertement. Mgr Bégin demande en janvier 1922 que « la Législature de notre province s'abstienne d'accorder aux femmes le droit au suffrage politique[29] ». Au même moment, le Comité de propagande contre le suffrage féminin recueille des signatures dans les paroisses. Ce comité, selon l'historien Luigi Trifuro, est soutenu par Mgr Paul-Eugène Roy. Le clergé ne peut cependant soutenir en chaire que le vote des femmes est contraire aux enseignements de l'Église, puisque le pape s'est prononcé en sa faveur. Dans une lettre pastorale, Mgr Roy écrit plutôt que voter une loi pour le suffrage constitue un « attentat » contre la tradition et une erreur sociale et politique[30]... Pour les fidèles, l'effet de dissuasion a dû être le même que si cette lettre avait été un mandement.

Le pape Pie XI ayant signifié son accord à un élargissement des droits des femmes dans le cadre de leur rôle social, Gérin-Lajoie est très consciente que Mgr Roy ne relaie pas la position officielle du Vatican. Elle se rend alors à Rome pour participer aux assises de l'Union internationale des ligues catholiques féminines, où la question du suffrage doit être discutée. Cette organisation internationale, qui est sous tutelle papale, confirme que ses membres peuvent s'engager dans le mouvement suffragiste. Un amendement vient toutefois préciser que les initiatives en la matière devront être soumises à l'approbation des autorités religieuses locales. Selon Trifuro, cet amendement inséré par le représentant du pape aurait été soufflé par Henri Bourassa qui se trouvait au Vatican au même moment[31].

C'est une défaite importante pour Marie Gérin-Lajoie, qui ne réussit pas à convaincre l'épiscopat local de laisser les organisations catholiques libres d'appuyer le suffrage. Comme elle ne peut plus engager la Fédération nationale Saint-Jean-Baptiste, elle abandonne la coprésidence du Comité provincial du suffrage féminin et doit se résigner à poursuivre son engagement à titre individuel.

Le départ de Gérin-Lajoie, l'échec de sa mission à Rome ainsi que le refus non équivoque de Taschereau paralysent le mouvement. Comme en France, les suffragistes québécoises semblent avoir perdu le momentum.

Marie Lacoste Gérin-Lajoie. BAnQ

C'est une défaite importante pour Marie Gérin-Lajoie, qui ne réussit pas à convaincre l'épiscopat local de laisser les organisations catholiques libres d'appuyer le suffrage.

Marie-Thérèse Casgrain en 1937.
Photo de Yousuf Karsh.
BAC

Idola Saint-Jean.
BAC

Mais une nouvelle génération de leaders affranchies de l'influence de l'Église émerge en 1927. Idola Saint-Jean, journaliste et professeure à McGill, relance la mobilisation en créant l'Alliance canadienne pour le vote des femmes. De son côté, Thérèse Casgrain transforme le Comité provincial du suffrage féminin qui prendra le nom de Ligue des droits de la femme en 1929. Sans Saint-Jean et Casgrain, l'indifférence se serait peut-être installée. Ces deux femmes, très différentes l'une de l'autre, mais tout aussi énergiques et déterminées, feront front commun pour faire présenter chaque année jusqu'en 1940 un projet de loi à l'Assemblée législative. Le Québec connaît alors la première véritable campagne soutenue en faveur du vote des femmes, campagne qui sortira des cercles urbains et bourgeois d'où venaient les premières militantes. On voit des femmes-sandwich affichant des slogans suffragistes dans les rues de Montréal et de Québec ; des assemblées publiques se tiennent partout au Québec ; *La Sphère féminine*, revue créée par Idola Saint-Jean, diffuse largement les arguments pour le suffrage des femmes ; chacune des deux organisations a même sa propre émission radiophonique : *Fémina*, pour la Ligue des droits de la femme de Thérèse Casgrain et *Actualité féminine*, pour l'Alliance pour le vote des femmes d'Idola Saint-Jean. Ces initiatives permettent de rejoindre la « Gaspésienne dans son foyer » et d'ainsi contrebalancer le discours du clergé[32].

En 1930, Idola Saint-Jean sera la première Québécoise à être candidate à un scrutin fédéral en se présentant comme libérale indépendante dans le comté de Dorion-Saint-Denis. Ne se faisant pas d'illusion sur ses chances d'être élue, elle se sert de cette tribune pour faire la promotion du droit de vote pour tous. Elle fait circuler en 1935 une pétition qui recueille 10 000 signatures ; le document destiné au roi Georges V souligne que les seules femmes de race blanche de l'Empire britannique n'ayant pas le droit de vote sont les femmes du Québec.

Mais le dépôt chaque année d'un projet de loi est encore plus percutant par la visibilité médiatique très importante qu'il confère à la cause. Les débats parlementaires sont rapportés par les quotidiens et la récurrence de l'événement conduit les journaux à parler du « pèlerinage » annuel des femmes à Québec et du « bill des femmes ». La recherche d'appuis plus larges est aussi à l'ordre du jour. Ainsi, l'Association catholique des institutrices rurales fondée par Laure Gaudreault, toute catholique qu'elle est, réclame à son tour le suffrage des femmes. Si les syndicats catholiques de la CTCC sont toujours contre, les suffragistes peuvent compter sur l'appui des syndicats internationaux.

Mais l'opposition s'active. Le clergé fait signer des pétitions aux femmes à la porte des églises, des campagnes de lettres sont organisées. Les Cercles des fermières, qui avaient pourtant été membres en 1921 de la Fédération nationale Saint Jean-Baptiste, rallient les antisuffragistes.

Les « pèlerinages » des suffragistes

Les projets de loi sur le suffrage des femmes seront soit rejetés ou soit reportés pour étude ultérieure en commission parlementaire pour mourir au feuilleton. Mais année après année, un député accepte de présenter le projet de loi. Les galeries du public se remplissent de femmes, des députés chahutent ou font des blagues misogynes. Les arguments des pour et des contre sont connus, mais ils sont répétés puis repris plus ou moins fidèlement dans la presse.

En bref, les débats de cette assemblée législative qui s'obstinait à demeurer exclusivement masculine portent sur les points suivants :

- Le retard du Québec est largement exploité par les pro-suffrage, qui rappellent que plus les années avancent, plus il devient incongru que les seules Canadiennes privées de l'exercice démocratique soient les Québécoises. Les femmes votent dans toutes les autres provinces du dominion, mais aussi en Nouvelle-Zélande, en Australie et dans pas moins de 35 pays[33]. À cela les opposants rétorquent que dans les pays latins ou de foi catholique, les femmes n'ont pas le droit de voter. Même notre « esprit français » nous fait rejeter le vote et la France, où les femmes ne pourront voter qu'en 1945, est souvent cité en exemple[34].
- Des députés antisuffragistes évoquent, avant que l'expression ne soit inventée, le caractère distinct du Québec. Nous n'avons pas à imiter les pays et les provinces anglo-saxonnes, disent-ils, et le député Ouellet précise : « Nous ne sommes pas nécessairement une province d'imitation[35]. »
- L'expérience du vote des femmes au fédéral est aussi mise de l'avant par les deux côtés de la Chambre. Les suffragistes diront que les malédictions associées au suffrage féminin ne se sont pas matérialisées : les familles n'ont pas éclaté et la discorde ne s'est pas installée dans les ménages depuis que les Québécoises votent au fédéral. Le député Dillon est clair : « Les ménages de la province n'ont pas souffert du fait que les femmes votent aux élections fédérales[36]. »
- On entend rarement des arguments basés sur l'égalité entre les femmes et les hommes. Les suffragistes adoptent plutôt un discours maternaliste, basé sur la différence entre les sexes. Selon ce discours, c'est leur statut de mère et leur rôle dans la famille qui rend les femmes plus aptes à élaborer des réformes pour le bien-être de la famille, des lois sur l'éducation, des mesures pour contrer la pauvreté des femmes seules ou des familles abandonnées par le père. Le droit de vote leur permettra de mieux exercer leur rôle de mère. À cela, ceux qui sont contre le suffrage répliquent qu'il n'est pas nécessaire que les femmes votent pour réformer la société. Leur influence dans les associations peut faire bouger les lois et la politique. Leur différence nécessite au contraire qu'elles demeurent loin de l'agitation politique. Consciente des pièges de cet argumentation basé sur la différence et la vocation maternelle des femmes, Idola Saint-Jean s'appuyait plutôt sur les fondements de la démocratie de représentation. « Peut-on parler de suffrage universel quand toute une moitié de la population est privée de son droit de vote[37] ? », déclarait-elle ainsi en 1928. Les députés suffragistes ne reprendront toutefois pas cet argument égalitaire.

- Autre rhétorique fréquente : la dichotomie entre Montréal et le reste de la province. Les suffragistes sont souvent pointées du doigt comme étant des citadines. « À part un petit groupe de Montréal, le suffrage n'est pas demandé dans les autres parties de la province.[38] » Le député William Tremblay, qui parraine le projet sur le suffrage de 1929, affirme au contraire que les femmes des campagnes veulent le vote, et qu'il a assisté en région à des assemblées de plus de 700 femmes[39].
- Un argument de Maurice Duplessis, qui se pose alors paradoxalement en champion des bonnes mœurs électorales, mérite d'être souligné. En 1940, il s'oppose à la loi car, affirme-t-il, « le bill sur le suffrage augmente les dangers de manœuvres électorales… certains organisateurs seront tentés de passer des télégraphes, car les femmes ne voteront pas en grand nombre.[40] »

Les débats de l'Assemblée seront l'occasion pour certains de s'assurer une place dans les annales des citations les plus misogynes. Citons quelques perles du député Bédard en 1928 : « L'homme connaît mieux la femme qu'elle-même » ; « La loi de la femme, le seul droit de la femme, est en regard de la maternité » ; « Née pour être épouse et mère, la femme ne trouvera sa vraie liberté ni à l'usine, ni à la tribune » ; et l'inoubliable « Qu'elle s'attache au foyer comme le naufragé à la planche qui le soutient, car c'est seulement là qu'elle est libre[41]. »

Les bills des femmes sont aussi l'occasion d'user de tactiques procédurales. À plusieurs reprises, le projet de loi est renvoyé en commission parlementaire. Ces renvois sont parfois des enterrements de première classe, c'est-à-dire des renvois à une date où la session sera terminée. Parfois, le renvoi en commission est présenté par le proposeur lui-même, qui craint peut-être que le nombre de votes favorables au projet ne soit en recul par rapport à l'année précédente, ce qui revêt une certaine importance stratégique dans un contexte de vote libre des députés. Même Duplessis appuie un renvoi en commission, mais pour d'autres raisons : « Je ne veux pas me prononcer au sujet du principe », dit-il[42]. Le débat de 1936 prend une autre allure quand le premier ministre Taschereau, craignant que les votes favorables au projet ne l'emportent, exige pour la première fois la solidarité ministérielle. Les suffragistes perdent alors l'appui de plusieurs députés libéraux. Le projet est présenté par le député Monk, de l'Action libérale nationale et Duplessis, alors que des élections se profilent, refuse à nouveau de se prononcer. Peu de temps après, Taschereau démissionne et les élections de 1936 portent Maurice Duplessis au pouvoir.

Louis-Alexandre Taschereau.
BAC

Vers le dénouement

Thérèse Casgrain est très familière avec le fonctionnement des partis politiques et connaît à peu près tout le monde. Son père a été député conservateur et son mari est député libéral et président de la Chambre des communes à Ottawa. L'un des enfants du couple est même le filleul du premier ministre Taschereau, celui-là même qui, année après année, s'oppose aux projets de loi pour le droit de vote des femmes. Lorsque les libéraux de

Taschereau sont défaits par Duplessis, le Parti libéral du Québec tente de se régénérer et de se moderniser. Thérèse Casgrain, qui est par ailleurs la vice-présidente des Femmes libérales du Canada, fait en sorte que quarante femmes participent au congrès de 1938. Ces déléguées sont très actives lors de ce congrès et Thérèse Casgrain veille au grain en tant que membre du comité des résolutions[43]. Le Parti libéral du Québec adopte à l'unanimité une résolution en faveur du vote des femmes.

Après trois ans au pouvoir, Duplessis déclenche des élections en 1939. La plate-forme électorale du nouveau chef des libéraux, Adélard Godbout, promet le suffrage aux femmes et les deux grandes organisations suffragistes appuient le Parti libéral. Duplessis est défait et les libéraux reprennent le pouvoir. C'est ainsi que le nouveau premier ministre Godbout, qui avait toujours voté contre le suffrage féminin, dépose à la session de 1940 le projet de loi qui accorde le droit de vote aux femmes.

Mais l'Église maintient son opposition. En mars 1940, le cardinal Villeneuve émet un communiqué :

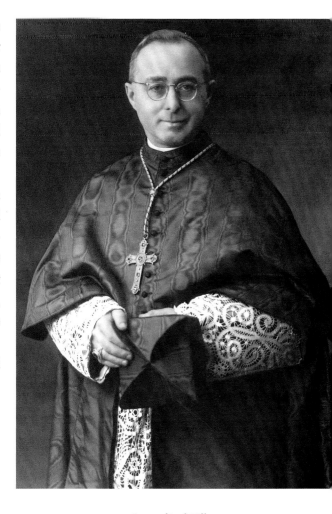

Le cardinal Villeneuve.
BAnQ

> Nous ne sommes pas favorables au suffrage politique féminin :
> 1. parce qu'il va à l'encontre de l'unité et de la hiérarchie familiale.
> 2. parce que son exercice expose la femme à toutes les passions et les aventures de l'électoralisme.
> 3. parce que, en fait, il nous apparaît que la très grande majorité des femmes de la province ne le désire pas.
> 4. parce que les réformes sociales, économiques, hygiéniques, etc., que l'on avance pour préconiser le droit de suffrage chez les femmes, peuvent être aussi bien obtenues grâce à l'influence des organisations féminines, en marge de la politique. Nous croyons exprimer ici le sentiment commun des évêques de la province.
>
> J.-M. Rodrigue cardinal Villeneuve, O.M.I. Archevêque de Québec[44].

Le communiqué du cardinal Villeneuve demeure un chef-d'œuvre de synthèse. On y retrouve en quelques lignes tout l'argumentaire déployé depuis des décennies par les opposants au suffrage des femmes.

Adélard Godbout, coincé entre son engagement électoral et les pressions de l'Église, aurait indiqué au cardinal Villeneuve qu'il songeait à démissionner et à se faire remplacer par l'anticlérical T.-D. Bouchard. Ce stratagème que Thérèse Casgrain relatera quarante ans plus tard aurait mis fin à la campagne menée par l'Église : « Comme par enchantement, les objections violentes soulevées contre le projet de loi disparurent des pages de nos journaux[45]. »

Le projet de loi est adopté à l'Assemblée législative le 18 avril 1940 par 67 voix contre 9, et le Conseil législatif adopte le projet le 25 avril.

Henri Bourassa vers 1920.
BAnQ

En déposant la loi sur le suffrage, Adélard Godbout déclare que désormais la situation a changé. Comme le souligne l'historienne Susan Mann, c'est la fin d'une image : « Les adversaires du suffrage ne parlaient pas du tout de la femme, mais plutôt de son image […]. Le projet de loi sur le suffrage impliquait que cette image clochait […]. On pourrait même dire que le débat autour du suffrage portait en fait sur la propre virilité des députés[,] leur façon de se percevoir comme des chefs, des protecteurs, des leaders […]. Le droit de vote détruisait non seulement l'image de la femme, mais aussi la propre image de l'homme […]. D'où la violence verbale de Bourassa et des autres adversaires du suffrage féminin[46]. » Cette analyse est éclairante sur la signification du suffrage des femmes au regard de l'identité des hommes comme *genre* au début du XXe siècle, avant l'adoption du droit de vote des femmes au fédéral.

Toutefois, à partir du moment où les femmes ont pu voter au fédéral au Québec et au provincial partout ailleurs au Canada, cette explication ne suffit pas à éclairer la résistance de l'Assemblée législative du Québec. Le retard de deux décennies pour l'adoption du vote des femmes a probablement à voir non seulement avec « la propre image de l'homme » québécois et l'identité masculine, mais aussi avec l'image de la nation canadienne-française elle-même. Le fait est que le suffrage universel, en établissant l'égalité politique des femmes et des hommes, menaçait la famille traditionnelle vue comme l'une des assises de la nation canadienne-française. Cette famille traditionnelle qui ne s'exprimait que d'une seule voix ne pouvait avoir qu'un chef, mâle, père et époux. C'était une famille hiérarchisée et inégalitaire où la femme mariée n'avait pas d'existence légale. Le suffrage des femmes marque une rupture dans l'organisation de la société et bouleverse les valeurs à la base de l'identité nationale.

Cependant, la nouvelle mouture de la Loi électorale du Québec de 1940 reflète toujours la soumission des femmes mariées, même si elle leur accorde l'égalité politique. Ainsi la loi prévoit que les femmes mariées et les veuves seront inscrites sur la liste électorale sous les « nom et prénom du mari joints au mot " Madame " lequel tient lieu de l'indication de profession ou métier » (art. 3). Si les femmes ont gagné le droit de vote, leur profession est maintenant d'être officiellement des *madames*! Cet article de la loi électorale rappelle que les femmes mariées, bien qu'électrices, n'ont pas encore obtenu l'égalité juridique et demeurent sous la tutelle de l'homme, le chef de la famille. Duplessis, qui avait déclaré au moment de l'adoption de la loi « J'ai toujours été contre le suffrage féminin, et je le suis encore », s'assurera lorsqu'il redeviendra premier ministre que rien ne bouge dans l'ordre familial traditionnel et que l'incapacité juridique des femmes mariées soit maintenue[47]. C'est un autre long combat de l'histoire des femmes qui devra attendre encore 25 ans.

Naissance du suffrage universel

Le vote du 18 avril 1940 est l'acte de naissance du suffrage universel au Québec. C'est l'un des moments les plus importants de l'histoire de notre démocratie.

Au début des démocraties modernes, seule une minorité de citoyens pouvaient voter, le suffrage étant réservé à des groupes restreints d'individus en vertu de critères de propriété et de possession. Le politologue André Bernard a calculé qu'en 1871, le nombre d'électeurs inscrits au Québec ne représentait que 14,8 % de la population[48]. Les critères de propriété, de possession ou de revenu pour les hommes ont progressivement été abolis sans susciter de débats, de telle sorte que le droit de vote était acquis à tous les hommes en 1936[49].

> Le suffrage des femmes marque une rupture dans l'organisation de la société et bouleverse les valeurs à la base de l'identité nationale.

Sur le principe, le vote des femmes est la modification la plus fondamentale qui a été apportée à la démocratie de représentation, car c'est dès lors l'appartenance à l'espèce humaine qui devenait le premier critère de la citoyenneté et de l'exercice de droits politiques.

La politologue Diane Lamoureux estime que « l'une des contributions fondamentales du suffragisme a été de diffuser largement l'idée de démocratie ou, plus particulièrement, de sélection des dirigeants politiques par la voie du suffrage ». Dans une société où les élites pratiquaient « le culte du notable », elle associe le mouvement pour le vote des femmes à la lutte pour la démocratie et à la défense de l'idée même du suffrage[50].

Thérèse Casgrain (en bout de table) reçoit trois invitées en 1945 à l'émission *Votre opinion Mesdames*, à Radio-Canada. Photo de Conrad Poirier. BAnQ

Enfin elles votent!

Le suffrage des femmes est aussi la modification à la loi électorale qui aura été la plus importante en termes numériques, car son effet immédiat est de doubler le nombre d'électeurs[51]. Ce nouveau bassin d'électrices, dont le comportement électoral est inconnu, pouvait manifestement modifier l'échiquier de représentation des partis politiques et menacer la réélection de chacun des députés.

Une employée d'une station-service «Joy Oil» fait le plein d'essence (1941). Photo de Conrad Poirier.

C'est en août 1944 qu'a enfin lieu le premier scrutin général où les femmes peuvent voter au palier provincial. Pour elles, aller aux urnes ce jour-là n'était pas une expérience entièrement nouvelle puisqu'elles votaient depuis 25 ans au fédéral. Chose certaine, le vote ne les a pas intimidées : comme le souligne la politologue Chantal Maillé, il semble que les femmes, dès qu'elles ont eu le droit de vote, l'ont utilisé massivement tant au fédéral qu'au provincial. En 1921, 90 % des femmes inscrites auraient voté, et des études révèlent un taux d'absentéisme électoral plus élevé chez les hommes[52].

L'élection de 1944 ramène l'Union nationale de Maurice Duplessis au pouvoir. Certains ont vu dans ce retour la conséquence de la présence du nouvel électorat féminin, les femmes étant réputées plus conservatrices dans leurs choix électoraux. Mentionnons cependant que le score des tiers partis a sûrement joué un rôle déterminant. En effet, ces partis, notamment le Bloc populaire et la Co-operative Commonwealth Federation (CCF), ont recueilli 18 % des suffrages. La concentration du vote libéral à Montréal, qui est sous-représentée, joue en faveur de l'Union nationale qui fait élire un plus grand nombre de députés malgré le fait que les libéraux ont obtenu un pourcentage plus élevé du vote populaire. Le retour de Duplessis a donc notamment été la conséquence de notre mode de scrutin et de représentation, qui a maintes fois produit de telles distorsions. Ceux qui ont prétendu que ce sont les femmes qui ont ramené Duplessis au pouvoir en 1944 ont pris un raccourci bien commode. Ces propos s'enracinent davantage dans le dépit de partisans libéraux déçus que dans la réalité observable. Ils s'enracinent aussi dans la crainte qu'ont eu les partis politiques des effets du vote des femmes.

... et elles sont éligibles !

Le 18 avril 1940 est aussi le jour de l'obtention par les femmes du droit d'éligibilité, c'est-à-dire le droit de se présenter comme candidate, d'être membre du parlement, et de devenir un jour ministre, voire première ministre. Ce droit restera toutefois purement formel tant que les mécanismes électoraux et les pratiques des partis ne seront pas adaptés de telle sorte que les intéressées puissent l'exercer. Entre 1940 et 1960, on dénombre onze candidatures de femmes aux élections, et aucune élue[53]. La première femme à se faire élire sera Marie-Claire Kirkland-Casgrain en 1961, qui l'emporte lors d'une élection partielle dans laquelle elle briguait le siège laissé vacant à la suite du décès de son père. Notons que même « l'équipe du tonnerre » de Jean Lesage n'avait présenté aucune candidate en 1960. Il aura fallu le décès d'un député libéral et la volonté de sa fille de prendre le relais pour qu'enfin, une femme soit élue à Québec !

En 1973, alors que le nouveau mouvement féministe bat son plein au Québec et que, partout en Occident, les femmes revendiquent haut et fort l'égalité, il n'y a toujours qu'une seule femme à l'Assemblée législative. Il faut attendre 1976 et l'élection surprise d'un gouvernement péquiste pour voir cinq femmes faire leur entrée à l'Assemblée nationale. Depuis, la proportion de femmes a augmenté régulièrement ; en 2013, 41 femmes siègent à Québec et elles forment le tiers (32,8 %) de la députation. Et pour la première fois, c'est une femme, Pauline Marois, qui est première ministre. C'est un grand moment dans notre histoire.

Mais l'histoire peut aussi reculer si les mécanismes adéquats ne sont pas en place pour assurer une réelle égalité dans la représentation politique. Depuis plusieurs scrutins, il a été démontré que l'électorat n'a pas un comportement sexiste. Si un parti présente une candidate dans un bon comté, elle aura autant de chances d'être élue qu'un homme. On sait aussi que les partis politiques manifestent une volonté inégale d'atteindre la parité de représentation, et que le législateur est craintif face à l'instauration de mécanismes incitatifs. Les premières demandes des suffragistes au Québec remontent à 130 ans. Les Québécoises peuvent voter en toute parité depuis près de trois quarts de siècle au provincial et depuis près d'un siècle au fédéral. Mais leur présence dans les parlements est encore vue comme un phénomène nouveau. Cette résistance politique à la parité relèverait-elle du même décalage que celui qui fut observé chez les politiciens qui s'opposaient au vote des femmes ? Tant que notre système n'aura pas créé les conditions de l'exercice réel du droit d'éligibilité, il restera encore un chapitre à écrire dans l'histoire des femmes et de la démocratie. ◆

Marie-Claire Kirkland-Casgrain en 1961. Photo de Gaby.
BAnQ

IX

22 juin 1960

L'élection de Jean Lesage : « un changement de la vie » ?

par ÉRIC BÉDARD, *historien*

Dans un essai marquant publié en 1978, l'historien François Furet annonçait que la Révolution française était terminée[1]. La formule n'a pas manqué d'étonner puisque cette grande secousse politique et sociale était survenue deux siècles plus tôt. Pourtant, si les événements de cette Révolution n'avaient duré que quelques années, leur sens avait longtemps divisé les Français. Jusqu'à la Seconde Guerre mondiale, la Révolution française avait eu ses partisans inconditionnels et ses adversaires résolus. Partagés en deux camps résolument hostiles, celui des Modernes et celui des Anciens, les Français n'avaient cessé de se quereller sur l'interprétation des événements de 1789. Résultat : jusqu'à l'instauration de la Ve République par De Gaulle, les régimes s'étaient succédé à marche soutenue. De la tentative de république sociale de 1848 au régime autoritaire de Vichy, la France avait servi de laboratoire aux expériences politiques les plus saugrenues. Or Furet constatait que, pour le plus grand bien de son pays, cette polarisation s'était enfin éclipsée. Un consensus s'était finalement imposé autour de l'idée républicaine. La démocratie libérale était là pour rester. De plus, il était désormais possible d'étudier la Révolution française de manière dépassionnée. Sans passer pour un réactionnaire renfrogné ou un mauvais Français, il était possible de concevoir la Révolution française autrement qu'en un bloc, à prendre ou à laisser.

L'élection du 22 juin 1960 marque le début de la Révolution tranquille. Cet événement mythique occupe toujours une place centrale dans la mémoire collective des Québécois et fait périodiquement l'objet de vigoureux débats sur son sens, ses réalisations, ses ratés. Parce que la discussion a toujours cours, on peut considérer que nous

En 1960, la population québécoise est ethniquement diversifiée, jeune et de plus en plus en santé et éduquée. L'émigration des Canadiens français vers les États-Unis, qui avait tant inquiété les élites du XIXᵉ siècle, est depuis longtemps terminée.

sommes tous les contemporains de la Révolution tranquille. Contrairement à la Révolution française étudiée par Furet, aucun consensus ne s'est encore dégagé quant au sens à donner à cette période qui ne laisse personne indifférent. Il est encore difficile, voire impossible, de distinguer les différents héritages de la Révolution tranquille et de départager, de manière dépassionnée, ses zones d'ombre et de clarté. Pour les uns, il faut tout simplement « liquider » ou « oublier » la Révolution tranquille et « réhabiliter » la période dite de la Grande Noirceur[2]. Pour les autres, il faut absolument rester fidèle à ce récit, sans quoi l'on tournerait le dos au Québec moderne, c'est-à-dire au seul Québec digne d'être aimé[3]. En somme, une évidence s'impose à nous : la Révolution tranquille n'est toujours pas terminée.

Réfléchir à la journée du 22 juin 1960 et à ses suites, c'est donc s'avancer en terrain miné. Plutôt que de formuler une énième interprétation de ces événements chargés, j'ai plutôt choisi de coller au contexte de cette élection, de rendre compte de l'humeur de l'électorat, et de décrire les partis et les personnalités en présence. Il semble important d'améliorer notre connaissance factuelle de l'année 1960. Contrairement à ce qu'on pourrait penser, cette année charnière et les événements de la Révolution tranquille ont été assez peu étudiés par les historiens. « On ne peut pas ne pas être étonné par le fait que nous ne disposions pas d'une histoire un tant soit peu satisfaisante de cette Révolution tranquille, constate Yvan Lamonde. Des coups de pinceaux çà et là, mais point d'œuvre d'ampleur achevée. Beaucoup de "donneurs de sens", peu de producteurs de savoir.[4] » Je voudrais m'efforcer de décrire le Québec de 1960 tel que les électeurs et les acteurs de l'époque le voyaient. J'aimerais montrer que, dans cette perspective, la défaite de l'Union nationale n'était pas écrite dans le ciel ; elle n'avait rien d'une nécessité historique. Lorsque le premier ministre Antonio Barrette déclenche les élections en avril 1960, la victoire libérale est loin d'être assurée.

L'état du Québec en 1960

La grande contribution des historiens de la génération qui me précède a été de montrer que le Québec n'est pas subitement entré dans la modernité le 22 juin 1960. La société québécoise s'était beaucoup transformée au cours de la décennie précédente. Quelques données de base permettent de saisir l'ampleur de ces transformations[5].

En 1960, la population québécoise est ethniquement diversifiée, jeune et de plus en plus en santé et éduquée. L'émigration des Canadiens français vers les États-Unis, qui avait tant inquiété les élites du XIXe siècle, est depuis longtemps terminée. Les Québécois ne quittent plus le territoire national et les nouveaux arrivants sont nombreux : entre 1945 et 1960, 403 934 « Néo-Canadiens » s'installent au Québec. Le Québec de 1960 est jeune. Le recensement de 1961 montre que 44 % de la population a moins de 18 ans. Ce baby-boom est dû en grande partie à une baisse drastique de la mortalité infantile, attribuable à une généralisation des vaccins et à une amélioration de la qualité du lait dispensé aux enfants[6]. Comme partout en Occident, l'espérance de vie des Québécois s'est beaucoup accrue. Pour un garçon qui naît en 1961, elle est de 67,3 ans, et pour une fille, de 72,8 ans, contre 56,2 ans et 57,8 ans en 1931. Depuis 1940, l'instruction est obligatoire ; entre 1950 et 1960, la population scolaire de moins de 15 ans est passée de 50,4 % à 61,9 %[7].

Évidemment, le tableau n'est pas complètement rose. Les immigrés s'intègrent surtout à la minorité anglophone, après avoir fréquenté son réseau scolaire. Les frais de santé sont assumés par les congrégations religieuses (souvent débordées), les municipalités et les patients eux-mêmes. Plusieurs rapports des années 1950 indiquent un manque

Tempête de neige à Montréal en 1966. Photo de Michel Gravel.
La Presse

de lits[8]. C'est un système injuste que plusieurs souhaitent revoir, notamment le gouvernement fédéral, comme nous le verrons plus loin. Les jeunes Québécois sont peut-être plus éduqués qu'avant, mais leur taux de scolarisation accuse un sérieux retard sur celui de l'Ontario. En 1960, 15 % des Québécois disposent d'un diplôme secondaire comparativement à 26 % des Ontariens ; pour les diplômes universitaires, les taux des deux provinces sont respectivement de 5 % et 9 %[9].

En 1960, le Québec a une économie urbaine, moderne et dynamique. Les Québécois qui s'apprêtent à se choisir un nouveau gouvernement sont majoritairement des citadins. En fait, les trois quarts d'entre eux vivent en ville (74,3 %). C'est un peu moins qu'en Ontario (77,3 %), mais plus que dans l'ensemble du Canada (69,7 %)[10]. Le Québec n'est donc plus une société agraire. Sa structure économique est même tout à fait moderne : 34,5 % de la main-d'œuvre travaille dans le secteur manufacturier (un taux identique à celui de l'Ontario et supérieur à celui de l'ensemble du Canada : 29,6 %)[11]. Durant les années 1950, on a assisté à une explosion du nombre d'emplois dans le domaine des services (tertiaire). En 1960, les Québécois sont plus riches qu'ils ne l'ont jamais été. De 1946 à 1960, le revenu disponible a crû de 2,6 % par année[12]. Le salaire du pourvoyeur et les généreuses allocations familiales que reçoivent les ménages du gouvernement fédéral depuis 1944 font vivre correctement les familles d'une classe moyenne émergente, ce qui permet à la plupart d'entre elles d'accéder à la société de consommation[13]. En 1960, 94 % des ménages possèdent un téléviseur (contre 9,7 % en 1953) et 57 % ont une automobile (contre 27 % en 1951). Les données sont similaires pour les appareils électroménagers. Ce confort matériel est rendu possible par l'électricité, qui est désormais accessible à peu près partout sur le territoire québécois habité[14].

Dans le ciel de cette économie moderne, plusieurs nuages planent cependant. Si les historiens conviennent que l'économie québécoise des années 1950 est dynamique, ils ne s'entendent pas lorsqu'ils la comparent à l'Ontario[15]. Ce qui ressort néanmoins, c'est que, de 1945 à 1960, notre croissance a été moins rapide que celle de l'Ontario. Une autre réalité absolument incontestable, c'est l'infériorité économique des Canadiens français. En 1960, ils vivent certes mieux qu'avant, mais leur situation par rapport au groupe dominant reste nettement désavantageuse. « Au Québec, écrit Pierre Fortin, le salaire moyen des hommes adultes francophones unilingues équivalait à 52 % de celui des hommes adultes anglophones, bilingues ou unilingues[16]. » Les richesses naturelles de l'Ungava ou de la Côte-Nord sont plus exploitées que jamais, mais ce sont des entreprises américaines qui en profitent : la Tribune Company à Baie-Comeau ; la Hanna Company sur la Côte-Nord ; la Hollinger Mines dans l'Ungava[17]. Ce sont les patrons qui ont le gros bout du bâton lorsqu'éclate un conflit de travail. Pour mater les grèves d'Asbestos (1948), de Louiseville (1952) et de Murdochville (1956), le régime Duplessis a souvent eu recours à une force excessive. Le chef de l'Union nationale peinait à reconnaître « l'atelier fermé » et assimilait trop souvent les chefs syndicaux à de dangereux communistes[18]. La dernière ombre au tableau, c'est un taux de chômage qui frôle les 9 %. En juin 1960, le sujet hante l'actualité et préoccupe les électeurs. Pour ne rien arranger, à la veille des élections, la Société centrale d'hypothèque et de logement annonce que, pour l'année en cours, les mises en chantier sont de 38,5 % moins élevées qu'en 1959[19].

La vie intellectuelle a changé tout autant que la vie économique. Les mentalités ne sont plus celles du XIXe siècle. Le nationalisme de la survivance est durement contesté par de jeunes intellectuels de divers horizons. Si les intellectuels traditionalistes sont toujours bien en selle, des « libéraux » et des néo-nationalistes de la revue *Cité libre* ou du département d'histoire de l'Université de Montréal contestent leur hégémonie idéologique[20].

Les Québécois francophones vont encore à la messe, mais l'Église catholique est loin d'être monolithique. Une jeunesse catholique, regroupée dans diverses associations, milite pour que les laïcs prennent leur place et pour que l'Église entende l'appel des chômeurs et de ceux qui luttent pour une transformation sociale, y compris les syndiqués[21]. Ces jeunes catholiques proposent également une nouvelle vision de la famille, du couple et de la

Ouverture officielle des travaux de construction de l'Exposition universelle de 1967 sur l'île Ronde à Montréal (1963). Photo d'Henri Rémillard. BAnQ

Une perspective que ne partage certainement pas Madeleine Parent. Cette militante de gauche tente de syndiquer les femmes de la Dominion Textile.

femme qui heurte parfois de front les normes traditionnelles du clergé[22]. Les femmes mariées sont de plus en plus nombreuses sur le marché du travail : 32 % des travailleuses sont mariées. Beaucoup de femmes fréquentent également l'université, ce qui était impensable quelques décennies plus tôt[23]. Cela dit, si les mentalités ont évolué, nous sommes encore bien loin de la révolution culturelle des années 1960. L'Église continue de s'opposer officiellement à la création d'un ministère de l'Instruction publique et souhaite conserver sa mainmise sur les institutions sociales. Par ailleurs, les femmes mariées sont toujours considérées par le code civil comme des mineures. Quant à la famille, elle reste une institution traditionnelle qui prescrit aux hommes et aux femmes des rôles bien précis.

Le Québec de 1960 était-il plongé dans une « Grande Noirceur » ? Il est difficile de répondre à cette question de manière tranchée. Tout dépend du point de vue.

Imaginons un jeune homme de la classe moyenne qui a 20 ans en avril 1960. Ses parents lui ont décrit avec moult détails la grande dépression des années 1930 et les horribles taudis de Saint-Henri dans lesquels ils ont parfois vécu. Aujourd'hui, le père du jeune homme, un ouvrier qualifié capable de « faire vivre » sa famille avec son seul salaire, se rend chaque matin à l'usine en voiture, fier d'avoir fait l'acquisition d'un petit bungalow dans un nouveau développement d'une banlieue de Montréal. Le ménage dispose de tout le confort moderne et s'offre même, depuis quelques étés, des excursions sur la côte est américaine. À toutes les fins de semaine, le jeune homme va au cinéma : il adore les westerns américains qui, cela va sans dire, intéressent bien peu le Bureau de censure. Pour lui et sa famille, il fait bon vivre dans ce Québec prospère et moderne.

Ce Québec est bien différent de celui d'un couple d'artistes d'avant-garde qui lit *Les Temps modernes* de Jean-Paul Sartre, connaît bien l'œuvre de Simone de Beauvoir, admire le surréalisme d'André Breton. Quelques années plus tôt, en 1948, ce couple a certainement été bouleversé par le congédiement brutal de Paul-Émile Borduas de l'École du meuble. Pas un jour ne se passe sans qu'ils ne pestent contre la censure qu'exerce le clergé sur le cinéma et la littérature. Pour ces artistes un peu marginaux mais précurseurs de la révolution culturelle que va connaître l'Occident, le Québec de 1960 vit dans le passé. L'air y est absolument irrespirable.

Évoquons encore deux femmes qui, durant les années 1940 et 1950, ont évolué dans des univers parallèles. Formée dans une école ménagère de Saint-Pascal de Kamouraska, Évelyne Leblanc défendra toute sa vie une conception très traditionnelle du rôle de la femme. À ses yeux, être une femme à la maison, ce n'est pas seulement une vocation : c'est une profession qui requiert un enseignement approprié. En 1944, elle est nommée chef du Service de l'enseignement ménager du Département de l'Instruction publique. Les valeurs de cette laïque engagée sont tout à fait en phase avec celles du clergé plus conservateur de 1960. Une perspective que ne partage certainement pas Madeleine Parent. Cette militante de gauche tente de syndiquer les femmes de la Dominion Textile. Perçue comme une communiste par le régime Duplessis, elle est condamnée à deux ans de prison en 1947 pour « menées séditieuses ». En 1960, cette femme juge le Québec réactionnaire, ses valeurs rétrogrades, et espère voir émerger le vrai parti de gauche qui défendra enfin la cause des ouvriers.

Qui avait raison ? Qui avait tort ? Ce n'est pas à l'historien de trancher. Chose certaine, le Québec de 1960 n'était pas monolithique. Si certains y trouvaient l'air vicié, ce qu'on peut très bien comprendre, d'autres en épousaient les valeurs, s'y sentaient bien et voyaient l'avenir avec optimisme.

Les forces politiques en présence

Lorsqu'Antonio Barrette annonce le déclenchement des élections, le 27 avril 1960, trois partis sont officiellement en lice. L'Union nationale et le Parti libéral, bien entendu, mais aussi le Parti social démocratique, alors dirigé par le syndicaliste Michel Chartrand. Faute d'argent, ce tiers parti ne présentera finalement aucun candidat et son chef recommandera aux électeurs d'annuler leur vote, pour ne « pas voter pour les intérêts capitalistes[24] ». L'élection de 1960 oppose donc les bleus aux rouges. Quatre ans plus tôt, l'Union nationale avait obtenu 52 % des suffrages et fait élire 73 députés. Les libéraux, de leur côté, avaient

René Lévesque, Jean Lesage et Paul Gérin-Lajoie, le 12 novembre 1962. Lesage vient d'être réélu premier ministre.
Photo de Réal Saint-Jean.
La Presse

Daniel Johnson et Jean Lesage
à l'inauguration du métro
de Montréal, en 1966.
Photo de Gabor Szilasi.
BAnQ

récolté 44,5 % des suffrages et fait élire seulement 19 députés. On pourrait penser que jouer la carte du changement aurait dû suffire au Parti libéral pour l'emporter en 1960, en présumant qu'après seize années passées au gouvernement, l'Union nationale était à bout de souffle, exsangue. Une rapide analyse des forces en présence montre qu'au contraire, rien n'était joué.

En 1960, le sort semble s'acharner contre le parti de Maurice Duplessis. Le 7 septembre 1959, le fondateur rend son dernier souffle ; le 2 janvier, c'est au tour de son successeur, Paul Sauvé, de s'éteindre subitement. C'est un coup très dur. Au moment du déclenchement des élections, cette formation créée en 1936 a toutes les allures d'un club privé. À sa tête, on trouve Antonio Barrette, député de Joliette depuis 1936, ministre du Travail depuis 1944, assermenté comme premier ministre le 7 janvier 1960. Contrairement à ses prédécesseurs, il n'a pas complété son cours classique, ni fait son droit. Malgré ses modestes origines ouvrières, l'homme a de la prestance et une belle culture d'autodidacte. Mais, même devenu premier ministre, Barrette n'est pas seul maître à bord. Il doit composer avec deux personnages clefs : Joseph-Damase Bégin, député de Dorchester, ministre de la Colonisation et, surtout, organisateur en chef et grand stratège du parti depuis 1944[25], et Gérald Martineau, le gardien de la caisse électorale occulte. Toutefois, au plan des orientations politiques, le nouveau chef du gouvernement avait les coudées franches. Dans ce parti, les députés et les ministres étaient rarement consultés à propos des décisions les plus importantes, et devaient se contenter

Sur le plan des hommes comme des idées, l'Union nationale dont hérite Antonio Barrette ne s'est pas beaucoup renouvelée au fil des années. Son équipe compte bien sûr Daniel Johnson et Jean-Jacques Bertrand, admis sur le tard au conseil des ministres, en 1958.

Jean Lesage visitant l'Association libérale du comté de Portneuf en 1958. Photo de Paul-Émile Duplain.
BAnQ

le plus souvent d'exécuter les décisions du chef. L'Union nationale ne disposait d'aucune véritable structure démocratique ou participative. Si le parti a des « partisans », il n'a pas de membres qui donnent leur avis et orientent ses positions.

Il faut dire que, politicien d'une autre époque, Maurice Duplessis n'aurait certainement pas enduré longtemps les votes de confiance, les militants pointilleux et les présidents d'aile jeunesse ambitieux. En 1960, son ombre plane toujours sur son parti.

Quelques semaines avant le déclenchement des élections, le journaliste Pierre Laporte du *Devoir* publie *Le vrai visage de Duplessis*, aux Éditions de l'Homme. Premier acte d'une « légende noire[26] » qui allait peu à peu s'imposer, l'ouvrage connaît un vif succès de librairie. On y découvre un être autoritaire et souvent mesquin qui prenait un malin plaisir à humilier ses ministres et ses députés. Laporte trace le portrait d'un homme sans panache, provincial, attaché au pouvoir avant tout. Deux ans plus tôt, le courriériste parlementaire avait révélé le fameux scandale du gaz naturel. Sur la liste des actionnaires de la Corporation du gaz naturel mise au jour par *Le Devoir* – Pierre Laporte avait acheté à cette fin des actions de la compagnie – figuraient les noms de six ministres unionistes. Or cette corporation avait mis la main sur le réseau de distribution de gaz naturel qu'avait privatisé Hydro-Québec : beau cas de conflits d'intérêts. Pour étouffer l'affaire, Duplessis avait entamé

Jean Drapeau répond à la presse dans le hall de l'hôtel de ville de Montréal en 1954. René Lévesque est parmi les journalistes.
Ville de Montréal

des poursuites contre *Le Devoir* et boycotté le quotidien montréalais[27]. À la veille des élections, ce scandale était un véritable boulet pour l'Union nationale – bien davantage que sa politique économique ou son nationalisme traditionaliste.

Sur le plan des hommes comme des idées, l'Union nationale dont hérite Antonio Barrette ne s'est pas beaucoup renouvelée au fil des années. Son équipe compte bien sûr Daniel Johnson et Jean-Jacques Bertrand, admis sur le tard au conseil des ministres, en 1958. Ces étoiles montantes font cependant partie du sérail et restent marquées par le régime Duplessis. L'usure du pouvoir et l'odeur de corruption freinent probablement l'arrivée d'une nouvelle génération de nationalistes plus conservateurs qui aurait pu revigorer la formation politique et lui donner un nouveau souffle. Pensons à un personnage comme Jean Drapeau, chef de la Ligue d'action civique et héros de la lutte anti-corruption, qui fut maire de Montréal pour la première fois de 1954 à 1957 avant d'être battu par Sarto Fournier et la machine de l'Union nationale. Voilà un homme qui, tant par ses idées que par son style, aurait pu être le véritable successeur de Maurice Duplessis[28].

Mais en 1960, l'Union nationale est un parti sans programme… et qui se targue de ne pas en avoir ! Durant la campagne, le parti prend quelques engagements ciblés mais se garde bien de présenter une vision d'ensemble[29]. Comme durant les élections

Le slogan électrisant du Parti libéral du Québec en 1962.

précédentes, on fait la liste des réalisations mesurées en argent sonnant, dans tous les secteurs de la vie collective. « Notre programme à nous a été formulé en 1931, déclare Antonio Barrette en début de campagne, et les lois actuelles témoignent qu'il a été mis en exécution[30]. » Dans un éditorial du *Montréal-Matin*, l'organe de l'Union nationale, on a pu lire : « L'Union nationale, au lieu d'offrir au public un programme, des promesses, prend tout simplement l'engagement de continuer comme elle l'a fait jusqu'à maintenant. Elle demande qu'on la juge par ses actions et non par des promesses[31]. »

Si les faiblesses du parti sautent aux yeux, il bénéficie néanmoins d'appuis solides. Une enquête très sérieuse menée entre septembre 1959 et mars 1960 auprès de 1 000 personnes des deux sexes, de toutes les régions et de différentes classes sociales, montre clairement qu'à la veille du déclenchement des élections, l'Union nationale bénéficiait toujours d'un soutien populaire important[32]. Pilotée par le chercheur Maurice Pinard qui s'était entouré d'une batterie d'assistants rompus aux méthodes d'analyse en sciences sociales, l'étude avait été commandée par le Parti libéral du Québec, qui souhaitait obtenir un portrait précis des « attitudes et opinions » des électeurs. Les résultats sont étonnants. Première surprise, un niveau de satisfaction très élevé à l'égard du gouvernement de l'Union nationale, malgré les critiques répétées de l'opposition[33] : 46 % des répondants s'en disent « satisfaits », contre seulement 17 % d'« insatisfaits ». La deuxième chose qui frappe, c'est le peu d'attentes des Québécois de 1960 envers la politique, leur vision désenchantée de la chose publique. En effet, 44 % des citoyens consultés croient qu'une fois au pouvoir, le Parti libéral sera « semblable » à l'Union nationale. De plus, 73 % considèrent « acceptable » le degré de corruption de l'Union nationale.

Les Québécois sont-ils impatients de voir se développer de nouveaux programmes sociaux qui, forcément, nécessiteront de nouvelles taxes ? À la lecture de l'enquête de Maurice Pinard, on peut en douter, car 51 % des répondants croient être les « plus taxés » au Canada[34]. Pour quel parti s'apprêtent-ils à voter ? Voilà une question qui embête plusieurs sondés. Comme l'expliquent les chercheurs, les électeurs de l'époque rechignent à révéler publiquement leurs intentions de vote. Voilà pourquoi 33 % s'abstiennent de répondre. Sur les 67 % restant, 61 % entendent voter pour l'Union nationale, 35 % pour le Parti libéral, et 4 % pour le Parti social démocratique.

Enfin, on peut s'étonner du peu d'intérêt que suscite la politique québécoise en 1960. À la veille de cette élection « historique », rien n'indique que les Québécois se passionnent pour les enjeux qui concernent leur province. Seulement 16 % des citoyens consultés se disent « très intéressés » par la politique québécoise, 43 % s'y intéressent de « façon modérée », quand 39 % se disent « très peu » ou « pas du tout intéressés ». En somme, à peu près rien dans les données de cette enquête n'annonce un changement de régime. Il est loin d'être clair que les Québécois souhaitent congédier l'Union nationale.

Il faut dire que, durant ses quelques mois à la tête du gouvernement, le premier ministre Antonio Barrette n'a pas chômé. Son bilan est même impressionnant. De Paul Sauvé, on connaît bien le réformisme et sa « Révolution des 100 jours[35] ». En revanche, on s'est très peu penché sur l'action de Barrette, notamment dans le règlement du dossier universitaire.

Depuis 1951, le gouvernement canadien soutenait financièrement les universités. Conformément aux recommandations du rapport Massey sur « l'avancement des arts, des sciences et des lettres au Canada », l'État fédéral souhaitait ainsi contrer l'américanisation de la culture et de la vie intellectuelle canadienne. Parce que cette aide financière violait selon lui la compétence des provinces en éducation, Duplessis avait interdit aux universités du Québec de recevoir ces subsides. Le fédéral avait décidé de déposer les sommes dévolues aux universités québécoises dans un fonds dédié du Conseil des arts du Canada. En 1960, la somme rondelette de 16 millions de dollars dort dans les coffres.

Aussitôt assermenté, Paul Sauvé lance des négociations. Le gouvernement de John Diefenbaker accepte que Québec augmente de 1 %[36] son impôt sur les sociétés mais à la condition que les subventions supplémentaires remises aux universités équivalent à 1,50 $

> Aussitôt assermenté, Paul Sauvé lance des négociations. Le gouvernement de John Diefenbaker accepte que Québec augmente de 1 % son impôt sur les sociétés mais à la condition que les subventions supplémentaires remises aux universités équivalent à 1,50 $ par citoyen.

Paul Sauvé inaugure le pont Onésime-Gagnon en 1959, à Price.
BanQ

par citoyen. Une fois l'entente conclue, les 16 millions de dollars leur auraient été remis directement. Dans ses *Mémoires*, le premier ministre Barrette raconte avoir jugé cette entente inacceptable, d'une part parce que le fédéral dictait au Québec le montant des subventions qui devaient être remises aux universités et d'autre part, parce qu'il prétendait transiger directement avec les universités. Pour sortir de l'impasse, Barrette annonce unilatéralement une augmentation de l'impôt sur les sociétés, qui passe de 9 % à 10 % et s'engage à verser des subventions supplémentaires aux universitaires qui équivaudront à 1,75 $ par citoyen. Il exige également que les 16 millions de dollars soient transférés dans un fonds d'amortissement destiné aux universités mais géré par Québec[37]. Voilà un règlement original qui permettait de débloquer la situation tout en respectant scrupuleusement la juridiction des provinces en éducation et l'autonomie fiscale du Québec[38].

En plus de l'épineux problème du financement des universités, Antonio Barrette s'est attaqué à un autre sujet sensible. En 1958, le gouvernement fédéral avait adopté un plan d'assurance-hospitalisation qui prévoyait une série de normes fédérales. Cette fois encore, Duplessis avait refusé d'y participer. Mais en 1960, les pressions sont fortes pour que le Québec prenne part au programme[39]. Avant de débuter des négociations, le premier ministre Barrette juge nécessaire de faire un état des lieux. Après qu'une commission aura fait l'inventaire des besoins, il prévoit procéder de la même façon que pour les universités sur le plan fiscal.

> Il était dorénavant décidé que nous aurions un système provincial approprié au caractère particulier de nos hôpitaux, écrit-il dans ses Mémoires. Nous allions placer le gouvernement fédéral en face d'une situation de fait par de nouveaux impôts provinciaux pour lesquels nous demanderions à Ottawa, pour les contribuables québécois, une déduction équivalente[40].

Le système de santé qu'il avait en tête aurait été entièrement financé par les Québécois. Il n'aurait pas été « universel », cependant, mais uniquement destiné aux moins fortunés.

> Je n'ai aucune hésitation à dire que l'aide apportée par notre gouvernement aux hospitalisés n'aurait pas été uniforme et que les gens fortunés auraient reçu peu d'aide ou pas du tout. J'ai toujours trouvé injuste que le millionnaire soit traité avec la même largesse que les nécessiteux dans le paiement des pensions de vieillesse à soixante-dix ans. Ce socialisme étrange importé au Canada est absolument illogique pour ne pas dire plus. Ce n'est pas ce genre d'égalité devant la loi qui est désirable[41].

Une position de droite qui va à l'encontre de l'esprit de l'État-providence ? Peut-être, mais elle est partagée par Gérard Filion, le directeur du *Devoir* qui, en pleine campagne, prend position contre les allocations universelles proposées par les libéraux. À ses yeux, l'universalité des programmes sociaux s'inspire d'une « conception bureaucratique et égalitaire de la sécurité sociale[42] ».

Si je me suis beaucoup attardé à l'Union nationale, c'est que la légende du Parti libéral, avec son « équipe du tonnerre », son programme audacieux, son slogan choc, nous est plus familière. Il faut néanmoins rappeler certains faits moins connus.

En 1960, le Parti libéral du Québec n'est plus la succursale du Parti libéral du Canada[43]. Après la défaite de 1956, les libéraux du Québec avaient créé, en juillet 1957, la Fédération libérale provinciale qui deviendrait plus tard la Fédération libérale du Québec (la F.L.Q. !). Certes, le chef, les organisateurs et les bailleurs de fonds continuent de jouer un rôle fondamental. Mais on peut adhérer librement au Parti libéral, non pas seulement pour organiser des élections, mais pour y réfléchir et y débattre des grands enjeux de l'heure. En plus d'en être un « partisan », on peut donc en être un membre[44]. Chaque circonscription dispose de son association. Les grandes questions sont étudiées par des commissions spéciales qui réunissent des experts de divers domaines. Le Parti libéral ne veut plus seulement être une « machine électorale », mais bien un mouvement social capable de fédérer et de faire une place à tous ceux qui combattent le régime duplessiste.

Cette ouverture aux débats et cette modernisation des structures sont perçues comme une nécessité pour attirer les jeunes, les intellectuels émergents et les forces de gauche tentées par de nouveaux partis ouvriers. Fait à noter, c'est un congrès de membres qui élit Jean Lesage, le 31 mai 1958. Trois candidats s'y affrontaient : René Hamel, un ancien du Bloc populaire, Paul Gérin-Lajoie, un jeune constitutionnaliste, et Jean Lesage, un ancien ministre libéral fédéral. Un tel affrontement public aurait été impensable à l'Union nationale. Le congrès libéral n'a pas laissé trop de séquelles. Mieux : Lesage a pu recruter une très belle équipe qui allie expérience, compétence et jeunesse.

La formation que dirige Jean Lesage a investi beaucoup d'énergie dans l'élaboration de son programme. Plutôt que de faire la liste des promesses censées satisfaire des clientèles, celui-ci devait dégager une vision claire, cohérente et globale du Québec. Un an auparavant, les grandes lignes de la plate-forme libérale de 1960 avait été esquissées dans *Pour une politique*, un essai rédigé par Georges-Émile Lapalme, l'ancien chef du parti[45]. Ce qui frappe dans le programme libéral, c'est la place accordée à la question nationale et à l'État-providence. Le premier chapitre, intitulé « La vie nationale », prévoit la création d'un ministère des Affaires culturelles, d'un Office de la langue française, d'un Département du Canada français d'outre-frontière, d'un Conseil provincial des arts, d'une Commission des monuments historiques et d'un Bureau provincial d'urbanisme. Le Parti libéral propose aussi

La formation que dirige Jean Lesage a investi beaucoup d'énergie dans l'élaboration de son programme.

Jean Lesage en conférence de presse en 1964. Photo de Duncan Cameron. BAC

Paul Sauvé et Antonio Barrette,
ministre du Travail dans
le cabinet Duplessis, vers 1955.
BAnQ

un autonomisme plus offensif : l'article 39 prévoit la création d'un ministère des Affaires fédérales-provinciales ; l'article 40 engage le gouvernement libéral à tenir des conférences interprovinciales ; l'article 45 prévoit même la création d'un Tribunal constitutionnel. En prenant des positions fortes sur la question nationale, la direction libérale cherche à montrer son autonomie face au parti fédéral et à faire oublier les années Godbout, marquées par plusieurs reculs sur le front constitutionnel. L'autre grand tournant de la plate-forme libérale concerne le rôle de l'État. Longtemps fidèle au libéralisme économique le plus classique, voilà que l'ancienne formation de Lomer Gouin et d'Alexandre Taschereau se convertit à l'État-providence, qui doit intervenir dans l'économie, assurer les soins de base à la population, planifier le développement du territoire. En éducation, la plate-forme promet la gratuité scolaire jusqu'à l'université et la gratuité de tous les manuels (articles 2 et 3). Sur le plan économique, les libéraux s'engagent à mettre sur pied un Conseil d'orientation économique et un ministère des Richesses naturelles (articles 10 et 11). Sans expliquer comment ils entendent procéder, les libéraux promettent aussi un programme d'assurance-hospitalisation (article 27). Pour assurer tous ces services et relever les grands défis économiques, l'État québécois devra évidemment pouvoir compter sur une fonction publique indépendante (article 47).

Ce qui frappe dans ce programme, c'est la foi dans la politique et le volontarisme des dirigeants libéraux. Comme Lionel Groulx et les nationalistes de la revue *L'Action française*, leur objectif est d'offrir aux Canadiens français un « État national ». Ce que proposent Jean Lesage et son parti, peut-être inspirés en cela par le fondateur de la Vᵉ République au pouvoir en France depuis deux ans, c'est une « politique de la grandeur ». Avec une telle politique, explique Lesage en 1959, le Québec « ne sera plus paralysé par le complexe d'infériorité d'une survivance menacée ; il possédera désormais la certitude de son destin. Son gouvernement de Québec ne sera plus une officine de patroneux, il sera devenu le cerveau et le cœur de tout un peuple[46] ». Mais si les libéraux annoncent une politique de grandeur, leur programme de 1960 ne peut être qualifié de révolutionnaire. Alors qu'on y prévoit la création de plusieurs nouveaux ministères, il n'est nulle part question d'un ministère de l'Éducation ou de l'Instruction publique. Il n'est pas non plus question de nationalisations. On sait d'ailleurs que René Lévesque aura beaucoup de mal à convaincre Jean Lesage et ses collègues des bienfaits de l'étatisation de l'hydroélectricité. La Société générale de financement ou la Caisse de dépôt et placement ne sont pas non plus au programme.

Une campagne, un verdict

Lors du déclenchement des élections, aucun commentateur n'ose prédire les résultats. Les parieurs de la rue Saint-Jacques croient que les libéraux vont l'emporter, mais de justesse. De son côté, l'Union nationale estime pouvoir remporter 56 sièges. Il faut dire qu'à cette époque, les sondages sont très rares. Durant toute la campagne de 1960, aucune enquête d'opinion n'est publiée. En tout, 2 593 198 électeurs québécois sont conviés aux urnes le 22 juin 1960. L'âge de la majorité est toujours fixé à 21 ans.

La campagne de 1960 fut assez traditionnelle, et axée sur les chefs. « C'est l'temps qu'ça change » est le slogan des libéraux ; « Vers les sommets », celui de l'Union nationale. Les rouges ont vite raillé le slogan unioniste : « Vers les sommets de corruption, de chômage, d'inaction ! » répètent-ils en cœur. Du côté de l'Union nationale, on revendique totalement le bilan des précédents gouvernements. Le positionnement stratégique n'est pas celui du « désormais » mais, au contraire, celui de la continuité. Sur plusieurs photos de campagne, Antonio Barrette apparaît aux côtés de Maurice Duplessis et de Paul Sauvé. Ce qui est suggéré dans toute la communication de l'Union nationale, c'est qu'en votant pour ce parti, on fait confiance à un homme, plus qu'à un programme ou à une équipe[47]. Durant toute la campagne, Barrette multiplie les grandes assemblées aux quatre coins du Québec. Selon Pierre Laporte, il fait une très bonne performance, même s'il s'agit de sa première campagne et qu'il n'a aucune expérience de la télévision.

Le thème de l'intégrité morale, relayé activement pas les intellectuels cléricaux, occupe une place importante. En pleine campagne électorale, les abbés Gérard Dion et Louis O'Neill publient aux Éditions de l'Homme *Le chrétien et les élections*.

Le cardinal Maurice Roy, Wilfrid Hamel et Jean Lesage, vers 1965.
BAnQ

À la différence de Duplessis, note le journaliste, il « préfère discuter avec ses auditeurs, il essaie de réfuter l'argument de l'adversaire, il argumente ». Sa tournure d'esprit est moins partisane que celle de son illustre prédécesseur, et ses discours, plus rationnels[48]. Contrairement à Duplessis, il s'engage, lui, à faire construire un pont à Shawinigan même si la circonscription vote libéral[49] ! La campagne de Jean Lesage, un personnage que ses adversaires accusent d'être hautain, mise davantage sur la proximité, la rencontre avec les électeurs[50] ; on dit qu'il fait une campagne à l'américaine[51]. À quelques reprises, il est

Le père Richard Arès (à g.) au lancement de son *Dossier sur le pacte fédératif de 1867*, avec Lionel Groulx.
BAnQ

question d'un affrontement direct entre les deux chefs. Antonio Barrette ne ferme pas la porte à un débat contradictoire, à la condition qu'il se déroule devant un public de partisans et que la discussion porte sur le thème de l'autonomie provinciale[52]. Jean Lesage est lui aussi ouvert à un face-à-face[53] mais préfère un débat télévisé où seuls quelques journalistes poseraient des questions[54]. Comme il n'a pas d'entente, le premier débat des chefs n'aura lieu qu'en 1962.

Le thème de l'intégrité morale, relayé activement pas les intellectuels cléricaux, occupe une place importante. En pleine campagne électorale, les abbés Gérard Dion et Louis O'Neill publient aux Éditions de l'Homme *Le chrétien et les élections*. Au lendemain de l'élection de 1956, les deux clercs avaient dénoncé à mots couverts les méthodes de l'Union nationale dans un pamphlet ravageur qui avait beaucoup circulé. Quatre ans plus tard, leur manuel d'éthique chrétienne rappelle qu'un bon catholique doit aussi être un bon citoyen, qu'il ne doit sous aucun prétexte monnayer son appui à un candidat. Les députés, rappellent-ils, ne sont pas les propriétaires du pouvoir et de ses prébendes mais les « serviteurs du bien commun[55] ». L'ouvrage s'appuie sur des lettres papales et des textes officiels du Vatican. Tout au long de la campagne, *Le Devoir* vante le succès du livre.

Intellectuel jésuite très respecté, le père Richard Arès prononce une importante conférence au Club Richelieu sur le thème de l'intégrité :

> Se procurer, vendre son vote, se livrer à des violences ou au trafic de votes, que ce soit pour de l'argent, de l'alcool, une situation ou des honneurs, autant d'actes contraires à la morale du bien commun et en définitive à la vraie démocratie, autant d'actes qui tuent chez les citoyens le respect d'eux-mêmes et des autres, en même temps que le souci de l'intérêt général et le sens du devoir qu'impose à chacun la vie politique[56].

Les ligues du Sacré-Cœur se mettent aussi de la partie et font signer aux candidats un « engagement en vue d'élections honnêtes.[57] » Tout le monde, bien sûr, paraphe le document, même le candidat libéral René Lévesque, qui déclare cependant qu'une réglementation plus serrée devra sous peu remplacer les vœux pieux[58].

Est-ce l'effet cumulé de toutes ces manifestations de bonnes intentions ? La campagne n'a pas été entachée par des scandales retentissants. L'Union nationale a reproché aux libéraux de se servir de leur énumérateur pour recruter des partisans, alors que les libéraux ont accusé les unionistes d'utiliser Hydro-Québec pour placer les amis du régime. « L'affaire Pelletier » a fait un peu de bruit, mais surtout en fin de campagne : les libéraux accusèrent le ministre Jos-D. Bégin d'avoir tenté d'acheter un certain Honoré

Pelletier, cultivateur de Saint-Pacôme et candidat libéral dans Kamouraska en 1956. Pour la modique somme de 3 200 $, Pelletier aurait renié son allégeance libérale et adhéré à l'Union nationale. Le parti de Barrette a réagi en intentant une poursuite en diffamation mais celle-ci a été rejetée à la toute veille de l'élection par la Cour des sessions de la paix. Dans ses Mémoires, Barrette écrira que cette affaire a fait très mal à son parti. Il accusera même Bégin d'être le responsable de la défaite[59].

Mais la véritable raison de la défaite, c'est peut-être que les épouvantails agités par l'Union nationale lors des campagnes précédentes suscitent bien peu d'émoi dans la population. Face à un parti libéral converti au nationalisme, les unionistes ont du mal à se présenter comme les seuls authentiques défenseurs de l'autonomie québécoise. Les nombreuses publicités présentant Jean Lesage comme un ancien ministre fédéral opposé à l'autonomie fiscale du Québec tombent à plat. Il faut dire que le gouvernement d'Antonio Barrette s'entend plutôt bien avec les conservateurs au pouvoir à Ottawa[60]. Quant au croque-mitaine communiste, il ne semble guère pris au sérieux par l'électorat. Durant

Le dernier épouvantail agité par des partisans de l'Union nationale, c'est celui d'un Parti libéral résolument hostile aux valeurs religieuses et à l'Église.

Bernard Pinard, René Lévesque, Pierre Laporte et Jean Lesage, vers 1965.
BAnQ

la campagne, René Lévesque est plusieurs fois présenté comme un cryptocommuniste. Dans un entrefilet, le 1er juin, le *Montréal-Matin* explique sans grande subtilité que « Pat Walsh, chef anti-communiste bien connu, a annoncé qu'il ferait la campagne contre René Lévesque » !

Le Devoir prend un malin plaisir à se moquer de ces insinuations. Le quotidien rapporte que dans *Le Guide du Nord*, de Jacques Francoeur, et dans *Les Nouvelles Illustrées*, du jeune Pierre Péladeau, René Lévesque est présenté comme « l'ami de cœur de Monsieur K. » (Khrouchtchev)[61] ! Pour l'Union nationale, Lévesque est décidément l'homme à abattre. Les libéraux lui demandent d'ailleurs d'animer une émission sur les ondes de CKAC. La foule vient nombreuse à chacune de ses présences. Lors de la dernière grande assemblée de la campagne, c'est lui qu'on retrouve aux côtés de Jean Lesage et de Georges-Émile Lapalme. L'Union nationale promet d'ailleurs que si elle est reportée au pouvoir et que Lévesque est battu dans Laurier et retourne à Radio-Canada, le gouvernement fondera une radio québécoise, pour faire contrepoids à la propagande gauchiste du candidat libéral[62] !

Le dernier épouvantail agité par des partisans de l'Union nationale, c'est celui d'un Parti libéral résolument hostile aux valeurs religieuses et à l'Église. À la toute fin de la campagne, l'historien traditionaliste Robert Rumilly fait circuler un pamphlet dans lequel il s'insurge contre la gratuité scolaire, qui violerait les droits de l'Église. Les cibles principales de l'historien sont Jacques Hébert, Jean-Louis Gagnon et René Lévesque. Le 19 juin, il offre une causerie sur ce sujet à la radio, diffusée par neuf stations radiophoniques, dont CKAC et CHRC. Le titre de l'émission, qui est commanditée par la Ligue pour l'Autonomie des Provinces, est « L'infiltration gauchiste dans les élections provinciales ». La réplique de Jean Lesage est pour le moins cinglante. *Le Devoir* rapporte que le chef libéral dit, à propos de l'historien d'origine française, qu'il n'a « pas de leçon de catholicisme à recevoir de cet "importé", [et] que le peuple canadien-français a réchauffé sur son sein pendant trop longtemps cette "vipère" qui le darde aujourd'hui dans ses idées[63] ! »

Le 22 juin 1960 est une belle journée ensoleillée. Les bureaux de scrutin ouvrent à 9 heures et ferment à 18 h 30. Les employeurs doivent accorder à leurs employés une période de trois heures pour leur permettre d'aller voter. Autour de chaque boîte de scrutin, un scrutateur, un greffier et des représentants de deux grands partis veillent au bon déroulement de l'opération. Quelques jours avant ce vote historique, des bulletins marqués sont photographiés en première page du *Devoir*, ce qui vaut au journal une

À l'arrivée, les libéraux obtiennent 51,3 % des votes et font élire 51 députés alors que l'Union nationale recueille 46,6 % des votes et fait élire 43 députés.

visite de la Sûreté provinciale. Le scrutin se déroule normalement, sauf dans quelques circonscriptions. À Montréal, des problèmes sont signalés dans Saint-Louis, Laurier et Maisonneuve ; à Saint-Jean-sur-Richelieu, 25 personnes sont appréhendées pour intimidation ; à Québec, dans la circonscription de Québec-Ouest, celle où se présente Jean Lesage, des partisans se sont nargués mutuellement et les policiers ont été tenus en alerte toute la journée.

À 19 h 38, on annonce l'élection d'Antonio Barrette dans Joliette. Dix minutes plus tard, c'est au tour de Frank Hanley, un candidat indépendant, de remporter Sainte-Anne. La soirée s'annonce longue car les résultats semblent serrés. Dans plus d'une vingtaine de circonscriptions, l'écart entre les deux principaux partis est de moins de 500 votes.

Jean Lesage au 14ᵉ congrès annuel du PLQ.
Parti libéral du Québec

Jean Lesage en campagne (1962).
Le Nouvelliste

À l'arrivée, les libéraux obtiennent 51,3 % des votes et font élire 51 députés alors que l'Union nationale recueille 46,6 % des votes et fait élire 43 députés. Des ministres clefs de l'ancien gouvernement sont battus, comme Johnny Bourque, Paul Beaulieu, Jacques Miquelon et Antoine Rivard. Le lendemain, *Le Devoir* titre : « Les Libéraux au pouvoir », mais le *Montréal-Matin* n'annonce pas officiellement la victoire du Parti libéral. À la une du journal unioniste, on peut lire : « Une lutte serrée. L'hon. Barrette réélu avec une majorité accrue » ! *La Tribune* de Sherbrooke a beau annoncer la « Victoire aux libéraux », son éditorial, intitulé « Un verdict populaire non définitif », se montre pour le moins circonspect : « Nous ne pouvons qualifier le verdict populaire. La majorité paraît insuffisante pour assurer la stabilité gouvernementale. Une nouvelle élection générale pourrait bien être déclenchée d'ici peu de mois. » L'éditorial du *Soleil* parle d'une soirée électorale très « énervante », comparable à celles de 1935 ou de 1944[64].

Le discours de victoire de Jean Lesage est, dans les circonstances, pour le moins triomphaliste. « C'est plus qu'un changement de gouvernement, déclare-t-il, c'est un changement de la vie. » Il poursuit sur sa lancée : « [Cette] victoire est la victoire du peuple du Québec. Le peuple méritait cette victoire. Malgré les chaînes, il a voulu se libérer de l'esclavage. » Après son discours, un journaliste lui demande : « Par où allez-vous commencer ? » Réponse de Lesage : « Je tiens d'abord à avertir tous les ministres et les fonctionnaires de ne rien sortir du Parlement. Nous prendrons les dispositions nécessaires pour que la lumière se fasse sur l'administration de l'Union nationale. » Au lieu de féliciter ses adversaires comme le font généralement les leaders magnanimes, il les traite comme une bande de malfaiteurs ! Dans les jours qui suivent, il demande même à la police de monter la garde car il craint que les anciens ministres unionistes ne volent des documents.

Appuyé par son caucus, Antonio Barrette conserve son poste. Toutefois, incapable de s'entendre avec Bégin et Martineau, il claque la porte quelques mois plus tard. Lors d'un congrès déchirant tenu en 1961, l'Union nationale élira à sa tête Daniel Johnson.

En 1960, les Québécois n'attendaient pas d'être libérés… Ils attendaient même assez peu de la politique, si l'on en croit l'enquête de Maurice Pinard. Nul doute que la mort de Maurice Duplessis et de Paul Sauvé et la présence à Ottawa d'un gouvernement conservateur ont nui à l'Union nationale. Cela dit, un programme un peu plus audacieux et quelques recrues inspirantes auraient pu donner des ailes à ce parti qui pouvait toujours compter sur des appuis importants dans la population. Toutefois, le Parti libéral a joué les bonnes cartes : celle de l'intégrité ; celle de la vision ; celle d'une équipe compétente ; celle d'un nationalisme renouvelé ; et celle, surtout, de la foi dans la politique. Ce qui semble irrésistible dans la campagne libérale de 1960, c'est son élan, son énergie, l'espoir qu'elle suscite.

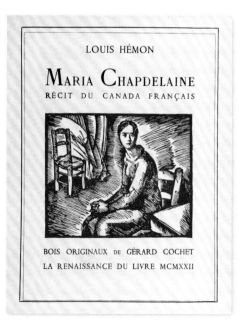

> Au pays du Québec, écrivait Louis Hémon dans son plus célèbre roman, rien n'a changé. Rien ne changera, parce que nous sommes un témoignage. De nous-mêmes et de nos destinées nous n'avons compris clairement que ce devoir-là : persister… nous maintenir… Et nous nous sommes maintenus, peut-être afin que dans plusieurs siècles encore le monde se tourne vers nous et dise : « Ces gens sont d'une race qui ne sait pas mourir… » Nous sommes un témoignage[65].

Pour Jean Lesage, Georges-Émile Lapalme et René Lévesque, il ne fallait pas seulement durer, mais vivre, pas seulement se maintenir, mais s'affirmer, pas seulement survivre, mais prendre sa place. Au pays du Québec, les choses allaient changer. Il ne s'agirait peut-être pas d'un « changement de la vie », mais certainement, d'une nouvelle attitude face à l'action collective qui allait profondément transformer le Québec. ◆

X

30 octobre 1995

Le référendum sur la souveraineté : il était une fois l'indépendance

par MATHIEU BOCK-CÔTÉ, *sociologue et chroniqueur*

Rien n'est plus exigeant, intellectuellement, que de penser une époque, de tenter de voir derrières les brumes de l'actualité la trame profonde du destin collectif. C'est pourtant une tâche fondamentale, parce que la connaissance de l'histoire et, par là, sa compréhension permettent à un peuple d'avoir une emprise sur lui-même. Et c'est une tâche fondamentale pour l'homme d'État comme pour l'intellectuel. C'est d'abord parce qu'ils pénètrent l'esprit de leur temps et qu'ils en identifient les contro-verses fondamentales, celles qui engagent l'Homme pleinement, qu'ils parviennent à lui donner une impulsion. On en trouve un bel exemple dans les premières pages des *Souvenirs* d'Alexis de Tocqueville, qui suggérait que l'histoire française « de 1789 à 1830, vue de loin et dans son ensemble, ne doit apparaître que comme le tableau d'une lutte acharnée entre l'ancien régime, ses traditions, ses souvenirs, ses espérances et ses hommes représentés par l'aristocratie et la France nouvelle conduite par la classe moyenne[1] ».

De quelle manière résumer alors l'histoire du Québec du dernier demi-siècle ? Quelle en est la trame de fond ? On le sait, les historiens ne s'entendent pas sur le sujet. Il se pourrait bien que les Québécois soient moins divisés qu'eux, parce qu'ils savent intimement que leur histoire, de 1960 au début des années 2000, peut être vue dans son ensemble comme le tableau d'une lutte acharnée pour résoudre la question nationale. Il s'agissait de rechercher pour le Québec un nouveau statut politique en mobilisant les énergies profondes de la nation, la lutte pour l'indépendance en représentant la forme la plus conséquente et achevée.

La question nationale était centrale. Et surtout, à travers le débat constitutionnel, à travers la question du régime, nous avions une emprise sur elle. Elle ne fuyait plus dans les marges de la vie politique. La question du statut politique était celle à partir de laquelle se polarisait l'espace public, comme si celui-ci s'était reconfiguré, avec l'arrivée de la Révolution tranquille, pour enfin prendre en charge cette vieille aspiration qui, selon la formule de René Lévesque, traînait depuis plus d'un siècle dans les dédales de la conscience collective. Pendant près de quatre décennies, le peuple québécois, fondamentalement, n'a parlé que d'indépendance et a écrit son histoire à l'encre de la question nationale.

Si on la regarde avec un peu de hauteur, on peut dire que c'est en 1995 que la question nationale s'est posée le plus clairement, le plus nettement. Jamais l'idée d'indépendance n'est venue aussi près de s'accomplir. Régis Debray a écrit, dans un autre contexte, lorsqu'il réfléchissait à l'histoire de la gauche française : « J'aimerais seulement comprendre un jour nos occasions manquées[2]. » Inévitablement, la réflexion sur le référendum de 1995 tourne autour de ce problème : pourquoi les souverainistes ont-ils échoué ? Pourquoi le peuple québécois a-t-il échoué ? Pourquoi avons-nous échoué, alors que nous n'aurions pas dû échouer ?

Car le référendum de 1995 est un moment politique exceptionnel. C'est un événement majeur dans l'histoire, qui a changé son cours, pour le meilleur ou pour le pire, selon les préférences de chacun. C'est un moment qui pose la question politique la plus fondamentale : celle de la constitution d'un État, de la fondation d'un nouvel ordre politique, de l'indépendance d'un peuple. La participation au destin de la cité touche à une part irréductible de la condition humaine, et ceux qui ont vécu le référendum et la marche vers l'indépendance auront vécu à une époque où l'histoire ne s'était pas encore laissé avaler par le présentisme gestionnaire.

René Lévesque et Pierre Bourgault. Photo d'Antoine Désilets. BAnQ

C'est le propre des grands moments politiques. Ils mobilisent les grandes passions, ils incitent au dépassement, ils poussent les meilleurs hommes au cœur de la cité (tout comme la régression historique d'une société peut attirer vers la politique ses pires éléments, la politique avilissant alors davantage les peuples qu'elle ne les grandit), chacun sentant bien que, lorsque l'histoire vacille, la volonté d'un homme ou de quelques-uns peut l'orienter de manière décisive, de manière définitive. En fait, les grands moments politiques révèlent les caractères, ils dévoilent les profondeurs de la cité et la psychologie d'un peuple, ses aspirations les plus profondes comme ses craintes les plus tenaces. D'un coup, les hommes sortent des soucis quotidiens et sont amenés, pour un temps, mais pour un temps seulement, à se demander quelles sont les assises de leur existence collective.

C'est peut-être le cycle inévitable de la cité : les hommes s'unissent et se divisent, ils s'élèvent et s'abaissent, ils se montrent capables de grandes choses puis se replient dans la banalité des jours ordinaires et ne veulent plus qu'on les dérange, ils se brûlent au contact des grandes passions politiques, puis ne veulent plus penser à autre choses qu'aux petits plaisirs de la vie intime. La loi de l'histoire politique, c'est peut-être celle de la naissance, de l'éléva-tion, de la grandeur et de la chute d'une cité, d'une nation, d'une collectivité, d'une civilisation. Il arrive aussi qu'une cité se redresse après avoir chuté, quand des hommes décident de faire revivre ses idéaux, ceux qu'on avait abandonnés lorsqu'on avait cessé de prendre au sérieux la vie civique [3].

> Inévitablement, la réflexion sur le référendum de 1995 tourne autour de ce problème : pourquoi les souverainistes ont-ils échoué ? Pourquoi le peuple québécois a-t-il échoué ?

Le 30 octobre 1995, l'indépendance du Québec a été défaite. Ce n'est pas qu'un projet politique parmi d'autres qui a été vaincu. Ce n'est pas une idée sur deux qui a été mise de côté. C'est l'expression la plus profonde de la pulsion de vie du peuple québécois qui a été étouffée. La chose n'est pas sans conséquence. Car le référendum était le point d'aboutissement d'une marche entreprise plusieurs décennies auparavant. Il était censé parachever une quête identitaire reprise d'une manière ou d'une autre par chaque géné-ration québécoise depuis deux siècles et demi.

Dans ce chapitre, je raconterai donc la journée du référendum. Je parlerai des héros des deux camps, des moyens déployés, des couches de la population mobilisées par les tenants du souverainisme et du fédéralisme et de la propagande des uns et des autres. Je

Le soir de la défaite de 1995
chez les souverainistes.
Photo de Jean-François Leblanc.

parlerai d'un Québec qui redécouvrait alors l'exercice de la raison d'État et d'un Canada qui n'a pas hésité à s'en prévaloir pour mater la tentation indépendantiste. Je parlerai, en fait, d'un peuple qui faisait l'expérience la plus profonde du politique.

Mais pour bien conter cette journée référendaire, il faut d'abord explorer ses origines et remonter à la fin des années 1910, quand le nationalisme canadien-français connaissait à la fois une renaissance et une mutation. Il faut aller bien avant la Révolution tranquille pour trouver les sources idéologiques et existentielles du référendum de 1995. Le rêve de l'indépendance du Québec demeure encore bien mal connu, et il faut retracer ses nombreuses manifestations pour voir comment il s'est présenté à la génération des révolutionnaires tranquilles qui ont cherché à le faire aboutir. Commençons par là.

Le premier ministre canadien W. L. Mackenzie King entre ses homologues provinciaux Howard Ferguson (Ontario) et Louis-Alexandre Taschereau, à la conférence fédérale-provinciale de 1927.
BAC

1920 : il était une fois Lionel Groulx

L'aspiration à l'indépendance traverse l'histoire du Québec. Quoi qu'en disent les révolutionnaires tranquilles, elle n'a pas émergé d'un coup, sans prévenir, en 1960, pas plus qu'elle n'a été importée des pays décolonisés, l'indépendance devenant alors une mode à laquelle la jeune génération cédera en même temps qu'elle s'excitait pour le socialisme. Bien au contraire, on peut dire de l'aspiration nationale à l'indépendance qu'elle représente un désir constamment repérable dans l'histoire du Québec, qui remonte à la surface de temps en temps, lorsque la vie politique devient houleuse, et qui a longtemps représenté la première tentation politique de chaque génération, comme l'ont noté, chacun à sa manière, André Laurendeau et Marcel Chaput.

Mais le désir a longtemps été refoulé, il n'a souvent survécu que dans les marges de la vie nationale, porté par des mouvements ou des groupes à la périphérie de l'espace public. De temps en temps, l'idée surgissait, au moment d'une crise politique. Un homme politique exaspéré par le traitement réservé au peuple canadien-français dans la confédération pouvait, le temps d'un discours, brandir la menace de l'indépendance, pour aussitôt expliquer qu'il ne s'y engagerait pas. Cela a été le cas d'Alexandre Taschereau, fédéraliste convaincu s'il en était un, mais qui a pris au sérieux l'idée d'indépendance en l'inscrivant dans l'éventail des options légitimes pour le peuple canadien-français, tout comme cela a été le cas de Duplessis, dans les années 1950, qui évoquait devant son cabinet apeuré la possible rupture du lien fédéral.

L'indépendance n'est jamais disparue comme idéal. Mais par quel chemin cet idéal est-il redevenu au XXᵉ siècle un projet politique ? C'est au lendemain de la Première Guerre mondiale que l'idée d'indépendance amorce une renaissance appelée à durer. Pourquoi ? D'où vient la renaissance du nationalisme à partir des années 1920 ? Comment expliquer qu'à partir de ces années, on voit germer les éléments de ce qui s'appellera, quarante ans plus tard, la Révolution tranquille, pour peu qu'on ne réduise pas celle-ci à une entreprise de modernisation économique et sociale de la société québécoise – pour peu, finalement, qu'on ne l'aseptise pas, c'est-à-dire qu'on ne la dénationalise pas.

Cette renaissance, elle vient d'un constat. Et il faut encore une fois remonter le cadran historique de quelques décennies pour le comprendre, et surtout, pour en saisir toute la portée politique, historique et philosophique. Après l'échec du gouvernement Mercier, qui brandissait à sa manière l'idéal d'un État français, à la fin des années 1880, le mouvement nationaliste canadien-français s'investira dans un idéal qui avait pourtant l'allure d'une étrange chimère. Cet idéal, principalement associé à la figure d'Henri Bourassa, ce sera la construction de la nation « canadienne ». D'une nation pancanadienne, en fait, qui reposerait sur un double abandon : les Anglais cesseraient

Maxime Raymond, André Laurendeau et Henri Bourassa durant une assemblée du Bloc populaire canadien en 1944.
Fondation Lionel-Groulx

de se définir d'abord et avant tout comme des Britanniques, et deviendraient des Canadiens, des *Canadians* ; et les Canadiens français, eux, ne s'identifieraient plus d'abord à leur « repli » québécois et prêteraient serment d'allégeance au Canada. D'ailleurs, un nouveau slogan s'imposera chez les nationalistes canadiens-français : l'indépendance du Canada, idée qui s'alimentait au vieil anti-impérialisme francophone. C'est à travers ce concept que ce nouveau pacte canadien pourrait être signé. Une nationalité nouvelle devait en sortir.

Le fait est que ce grand rêve n'aura jamais vraiment été autre chose qu'un fantasme. La réalité canadienne a repris ses droits. Et cette réalité, c'était celle d'un peuple qui en avait conquis un autre et qui n'entendait pas renoncer à ses droits de conquête. Le Canada était un pays britannique et il allait le demeurer. La chose était visible dans les nombreuses tentatives pour assimiler les minorités francophones à la grandeur du pays, le fait français étant confiné à la seule réserve québécoise, selon la formule de Fernand Dumont. C'est d'ailleurs à cette époque que le nationalisme canadien-français fixera son attention sur la querelle des droits scolaires partout contestés dans la fédération – à travers eux, et on le verra particulièrement en Ontario et au Manitoba, c'est notre existence nationale qui était évidemment remise en question.

Mais plus encore, cet échec du « rêve canadien des Québécois[4] », pour reprendre en en changeant un peu le sens la formule de Guy Laforest, on le voyait dans la politique étrangère canadienne, systématiquement alignée sur celle de l'Empire britannique. De la querelle de la loi navale à celle de la guerre des Boers en se rendant jusqu'à la Première Guerre mondiale, le Canada rappellera aux Canadiens français comme Henri Bourassa qu'il n'acceptait pas de se dissoudre dans un fantasme de réconciliation égalitaire. Le

> Et cette réalité, c'était celle d'un peuple qui en avait conquis un autre et qui n'entendait pas renoncer à ses droits de conquête. Le Canada était un pays britannique et il allait le demeurer.

Canada demeurerait le pays de sa majorité anglaise, et les Canadiens français devraient accepter cet état de fait, et plus encore, s'enthousiasmer de prêter serment à la Couronne qui aurait historiquement garanti leurs droits.

Lionel Groulx.
Fondation Lionel-Groulx

C'est au moment de la Première Guerre mondiale que s'exprimera avec le plus d'intensité l'aversion envers les Canadiens français. Partout au Canada anglais, on accusait les Canadiens français de déloyauté, et certains appelaient à les réprimer sévèrement. Au Québec, le message sera entendu. On ne voulait pas de nous ? Nous pouvions toujours partir. La motion Francoeur, annoncée à l'Assemblée législative en décembre 1917, marque l'enregistrement politique d'une rupture profonde entre le Canada et le peuple québécois. Le texte avait la vertu d'une certaine clarté : « Que cette Chambre est d'avis que la province de Québec serait disposée à accepter la rupture du pacte fédératif de 1867 si, dans les autres provinces, on croit qu'elle est un obstacle à l'union, au progrès et au développement du Canada[5]. » La motion ne sera pas votée, mais elle consacre le retour de l'idée d'indépendance dans la politique québécoise et révèle la profondeur de la renaissance nationaliste qui s'amorce.

Chez les nationalistes, c'est le temps de faire le bilan du Canada, qui apparaît assez naturellement comme un pays étranger. C'est autour de la figure de Lionel Groulx que se cristallisera ce renouveau intellectuel et populaire du nationalisme. On a dit beaucoup de mal de Groulx depuis quelques années, en en faisant une mauvaise caricature, au point de le diaboliser. On l'a portraituré grossièrement en antisémite, ce qui est à la fois mensonger et calomnieux. Et on a oublié l'essentiel : il est probablement, sur le plan intellectuel et national, le père fondateur de la Révolution tranquille, ou du moins, l'un de ses grands inspirateurs. On a oublié que le petit chanoine a relevé intellectuellement une nation avachie, en définissant un programme de redressement exigeant qui inspirera plusieurs générations de Canadiens français.

Autour de Groulx, naturellement, on se remet à rêver à l'indépendance du Québec, même si elle paraît pour le moins lointaine – ce qui n'empêche par les nationalistes de commencer à y réfléchir sérieusement en examinant ses conditions pratiques, comme on le voit dans la grande enquête « Notre avenir politique », menée par *L'Action française* de Montréal, qui demeure la contribution majeure du nationalisme groulxiste au développement de l'idée d'indépendance[6]. C'est aussi lors de la commémoration des 50 ans, et plus encore, des 60 ans de la Confédération, que les nationalistes briseront l'unanimisme en soutenant, selon les mots du chanoine Groulx, que la Confédération loin d'être une association politique bienveillante pour les Canadiens français, a radicalisé leur dépossession collective.

Les choses, en un sens, sont claires : c'est à partir des années 1920 que le Québec recommence à envisager la possibilité historique de l'indépendance. Dès lors, cette idée progressera dans les consciences. Il est étrange que la conscience historique québécoise n'ait pas retenu ce bouillonnement initial, primordial, de sa marche vers l'indépendance. Peut-être parce la vague a été lancée par des prêtres, comme quoi le nationalisme est peut-être aussi une foi, et comme quoi les sources profondes de l'identité québécoise ne viennent pas seulement des « références officiellement autorisées ». On le sait, les Québécois n'aiment pas leur passé, surtout lorsqu'il les renvoie à leur héritage catholique. À tout le moins, un fait est incontestable : l'indépendantisme n'est pas qu'un modernisme. L'indépendance vient du fond de notre peuple.

Après l'éveil indépendantiste des années 1920, on assiste à une traduction moins ambitieuse mais quand même consistante du nationalisme dans un programme politique qui sera notamment porté par l'Action libérale nationale et par l'Union nationale qui l'absorbera en 1935. La formule-phare venait encore une fois de Groulx, en 1936 : « Notre État français, nous l'aurons ! » Le Bloc populaire lui-même poussera encore plus loin cet élan national, au moment de la Deuxième Guerre mondiale, en cherchant à articuler un point de vue spécifiquement québécois sur les affaires du monde, à un moment où la perspective canadienne-française était à nouveau occultée par l'impérialisme britannique – même si l'isolationnisme canadien-français, dans les circonstances, était mal avisé. Avoir son propre point de vue sur les affaires du monde : encore une fois, on touchait à la question vitale de la souveraineté, même si on ne parlait pas, à ce moment, d'indépendance.

La formule-phare venait encore une fois de Groulx, en 1936 : « Notre État français, nous l'aurons ! »

Lionel Groulx dans sa bibliothèque.
Fondation Lionel-Groulx

Même pendant les années 1950, le nationalisme poursuivra sa poussée intellectuelle. Beaucoup de travail avait été accompli par les héritiers du groulxisme, qui fondèrent, à même les HEC, l'École de Montréal, en cherchant à développer un programme pour lutter contre l'infériorité économique des Canadiens français. C'est notamment là que se développera une forme de nationalisme d'État canadien-français, qui s'exprimera dans les travaux de la commission Tremblay. Une des figures les plus éminentes de ce courant, François-Albert Angers, sera le professeur et le formateur de Jacques Parizeau, une filiation que ce dernier ne reniera jamais, d'ailleurs.

Au cours des années 1950, le nationalisme a même enclenché sa modernisation et sa radicalisation : les historiens de l'École de Montréal ont en effet transformé la possibilité de l'indépendance en une nécessité historique. Maurice Séguin, Michel Brunet et Guy Frégault ont recentré la lecture de l'histoire sur le traumatisme fondateur de la Conquête et ont invité les Québécois à revisiter leur histoire à partir d'une réflexion sur les conséquences de la non-indépendance, l'agir-par-soi collectif étant pour un peuple, diront-ils, la condition existentielle de son épanouissement collectif, de la pleine maîtrise de sa destinée. Il fallait désormais relire notre histoire à partir de cette anomalie collective qu'est notre « dépendance nationale ».

Maîtres chez nous : l'indépendance et la Révolution tranquille

François-Albert Angers
en conférence au Saguenay.
Société historique du Saguenay

Pourquoi remonter si loin ? Pour que l'on comprenne bien une chose : l'idée de l'indépendance du Québec a des origines « prérévolutionnaires ». Elle n'est pas une invention de la Révolution tranquille. Plus encore, cette dernière elle-même trouve ses sources les plus vivantes chez des penseurs nationalistes dont plusieurs, aujourd'hui, seraient gênés de revendiquer l'héritage, tellement le souverainisme contemporain s'est aseptisé et a honte de ses origines. « Maîtres chez nous ! » scandaient dès 1962 les révolutionnaires tranquilles. Le slogan venait de loin et traînait dans le vocabulaire politique depuis plusieurs années. Ce n'était donc pas la première fois qu'on le prononçait, même si on lui donnait heureusement une portée encore plus grande. S'il trouve autant d'écho en 1962, c'est que la société québécoise y a été préparée depuis longtemps. Souligner tout cela, c'est rappeler aux Québécois que leur histoire ne commence pas en 1960.

Ce pas une surprise si le peuple québécois se remet à parler d'indépendance à ce moment. C'est qu'il en parlait déjà. Avec la Révolution tranquille, l'indépendance bourgeonne un peu partout. Elle s'était déjà incarnée dans l'Alliance laurentienne de Raymond Barbeau dès 1957, puis dans l'Action socialiste pour l'indépendance du Québec (ASIQ) de Raoul Roy en 1960, et bien évidemment, au Rassemblement pour l'indépendance nationale (RIN), qui diffusera l'idée nationale, avant de se fracturer en quelques groupes qui révéleront, dès le début des années 1960, la diversité idéologique potentielle du paysage politique indépendantiste. C'est ainsi qu'on verra apparaître successivement sur la droite du RIN le Parti républicain et le Ralliement national. On ajoutera que l'indépendance est aussi à l'origine de certains succès éditoriaux de ces années, *Pourquoi je suis séparatiste* de Marcel Chaput étant certainement le plus connu[7].

Mais surtout, au-delà même des groupes directement engagés dans la promotion de l'indépendance, cette idée est discutée de plus en plus officiellement dans l'espace politique, chacun devant se positionner explicitement par rapport à elle. Elle fait son chemin au Parti libéral, à l'Union nationale, chez les créditistes. On s'en inquiète même à Ottawa, le séparatisme renaissant ayant pour plusieurs l'allure d'une hérésie. C'est comme si une digue avait lâché, et qu'il n'y avait désormais rien de plus urgent que de parler de l'indépendance, qu'il s'agisse de la combattre, de l'envisager prudemment ou de s'y rallier. C'est un peu comme si le peuple québécois attendait depuis un bon moment l'occasion de parler de cette question fondamentale. Il y a parfois des idées dont le temps est venu.

Marcel Chaput à une réunion du Parti républicain du Québec, en 1963. Photo de Jean-Luc Dion.

Il faut dire qu'une réforme constitutionnelle paraît alors incontournable : c'est autour d'elle que se composera le souverainisme officiel. Pendant longtemps, les nationalistes canadiens-français s'étaient accrochés au régime constitutionnel de 1867, qu'ils défendaient vigoureusement contre le centralisme fédéral, qui se justifia à la suite de la Deuxième Guerre mondiale par la nécessité de construire la social-démocratie pancanadienne. Mais le nationalisme traditionnel, qui était une forme de constitutionnalisme canadien-français, était devenu inopérant et défendait pour le peuple canadien-français une autonomie provinciale désuète, au moment même où, à Ottawa, plusieurs voulaient la liquider, comme si la souveraineté provinciale était une relique prémoderne qui ne tenait plus devant les exigences de la gouvernance technocratique. Autrement dit, à la fin des années 1950, après d'authentiques services rendus au Québec, le duplessisme n'était plus l'expression efficace et historiquement adéquate du nationalisme et ne pouvait défendre sérieusement le peuple québécois dans un Canada en mutation.

Le monde changeait et il fallait redéfinir les termes de l'autonomie québécoise. Si le Québec devait être autonome, et peut-être même plus qu'autonome, il ne fallait pas seulement revenir à l'ordre constitutionnel de 1867, mais le réformer. Il fallait transformer l'ordre constitutionnel canadien et donner une expression politique pleine au concept des deux peuples fondateurs, ce qui impliquait, dans la mesure où le Québec passait pour l'expression politique de la nation canadienne-française, la reconnaissance d'un statut particulier pour le Québec. Certains, souvent proches des nationalistes traditionalistes, affirmaient même qu'un nouveau rapport politique devait se nouer entre le Canada et le Québec sous la figure d'États associés. Chose certaine, il fallait corriger le rapport de force hérité de la Conquête.

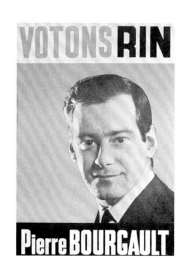

VOTONS RIN

Pierre BOURGAULT

Pierre Bourgault discute de séparatisme avec un passant anglophone. Photo d'Antoine Desilets. *BAnQ*

Mais plusieurs nationalistes font un constat : l'ordre canadien est fondamentalement irréformable. Le Canada ne changera pas, et changerait-il que cela ne briderait pas nécessairement le désir croissant d'une pleine autodétermination québécoise. Dès le milieu des années 1960, ils en ont la conviction : le Québec est engagé sur sa lancée. Les Québécois font l'expérience du pouvoir et constatent qu'ils ne sont pas plus fous que les autres. Ils peuvent se gouverner eux-mêmes et la construction d'un État national à Québec ne devrait pas s'arrêter à mi-chemin. Cette réalisation les amène à s'ouvrir à la vieille aspiration à l'indépendance.

Enfin, c'est l'avis de plusieurs Québécois ; d'autres, peu nombreux, mais très influents, feront le pari contraire et s'envoleront vers Ottawa, pour casser la dynamique nationale québécoise et faire la guerre au séparatisme. On connaît l'histoire des trois colombes : Pierre Elliott Trudeau, Gérard Pelletier, Jean Marchand. Elle nous rappelle que le régime fédéral, au fil du temps, a engendré chez une frange de nos élites un désir de désaffiliation du peuple québécois. C'est une perversion du régime canadien, en effet, de casser la cohésion nationale québécoise en laissant croire que l'ouverture sur le monde est le privilège exclusif du Canada, alors que le nationalisme québécois est nécessairement synonyme de fermeture et de repli identitaire.

La campagne électorale 1976 dans le comté de Sainte-Marie. Photo de Réjean Meloche.

C'est le Parti québécois qui sera finalement l'acteur majeur de cette renaissance nationaliste. Sa création en 1968 par un René Lévesque déjà héros de la Révolution tranquille marque le passage de l'indépendantisme protestataire au souverainisme qui part à la conquête du pouvoir qu'il doit exercer pour casser le lien fédéral. René Lévesque disait de l'indépendance qu'elle traînait comme aspiration collective dans la conscience nationale depuis très longtemps. Il fera le pari de s'en emparer. Il sera suivi par bien des Québécois, qui voient en lui le héros de leur émancipation. L'indépendantisme sort avec lui des marges et se délivre du révolutionnarisme riniste incarné par Pierre Bourgault, qui en amenait plusieurs à croire que la seule politique véritable se joue dans la rue et doit révéler la violence du régime qui pèse sur le Québec et les Québécois.

> Lévesque est convaincu d'une chose : l'indépendance du Québec est celle d'un peuple qui commence à s'embourgeoiser et qui ne veut pas confondre la lutte nationale et la guerre civile.

La création du PQ marque l'accélération de la marche vers l'indépendance et confirme sa conformité avec la légalité démocratique. Surtout, il coalise différentes sensibilités nationalistes et laisse dans ses marges l'indépendantisme de rupture, qui semblait n'aimer l'indépendance qu'à condition qu'elle soit révolutionnaire. On retrouve donc au PQ le centre gauche réformiste venu du MSA et la droite nationaliste et conservatrice du RN, des nationalistes d'un peu partout, finalement, qui croient à l'imminence de l'indépendance et qui sont capables de mettre de côté ce qui les divise au service d'un objectif plus grand. Les gens du RIN s'y joindront quelques jours plus tard, après avoir sabordé leur parti. Le Parti québécois se présente comme un grand rassemblement national qui transforme les codes de la polarisation politique au Québec.

Le discours de René Lévesque le soir de la défaite du OUI au référendum de 1980. En arrière-plan, Corinne Côté et Lise Payette. Photo de Jacques Nadeau.

Lévesque est convaincu d'une chose : l'indépendance du Québec est celle d'un peuple qui commence à s'embourgeoiser et qui ne veut pas confondre la lutte nationale et la guerre civile. Il cherchera même à en modérer l'expression à travers la thèse de la souveraineté-association, qui était censée en représenter la formulation raisonnable et pragmatique. L'indépendance doit donc s'accompagner d'un nouveau pacte avec le Canada. Le récit de l'ascension du PQ est bien connu : 23 % des suffrages et sept députés élus en 1970 ; progression électorale en 1973, avec 31 % du vote, bien que la députation du PQ perde un membre ; trois ans plus tard, c'est la victoire du 15 novembre 1976, « une affaire d'amour qui commence », selon la belle formule de *La nuit du 15 novembre*, de Félix Leclerc. Le PQ a fait 40 % : tôt ou tard, il y aura un référendum sur la souveraineté. Plus tôt que tard, on l'espère.

On sait que les choses ne se sont pas passées comme prévu. Chargé d'un grand mandat réformateur, qu'il accomplira en bonne partie, le gouvernement Lévesque se présentera épuisé et dévitalisé au référendum, quatre ans plus tard, sans même avoir préparé les troupes pour le gagner. Le référendum de 1980 sera désastreux, d'autant plus que Pierre

Elliott Trudeau s'était engagé à s'ouvrir aux revendications historiques du Québec si le NON l'emportait. Le référendum de 1980 correspondait davantage à une promesse morale faite par Lévesque aux électeurs qu'à une stratégie bien établie pour faire l'indépendance. Non seulement n'étaient-ils pas préparés, mais les souverainistes ne pensaient même pas gagner. Plus encore, la souveraineté-association révélait pleinement le piège qu'elle contenait : il suffisait de rendre la souveraineté conditionnelle à l'association pour donner d'un coup au Canada un droit de veto sur l'indépendance et ses modalités. D'ailleurs, quinze ans plus tard, Jacques Parizeau ne voudra pas répéter cette erreur, et dégagera l'indépendance du piège associationniste.

Les déboires de l'après référendum, on les connaît. La Révolution tranquille avait libéré une énergie nationale immense. Elle se retournera finalement contre le Québec en 1981-1982, quand le résultat des interminables discussions constitutionnelles aboutira à un coup de force en forme de refondation constitutionnelle qui fera régresser l'autonomie du Québec et, surtout, placera la souveraineté culturelle de l'Assemblée nationale sous la tutelle de la Cour suprême du Canada. D'une certaine manière, le vieux projet d'Henri Bourassa d'un Canada mononational, remanié par Trudeau, sera récupéré par les provinces anglaises pour casser le Québec et en finir avec ses demandes de reconnaissance. La défaite est complète et l'affaiblissement psychologique du Québec ressenti à un point tel que le souverainisme entrera dans une spirale régressive qui accélérera sa décomposition politique. Au milieu des années 1980, le souverainisme n'était plus rien et le Parti québécois de Pierre-Marc Johnson reportait l'indépendance à une échéance historique lointaine, insaisissable, comme si elle n'était plus envisageable à moyen terme.

Mais c'était sans compter le fait que ce sont les hommes qui font l'histoire, et que ceux qui refusent la fatalité parviennent quelquefois par en renverser le cours. C'était compter sans Jacques Parizeau.

> Le vieux projet d'Henri Bourassa d'un Canada mononational, remanié par Trudeau, sera récupéré par les provinces anglaises pour casser le Québec et en finir avec ses demandes de reconnaissance.

1987 : la marche reprend

L'histoire du deuxième référendum commence en novembre 1987. Après la mort de René Lévesque, qui est ressentie comme un traumatisme national, et la démission de Pierre-Marc Johnson, Jacques Parizeau annonce son intention de devenir chef du PQ ; il entre en poste en mars 1988. Celui qui avait adhéré au PQ dans les mois qui ont suivi sa fondation en était rapidement devenu la caution économique, en plus de représenter sa tendance idéologique la plus ferme lorsqu'il s'agissait de l'indépendance. Il est clair dans ses intentions : il veut l'indépendance et il en fera à nouveau la raison d'être de son parti. La souveraineté n'est plus un objectif lointain ou une police d'assurance, mais une exigence vitale sans laquelle le développement du Québec sera toujours entravé. La formule est connue : le PQ sera souverainiste avant, pendant et après les élections.

Lucien Bouchard.
Photo de Jean-François Leblanc.

Jacques Parizeau a son caractère, aussi. Ses militants l'aimeront – on dit aujourd'hui qu'il fut le seul chef du PQ authentiquement aimé par la base – mais les Québécois n'auront pas tous envers lui de semblables sentiments. Cela ne les empêche pas de le respecter et de reconnaître que son retour donne un nouvel élan et une nouvelle crédibilité à l'indépendance. Si son nationalisme n'est pas sans connexions avec la pulsion vitale des années 1920, il ne s'exprime pas de manière romantique. Par formation comme par tempérament, Parizeau pense la raison d'État en homme d'État. Il croit surtout que le leadership politique doit créer l'histoire et donner une direction aux événements, plutôt que se mettre à leur remorque.

Les événements viennent l'aider. Dès 1988, le régime de 1982 confirme ses effets destructeurs et invalide plusieurs dispositions fondamentales de la loi 101, ce qui provoque une poussée de nationalisme au Québec, amenant le premier ministre Robert Bourassa à utiliser la « clause nonobstant » de la Charte canadienne des droits et libertés pour préserver l'affichage commercial extérieur unilingue français. Cette mesure provoquera au Canada anglais une vague de réactions qui fera déraper en bonne partie l'accord du lac Meech, qui visait justement à réparer le désastre de 1982 qui avait exclu le Québec de l'ordre constitutionnel. Meech représentait pour plusieurs l'ultime chance de réparer le Canada. La chose était paradoxale dans la mesure où la clause de la société distincte dans l'accord visait justement à rendre possible de telles décisions politiques jugées nécessaires à la survie de la langue française. Il faut aussi tenir compte du contexte international : l'effondrement de l'URSS et la chute du communisme annonçaient un nouveau printemps des peuples et un vent de liberté soufflait sur la planète entière.

L'échec de Meech, en juin 1990, est l'événement politique qui vient tout bouleverser. Après l'échec du référendum de 1980 et la trahison du Québec en 1981-1982, certains fidèles du Canada historique, attachés à l'idéal des deux peuples fondateurs, cherchent à préserver ce qui peut l'être de ce principe. Ce sera la grande alliance des années 1980 entre une partie du vieux Canada anglais et les nationalistes québécois qui espèrent neutraliser la charge néfaste du régime de 1982 – même des souverainistes s'y joindront au nom du « beau risque ». L'objectif : donner une expression politique à la dualité canadienne à travers la clause de la société distincte, qui fait du Québec, selon l'ancienne formule, l'État national des Canadiens français, et accorde conséquemment au Québec des moyens particuliers pour défendre l'identité nationale dont il est le gardien.

Certains diront de Meech et de ses « cinq conditions » qu'il représentait le minimum vital pour le Québec, Robert Bourassa allant même jusqu'à dire qu'avec cette entente, le Canada redeviendrait un vrai pays pour les Québécois, ce qui voulait évidemment dire que sans Meech, il ne l'était pas. Il s'agissait même pour plusieurs du seuil élémentaire de la dignité, sans quoi la participation du Québec au Canada serait humiliante et dégradante. Brian Mulroney n'avait-il pas dit souhaiter la réintégration du Québec dans la fédération dans « l'honneur et l'enthousiasme » ? Bien concrètement, cela signifiait que l'honneur du Québec avait été bafoué en 1982. Meech représentait la réparation politique de la trahison de la parole donnée aux Québécois en 1980, lorsqu'on leur avait dit que leur refus de l'indépendance entraînerait la refondation dualiste du Canada.

L'échec de Meech fera apparaître le deuxième homme nécessaire à la bataille référendaire : Lucien Bouchard. Le 22 mai 1990, il démissionne du gouvernement conservateur de Brian Mulroney et devient député indépendant. À partir de 1990, Lucien Bouchard incarne la dignité blessée des Québécois, qui avaient cru au beau risque de René Lévesque et qui voient encore l'honneur du Québec piétiné. Il est indigné par la dilution de Meech pour plaire à un Canada anglais qui veut réduire la clause de la société distincte à une simple breloque symbolique. C'est un personnage immense, Lucien Bouchard. Il a le charisme austère, paternel et hypnotique des chefs de nation. Il a aussi le nationalisme romantique. Il n'a rien d'un technocrate et il prétend moins modifier les structures sociales – d'ailleurs, c'est un conservateur – que réveiller le cœur des hommes. Il en a les moyens, comme il en fera la preuve lors du référendum. Son arrivée chez les souverainistes marque le ralliement à la cause nationale de ceux qui avaient fait le pari du beau risque et espéré la reconstruction du Canada selon le principe des deux peuples fondateurs.

Les trois leaders du camp du OUI touchent chacun une certaine sensibilité nationaliste dont ils assureront l'expression au sein de la coalition du camp souverainiste. Il n'y aura pas qu'une seule manière d'être souverainiste en 1995.

Un troisième homme émerge aussi de ces circonstances exceptionnelles. C'est Mario Dumont. Tous s'entendent pour dire qu'il est un jeune prodige de la politique. Il vient du Parti libéral, mais il n'a rien du Canadien de conviction. C'est un nationaliste québécois, du genre dépassionné mais résolu, qui considère que l'avortement de Meech devrait marquer la fin du Canada. Il engagera la Commission jeunesse du PLQ sur le chemin de la souveraineté et amènera même son parti à s'interroger sur une possible conversion à l'indépendance. Il jouera aussi un rôle fondamental lors du référendum en incarnant la figure du fédéraliste déçu, qui voit dans la souveraineté la position de repli raisonnable une fois constaté que le Canada sera toujours fermé aux aspirations québécoises.

Les trois leaders du camp du OUI touchent chacun une certaine sensibilité nationaliste dont ils assureront l'expression au sein de la coalition du camp souverainiste. Il n'y aura pas qu'une seule manière d'être souverainiste en 1995. On verra plutôt des gens venus à la souveraineté par des chemins bien différents, quelquefois contradictoires, faire front commun pour que le Québec devienne souverain.

Les années de l'après Meech sont d'une intensité politique assez exceptionnelle. Tous les scénarios sont envisagés, comme on le voit à la commission Bélanger-Campeau, créée pour analyser les options ouvertes pour l'avenir politique du Québec. Mais la spéculation politique va très loin dans les médias : on se demande si le PLQ fera l'indépendance du Québec. Robert Bourassa sera-t-il le père fondateur du nouveau pays ? Y aura-t-il encore des négociations entre le Canada et le Québec, et si oui, se feront-elles à deux, ou à onze ? Ce qui est certain, c'est que l'appui à la souveraineté touche les 60 % dans quelques sondages, et qu'il suffirait d'un engagement clair du gouvernement libéral à la réaliser pour obtenir un consensus national autour de l'indépendance d'une ampleur jamais vue dans l'histoire. C'est ce qu'on appelle une fenêtre historique, ou encore, des circonstances exceptionnellement favorables.

On sait aujourd'hui ce que Robert Bourassa avait en tête : endosser partiellement l'indignation des Québécois pour mieux la faire retomber. Il s'agissait d'un grand pari : il fallait être assez nationaliste pour être crédible auprès des Québécois et assez fédéraliste pour les détourner peu à peu de l'idéal de l'indépendance, qui s'imposait alors dans l'opinion comme une évidence, au point même où plusieurs ministres libéraux n'hésitaient pas à confesser publiquement leur sympathie pour la souveraineté, qu'ils voyaient désormais comme un sursaut indispensable de dignité collective. Certains diront après coup que Robert Bourassa a triché pour sauver le Canada, et qu'il a naufragé le Québec.

Dès son installation en poste, Lucien Bouchard profitera de ses fonctions pour pratiquer une pédagogie de l'indépendance à l'international, aux États-Unis comme en France. Le souverainisme semblait redémarrer en lion.

Une nouvelle séquence d'événements s'engage avec les discussions constitutionnelles qui doivent aboutir à l'accord de Charlottetown en 1992. On parlait à l'époque de l'accord de la dernière chance pour le Canada. On se souvient du résultat : le Canada anglais rejettera Charlottetown parce que le Québec s'y voyait reconnu trop de pouvoirs, et le Québec votera contre parce que l'accord ne lui en donnait pas assez. Le désaccord canadien était complet. De plus en plus, il devenait évident que la fédération était traversée par deux visions fondamentalement irréconciliables et que le peuple québécois ne parviendrait jamais à obtenir le statut qu'il considérait être indispensable à son développement.

L'élection fédérale de 1993 révélera la profonde fracture du Canada après la crise constitutionnelle. Le PLC revient au pouvoir en maintenant la ligne dure contre le nationalisme québécois. À sa tête, on trouve Jean Chrétien, un adversaire historique du nationalisme québécois. Le Parti conservateur, à l'origine du Canada de 1867, se casse en trois. Si une fraction de la population lui demeure fidèle, sa base *westerner* s'engage dans une droite régionaliste et populiste protestant contre l'hégémonie du Canada central et contre le nouveau régime de 1982. Le résultat de l'élection est absolument clair : les trudeauistes sont au pouvoir et le Québec est dans l'opposition : le Bloc québécois de Lucien Bouchard obtient 54 députés. Pour les indépendantistes, la situation est idéale : dans le cas d'un OUI référendaire, l'opposition officielle à Ottawa sera favorable à l'indépendance. Le Canada ne pourra pas prétendre que la députation québécoise à la

Chambre des communes contredit l'Assemblée nationale, comme en 1982. Dès son installation en poste, Lucien Bouchard profitera de ses fonctions pour pratiquer une pédagogie de l'indépendance à l'international, aux États-Unis comme en France. Le souverainisme semblait redémarrer en lion.

Pour avancer, les souverainistes devaient évidemment reprendre les commandes du gouvernement du Québec. Le 12 septembre 1994, ce fut chose faite. Mais la victoire était inquiétante et l'euphorie n'était pas au rendez-vous. D'abord, parce que la campagne était loin d'avoir été centrée exclusivement sur l'indépendance, comme Jacques Parizeau l'aurait pourtant souhaité. Pour se faire élire, il parla plutôt de « l'autre façon de gouverner », même s'il s'engagea à tenir un référendum dans les 8 à 10 mois qui suivraient la prise du pouvoir. Sa vision était simple : laissés à eux-mêmes, les Québécois ne voudraient pas trancher et se réfugieraient encore dans les demi-mesures et l'à-quoi-bonisme. Il fallait les forcer à choisir, il fallait, autrement dit, que le volontarisme politique prenne la responsabilité de forcer l'histoire, de donner une impulsion définitive au cours des événements.

Parizeau prépare son référendum. L'État est mobilisé.

Jean et Aline Chrétien le soir du référendum de 1995. Photo de Jacques Nadeau.

Les postes stratégiques à combler l'ont été avec des hommes de confiance, aux convictions souverainistes trempées. On ne fait pas l'indépendance sans indépendantistes. Surtout, Parizeau n'est pas de ceux qui croient qu'il est immoral pour les souverainistes d'utiliser les ressources du pouvoir pour faire la promotion de leur option. Il ne s'agit pas de tenir un référendum pour ensuite préparer la souveraineté à la va-vite si le OUI passe, mais bien de préparer l'indépendance dans toutes ses dimensions pour gagner le référendum et lui donner une portée décisionnelle. Il faut préparer l'opération politique la plus ambitieuse de l'histoire du Québec.

Le nouveau premier ministre est convaincu d'une chose : quand on prend le pouvoir, il faut frapper rapidement. On ne doit pas s'habituer à la gestion des affaires courantes, se lover dans le confort du pouvoir. Parizeau gouverne pour faire l'indépendance. La souveraineté n'est pas un dossier parmi d'autres, mais bien le cœur de l'action gouvernementale. Évidemment, il y a le contexte hérité de Meech. Il n'en demeure pas moins que la volonté exceptionnelle du premier ministre, qui a quelque chose de churchillienne, peut forcer le cours des choses. L'histoire n'est pas qu'une affaire de processus lourds. Il y a des moments où un homme peut décider de renverser le cours des événements, et laisser son empreinte sur le destin. L'histoire n'est pas que l'affaire des masses, mais bien

aussi, des grandes individualités. D'ailleurs, les peuples le savent et reconnaissent spontanément les grands hommes, dont autorité naturelle ne pourra jamais être fabriquée par les « spécialistes en marketing » qui ont confisqué la politique contemporaine.

Parizeau veut foncer, mais ses barons comme ses lieutenants tirent sur le frein. Lucien Bouchard aussi ; les sondages défavorables au OUI l'inquiètent terriblement. Au lendemain de sa terrible maladie, il est de retour avec une conviction : un deuxième échec référendaire serait catastrophique et il faut à tout prix l'éviter. Cela donnera lieu, dans les mois qui précèdent le référendum, à de sérieuses tensions. Lucien Bouchard en appellera souvent à un virage pour intégrer une dimension partenariale, à laquelle tiennent bien des Québécois qui y voient la preuve du pragmatisme des souverainistes et de l'ouverture de leur démarche. D'autres y voient un piège : à toujours accrocher l'indépendance à un lien canadien, les souverainistes ne laissent-ils pas entendre aux Québécois que la souveraineté en elle-même est périlleuse, et doit s'accompagner de la bénédiction et du soutien d'Ottawa ?

Chemin faisant, les souverainistes parviendront tout de même à s'unir et les visions de Bouchard, Parizeau et Dumont s'harmoniseront. Pour raconter la suite, je me transporte quelques mois plus tard, au matin du 30 octobre.

CI-DESSUS ET CI-CONTRE
Photos de Jean-François Leblanc.

Le 30 octobre

Étrange journée que ce lundi d'automne où l'ambivalence québécoise était appelée à se dénouer. S'en souvient-on encore ? Ce jour-là, le peuple québécois s'est mobilisé comme jamais il ne l'avait fait. Si 94 % des électeurs se sont finalement déplacés pour voter, c'est évidemment parce que des forces immenses s'affrontaient, qui touchaient aux profondeurs de la cité, à l'existence même du Canada, et aussi, quoi qu'on en pense, à celle du peuple québécois, qui avait peut-être trouvé, avec la crise constitutionnelle des années 1990, les énergies exceptionnelles nécessaires à un acte fondamental de création politique.

Mais quelles sont les forces en présence ? D'un côté, on trouve la raison d'État. Le Canada ne veut pas se laisser démembrer et il l'a démontré au fil de la campagne, notamment lorsque l'establishment canadien a financé une grande marche procanadienne dans les rues de Montréal. Chez les Canadiens, on commence à paniquer : laissera-t-on les séparatistes détruire le pays ? Lors de la manifestation de la place du Canada, l'ambiance est moins joyeuse que ne le rapportent les grands médias. Il s'agit d'une marche d'occupation, qui rappelle que les Canadiens sont partout chez eux. C'est certes une armée pacifique qui déferle dans les rues de Montréal le 27 octobre, mais c'est une armée tout de même.

Parizeau gouverne pour faire l'indépendance. La souveraineté n'est pas un dossier parmi d'autres, mais bien le cœur de l'action gouvernementale.

De l'autre côté, on voit une mobilisation populaire qui va toucher des strates de la population normalement étrangères à la politique, comme si le sentiment national, en dernière instance, correspondait aux affects politiques les plus profonds dans la société québécoise. Le camp du OUI est partout présent. Il rejoint une partie du Québec inc., il repose sur les classes moyennes, mais il atteint cette fois les franges les plus dépolitisées de la population, qui sentent bien que cette consultation populaire n'est pas une consultation comme les autres. Toutes les couches de notre société veulent participer à ce vote décisif pour l'histoire.

Quelle humeur domine ? Chez les souverainistes, les sondages sont bons. Jacques Parizeau se lève en pensant qu'il va gagner, et Lucien Bouchard aussi. Les deux ont vu les sondages de la veille, qui accordent possiblement 53 % au camp du OUI. Cinquante-trois pour cent le jour du vote. C'est immense. C'est un peu comme si la vague de l'après Meech, sans conserver la même vigueur, n'était pas vraiment retombée et avait libéré un désir raisonnable de faire du Québec un pays. Les Québécois ne feraient pas l'indépendance dans la frénésie, mais dans un beau calme démocratique. Ce ne serait pas l'indépendance des révoltés ou des damnés de la terre, mais celle des adultes et des gens de bonne compagnie.

Le « Love-in » fédéraliste du 27 octobre à Montréal. Photo de Jacques Nadeau.

L'union des souverainistes a fonctionné. Il y a quelques mois, on se demandait si le PQ ferait seul son référendum. Jacques Parizeau semblait bien isolé et on n'hésitait pas à le présenter comme un entêté prêt à jouer le destin du Québec sur une aventure référendaire périlleuse, au point où son vice-premier ministre Bernard Landry s'était publiquement inquiété de la déroute appréhendée du camp souverainiste, auquel il disait ne pas vouloir s'associer. L'entente du 12 juin entre le PQ, le Bloc et l'ADQ a permis de rassembler sous un même parapluie politique les différentes sensibilités du nationalisme québécois qui, sans effacer leurs divergences idéologiques, se sont trouvé un projet commun.

Et la campagne référendaire a été remarquablement efficace. Ses derniers jours ont rallumé tous les espoirs. Ce qu'on a appelé l'effet Bouchard, à la suite de la nomination, le 7 octobre, de Lucien Bouchard au poste de négociateur en chef du camp du OUI, a créé un déblocage autour de l'idée d'indépendance, qui ne semble plus limitée au seul ghetto péquiste. Il est étrange et beau, ce mouvement d'enthousiasme qui a culminé à Verdun, le 25 octobre, lorsque le camp du OUI s'est rassemblé le soir où Jean Chrétien avait décidé d'occuper les ondes publiques et s'était fait donner la réplique par Lucien Bouchard. Chrétien était bien décidé à dramatiser les enjeux : si le Québec votait OUI au référendum, l'indépendance était inéluctable. Bouchard, quant à lui, rappelait la trahison de 1982, en accusant Chrétien d'avoir trahi le Québec en déchirant la « constitution de nos ancêtres ». La présence de Lucien Bouchard donnait un tout autre sens à ce grand meeting souverainiste : il ne représentait pas le PQ habituel, mais un nationalisme romantique et conservateur révélant la part existentielle et non technocratique de la politique.

Photo : Jean-François Leblanc

Oui, le 30 octobre 1995, on s'attend à gagner. Mais la victoire n'est pas tout. Elle ne marque pas le terme de l'aventure souverainiste. Elle dégage un nouveau rapport de force où le Québec devra faire preuve d'une capacité politique exceptionnelle. Si la tendance se maintient, comme on dit, une tâche immense commencera le lendemain du vote : la négociation avec le Canada, la transition vers l'indépendance, le travail pour la reconnaissance internationale du vote québécois. Il faudra refondre les administrations, refondre les budgets, assurer la continuité de l'État et des services sociaux qu'il dispense. Si la tendance se maintient, le Québec s'engagera dans la période la plus effervescente et la plus périlleuse de son histoire. Il s'agit de faire sécession, de briser les liens avec un pays pour en fonder un nouveau. Il faut pour cela une classe politique préparée. C'est d'ailleurs ce qu'avait dit en d'autres temps Lionel Groux, qui confiait dans ses Mémoires que l'indépendance ne serait pas faite par un mouvement de jeunes, qu'il fallait pour la piloter des hommes matures, qui comprennent que l'idéal ne peut pas modeler notre monde s'il ne s'accompagne d'un véritable art du pouvoir.

Photo : Jacques Nadeau

Oui, les souverainistes
sont prêts. Et le monde
aussi. On s'attend
presque à voir naître
un nouveau pays.

Il faudra faire tout cela, et le Québec est prêt. Jacques Parizeau a préparé la souveraineté, et il a même trouvé les moyens financiers d'assurer la transition en cas de turbulences causées par une réaction exagérément négative au Canada anglais. C'était le Plan O. Les grandes institutions financières du Québec ne sont probablement pas peuplées de souverainistes convaincus, mais un commun réflexe patriotique les traverse : si le Québec doit faire son indépendance, aussi bien la réussir. Jacques Parizeau craignait une réaction de mauvaise foi du Canada anglais et voulait que le Québec soit prêt à traverser la tempête sans à-coups exagérés pour les Québécois. Jacques Parizeau parlait le langage de la raison d'État.

Oui, les souverainistes sont prêts. Et le monde aussi. On s'attend presque à voir naître un nouveau pays. À Paris, notamment. Alain Juppé comme Philippe Séguin, les deux frères ennemis du chiraquisme, ont demandé à ce qu'on les réveille en pleine nuit si le OUI passe. C'est dire qu'une des grandes puissances diplomatiques du monde est prête à accompagner le Québec dans son accession à la souveraineté, ce qui n'est pas un détail quand on sait que l'indépendance d'un pays relève aussi de sa capacité à se faire admettre dans la communauté internationale. Parizeau avait bien travaillé ses appuis parisiens. Plus encore : il y avait levé toute une armée de diplomates prête à travailler à la reconnaissance prochaine de l'indépendance. A-t-on compris au Québec à quel point l'indépendance nous propulserait dans le monde et donnerait à notre peuple une poussée historique qui pourrait le transformer pour le meilleur ?

Le sens des événements est de plus en plus évident. Oui, l'histoire semble s'écrire. Se pourrait-il qu'enfin, après une si longue patience, après la résistance, après la survivance, après la renaissance, le Québec devienne enfin lui-même, en rejoignant le club des nations souveraines. La déclaration de souveraineté, lue le 6 septembre par Gilles Vigneault et Marie Laberge, retrace l'histoire du Québec pour la faire aboutir à l'indépendance comme à une conséquence logique :

> Nous sommes entrés dans la fédération sur la foi d'une promesse d'égalité dans une entreprise commune et de respect de notre autorité en plusieurs matières pour nous vitales.
>
> Mais la suite a démenti les espoirs du début. L'État canadien a transgressé le pacte fédératif en envahissant de mille manières le domaine de notre autonomie et en nous signifiant que notre croyance séculaire dans l'égalité des partenaires était une illusion.
>
> Nous avons été trompés en 1982, quand les gouvernements du Canada et des provinces anglophones ont modifié la Constitution en profondeur et à notre détriment, passant outre à l'opposition catégorique de notre Assemblée nationale.
>
> Deux fois depuis, on a tenté de réparer ce tort. En 1990, l'échec de l'accord du lac Meech a révélé le refus de reconnaître jusqu'à notre caractère distinct. En 1992, le rejet de l'accord de Charlottetown, et par les Canadiens et par les Québécois, a consacré l'impossibilité de tout raccommodement.
>
> *Parce que* nous avons perduré en dépit des tractations et des marchandages dont nous avons été l'objet.
>
> *Parce que* le Canada, loin de s'enorgueillir de l'alliance entre ses deux peuples et de la clamer au monde, n'a eu de cesse de la banaliser et de consacrer le principe d'une égalité factice entre provinces.
>
> *Parce que* depuis la Révolution tranquille, nous avons pris le parti de ne plus nous cantonner dans la survivance mais, désormais, de construire sur notre différence.
>
> *Parce que* nous avons l'intime conviction que persister à l'intérieur du Canada signifierait s'étioler et dénaturer notre identité même.
>
> *Parce que* le respect que nous nous devons à nous-mêmes doit guider nos actes.
>
> *Nous, peuple du Québec, affirmons la volonté de détenir la plénitude des pouvoirs d'un État : prélever tous nos impôts, voter toutes nos lois, signer tous nos traités et exercer la compétence des compétences en concevant et maîtrisant, seuls, notre loi fondamentale.*

Photo : Jean-François Leblanc

Nous sommes certainement à un moment particulier de l'histoire du Québec. C'est que plusieurs dynamiques lourdes se croisent. D'abord, l'idée du pays est arrivée à maturité. L'indépendance n'est plus une idée radicale, qui fait peur aux gens raisonnables. Le souverainisme s'est normalisé, il est porté par une génération qui a bâti le Québec, il est populaire chez les boomers comme chez la jeune génération qui se révèle spontanément

souverainiste, comme si cette cause était encore une fois capable de canaliser l'enthousiasme de la jeunesse et son désir de transformer le monde. Dans le monde, la chute du communisme a libéré des peuples et ce nouveau printemps donne une portée plus large au mouvement indépendantiste. Les fédérations multinationales sont faites pour se défaire, tant elles mutilent la souveraineté des nations et confisquent le pouvoir au nom d'une classe politique « supranationale » qui se constitue en misant sur la désaffiliation identitaire des élites de chaque peuple.

Ensuite, on sait que le Canada ne se réformera pas. L'ordre de 1982 est définitivement installé et ne pourra en dernière instance que se radicaliser en concassant l'identité québécoise pour la perdre dans la diversité multiculturelle. L'alignement des astres était parfait. Il est désormais acquis que le Canada est à prendre ou à laisser et que les grands rêves de réforme constitutionnelle n'adviendront pas. Il est désormais acquis que le peuple québécois sera considéré dans le Canada comme une minorité ethnique négligeable et que la dualité historique fondatrice ne sera pas prise en charge par les institutions fédérales, sinon dans un bilinguisme officiel résiduel qui, sous prétexte de reconnaître les droits individuels des francophones à la grandeur du Canada, travaille à la déconstruction de la seule souveraineté contrôlée par une majorité francophone.

Comment les Québécois pourraient-ils voter NON ? C'est une question fondamentale. On sent même que la question du Québec a une grande portée pour la philosophie de notre époque. Francis Fukuyama est un important philosophe américain. Il avait décrété la fin des grandes passions politiques et l'avènement de la démocratie gestionnaire de marché. Évidemment, il y aurait encore ici et là des crises, l'humanité demeurant ce qu'elle est, chicanière et contradictoire. Mais l'Occident était désormais apaisé et sourd aux grands projets politiques. Fukuyama n'envisageait qu'une seule contradiction possible sérieuse à sa théorie : si l'indépendance l'emportait au Québec. Oui, si l'indépendance gagnait, il faudrait alors reconnaître que les peuples sont encore sensibles aux grandes passions, celles qui élèvent les âmes comme celles qui peuvent les faire dégénérer.

Quoi qu'il en soit, on sent tout cela. Une espèce de « maintenant ou jamais » domine le débat public. Les souverainistes le savent et veulent frapper le grand coup. Mais les fédéralistes aussi. Une figure éminente de l'opposition libérale à Québec se fera prophétique en disant que les souverainistes avaient là leur dernière chance de réaliser l'indépendance, la mutation démographique du Québec la rendant pratiquement impossible après. Autrement dit, le poids démographique et politique des francophones serait trop faible après coup pour faire la souveraineté. Les souverainistes devaient gagner ou renoncer. Il fallait donc les stopper une fois pour toutes, en finir avec le mouvement nationaliste et passer à autre chose. Pour le camp du NON, le référendum représente l'occasion d'en finir avec le nationalisme québécois.

D'ailleurs, la question de l'immigration ne sera pas absente de la campagne référendaire. Les souverainistes eux-mêmes sont inquiets. On sait à l'avance qu'il faudra une très forte majorité de francophones pour renverser ce que Lise Bissonnette appellera le « vote de blocage » de la minorité anglophone et des allophones, qui s'opposent systématiquement à l'indépendance et veulent empêcher à tout prix la victoire du camp du OUI. On sait aussi, du moins, on commence à le savoir, que l'État fédéral fait tourner à plein régime la machine de l'immigration et de la naturalisation pour créer des nouveaux Canadiens prêts à voter NON. Certains se demandent d'ailleurs déjà quelles seraient les conséquences d'un OUI majoritaire francophone bloqué par un NON unanime anglophone. Doit-on craindre des tensions ethniques ? Ce qui est révélé, ici, évidemment, c'est le rôle historiquement singulier de la majorité historique francophone au Québec, sans laquelle l'histoire du Québec est proprement

Chez les souverainistes, les stratèges ont établi un seuil : il faut un peu plus de 60 % des Québécois francophones, et peut-être 5 à 10 % des immigrants, pour obtenir un OUI confortable.

Quinze jours avant le référendum, Jacques Parizeau visite le village hassidique de Boisbriand, dont la communauté s'est prononcée pour le OUI.
Photo de Jacques Nadeau.

incompréhensible. Chez les souverainistes, les stratèges ont établi un seuil : il faut un peu plus de 60 % des Québécois francophones, et peut-être 5 à 10 % des immigrants, pour obtenir un OUI confortable. C'est énorme. Mais c'est jouable.

Alors oui, elle est complexe, la donne référendaire. Et tout dépend des résultats d'une seule journée. D'une journée qui fera ou défera l'histoire du Québec. Évidemment, les militants des deux bords travaillent à « faire sortir le vote ». Je l'ai dit : 94 % du corps électoral ira aux urnes. Reste à savoir comment il votera. Mais les chiffres commencent à arriver. Ceux des Îles-de-la-Madeleine sont bons. À la télévision, on voit le camp du OUI exprimer un premier moment d'enthousiasme. Et la vague semble bien partie. Partout, les francophones votent comme on espérait qu'ils votent. Sauf à Québec. Alors là, on commence à s'inquiéter. On espérait que la ville voterait comme l'ensemble du Québec. Pourquoi donc ne le ferait-elle pas ? Elle a tout avantage à l'indépendance. Mais voilà, une étrange lutte des classes caractérise la capitale, où un étrange populisme antinationaliste permet à une partie de la population d'exprimer son rejet des élites.

Finalement, la vague du OUI s'effondre à Montréal. Les votes anglophone et allophone s'enregistrent dans une fascinante unanimité, dans une terrible homogénéité. C'est un vote en bloc, un vote veto. C'est un vote qui dit NON absolument à l'indépendance. Et si le résultat oscille pendant un bon moment entre le OUI et le NON, les souverainistes commencent à comprendre que l'exercice est raté, que le référendum va échouer, que le camp du NON va l'emporter, que le Québec demeurera dans la fédération. C'est une défaite immense, qui vient anéantir d'un coup les immenses efforts de mobilisation et de préparation de l'État et du peuple québécois pour l'indépendance. Le score, on le connaît : 49,4 % pour le OUI, 50,6 % pour le NON. À peu près 50 000 votes séparent les deux camps.

Les chefs doivent défiler à la tribune. Mais que dire ? Comment encaisser une telle défaite sans amertume, mais sans angélisme non plus ? En politique, l'art d'éviter la transformation de la défaite en déroute est fondamental. Et les chefs souverainistes sont invités à le pratiquer au plus haut niveau le soir du 30 octobre. Évidemment, les discours de défaite sont à peu près préparés, mais comment les livrer ? Pour Mario Dumont, la défaite du OUI se présente comme une victoire morale. Il croit que le vote en faveur du OUI est suffisant pour contraindre le Canada à une plus grande ouverture sur le Québec. Lucien Bouchard essaie lui aussi de se montrer optimiste. Jamais l'option souverainiste n'a reçu un appui aussi considérable. Il tente de préserver l'avenir même si, pour lui, le Québec n'est pas à la veille de prendre sa revanche.

Mais c'est du discours de Jacques Parizeau dont on se souviendra. Pour le chef du PQ, la soirée est terrible. Pierre Duchesne a raconté, dans la biographie qu'il lui a consacré, qu'il a eu d'un coup le sentiment d'une terrible défaite personnelle, presque d'une humiliation. Parizeau aime la victoire et n'aime pas les échecs. Il n'aime pas non plus l'exaspérante victoire morale à laquelle tant de souverainistes se sont habitués depuis les années Lévesque. Soit on gagne, soit on perd. Et les souverainistes ont perdu. Mais il s'agit d'une défaite cruelle, dont les causes sautent aux yeux, mais sont irrecevables du point de vue de la rectitude politique.

Mais Jacques Parizeau n'a cure de la rectitude politique. Ce soir, il veut dire sa vérité. Il monte sur la tribune. Et il dit les choses comme il les voit : le OUI a été battu par « l'argent et des votes ethniques ». Il assène encore, tout aussi brutalement : « Les trois cinquièmes de ce que nous sommes ont voté OUI. » Mais il y a les choses dites et la manière de les dire. Et ce discours, qui représentait l'accueil officiel des résultats référendaires par les souverainistes, aura un effet catastrophique au Québec dans les années qui suivront en provoquant une crise de conscience chez les souverainistes, qui ont cru devoir transformer en profondeur leur définition du nationalisme et de la nation pour s'excuser des propos de Jacques Parizeau. C'est ce moment-là que commence une triste déroute.

> Jean Chrétien veut reprendre les choses en main, et il sait que les Québécois sont toujours les meilleurs pour étouffer leur nationalisme, pour le plus grand plaisir du Canada anglais.

Le Québec post-référendaire

Que faire après une telle défaite ? Lécher ses plaies ? C'est qu'elle est paradoxale, cette défaite. Dans les mois qui suivront, et même dans les deux années qui suivront, l'appui à la souveraineté augmentera et dépassera même les 50 %. Cela en pousse plusieurs à croire qu'un troisième référendum s'en vient, surtout que le leader charismatique du camp souverainiste, Lucien Bouchard, est devenu chef du PQ et premier ministre au

Photo : Jacques Nadeau

début de 1996. Il y a des conseillers politiques à Québec qui poussent pour un référendum rapide. Et à Ottawa, on s'inquiète. Terriblement. On y croit, au match revanche référendaire, et on est persuadé qu'il faut désormais en finir. Appelons les choses par leur nom : au lendemain du référendum, Ottawa décide de déclarer une guerre psychologique et constitutionnelle au Québec.

L'objectif : casser le nationalisme québécois et brouiller les repères fondamentaux de l'identité nationale. Jean Chrétien veut reprendre les choses en main, et il sait que les Québécois sont toujours les meilleurs pour étouffer leur nationalisme, pour le plus grand plaisir du Canada anglais. On laisse alors entendre que la question nationale est une « guerre civile froide » entre Québécois, dont les Canadiens anglais ne sont que les spectateurs. C'est ainsi que le peuple québécois en vient à voir dans la quête de l'indépendance moins la remise en question d'un rapport de pouvoir qui le défavorise qu'une querelle interne entre Québécois, sans conséquences politiques fondamentales.

Mais revenons à la contre-attaque fédérale. Jean Chrétien ira chercher des alliés chez les idéologues les plus radicaux du fédéralisme au Québec. Le plus connu, c'est évidemment Stéphane Dion, qui avait joué un rôle d'intellectuel public fédéraliste dans la campagne référendaire. Il entre en scène avec une idée claire, très claire, du traitement de choc qu'il faut administrer aux nationalistes. D'abord, il faut attaquer la légitimité même de l'indépendantisme, en lui faisant un procès en « nationalisme ethnique ». On le prétend sensible à la tentation autoritaire, on l'accuse de se placer en contradiction avec la démocratie, d'exclure de sa définition de la nation de grands pans de la population québécoise, et de rompre ainsi avec les exigences élémentaires de l'État de droit.

Cette offensive idéologique se double de menaces politiques parfaitement compréhensibles pour le commun des mortels. Le gouvernement fédéral choisit d'exciter les aspirations partitionnistes en affirmant que l'indépendance du Québec entraînerait la dislocation du territoire, Ottawa garantissant le droit des citoyens qui le désirent de demeurer Canadiens. La formule était d'un simplisme atterrant, mais d'une imparable efficacité : si le Canada est divisible, le Québec l'est aussi. Ottawa attisait ainsi délibérément les tensions ethniques au Québec, et cherchait à alimenter la colère de la minorité anglaise, dont certains éléments semblaient se dire, à la manière des orangistes d'hier : « *Never under French Rule !* » Surtout, Ottawa laissait planer le spectre de la guerre civile, comme si l'indépendance du Québec pouvait virer à la nord-irlandaise. On avait là l'expression la plus froide et la plus redoutable de la raison d'État.

Il fallait aussi reconduire la stratégie de la « petite loterie », selon la formule de Stéphane Kelly, qui consiste à acheter la loyauté d'une partie des élites québécoises. À l'origine de cette stratégie, il y a un fait indéniable : pour des raisons évidentes, le fédéralisme a connu historiquement un déficit de légitimité chez les francophones, qui reportent naturellement leur allégeance vers le Québec. Leur sentiment national est québécois plutôt que canadien, ce qu'Ottawa ne saurait tolérer. Pour s'attacher la fidélité d'une fraction significative de l'élite francophone, il a fallu la monnayer. Le fédéralisme

est devenu une bonne affaire pour une partie de notre élite dont la prospérité repose partiellement sur sa capacité à nous faire accepter notre subordination. Après 1995, l'État fédéral renouvelle donc cette stratégie qui versera bien souvent dans la corruption pure et simple, comme on le verra avec le scandale des commandites.

Mais il fallait aller encore plus loin, et nier la légalité de la démarche indépendantiste. En résultera la loi C-20, qui met sous tutelle l'Assemblée nationale en donnant au parlement canadien un droit de veto sur les termes, le contenu et la démarche d'un nouveau référendum sur la souveraineté. Autrement dit, une déclaration unilatérale d'indépendance qui suivrait un référendum gagnant exprimant la volonté politique du peuple québécois serait illégale. Le droit à l'autodétermination du peuple québécois n'était plus effectif au sein de l'ordre constitutionnel canadien, ce qui, en quelque sorte, étendait la portée du coup de force de 1982 qui avait déjà sérieusement amoindri les pouvoirs de l'Assemblée nationale.

Certains diront que la chose était inévitable. Celui qui perd ne retourne pas au statu quo ; il régresse. Surtout, la défaite a fragilisé psychologiquement un peuple qui, encore une fois, a vu ses énergies gaspillées dans le marécage de l'impuissance. Le gouvernement du Québec aurait pu résister à de telles agressions, et d'une certaine manière, il a essayé de le faire avec le projet de loi 99, qui se présentait comme une charte des droits constitutionnels et nationaux du Québec. Mais la riposte souverainiste n'a pas eu l'écho espéré, ce qui a déprimé une bonne partie des souverainistes, effondrés devant cette démission intime du peuple québécois.

Une défaite défait. La grande offensive fédérale a été efficace. La culpabilisation idéologique de l'identité québécoise a fonctionné à plein, d'autant plus que la réception des propos de Jacques Parizeau, le soir du référendum, a créé une étrange panique chez les souverainistes, désormais obligés de se défendre contre les accusations de nationalisme ethnique. Le souverainisme post-référendaire est paralysé. Paralysé par la défaite, évidemment, mais aussi par une déroute idéologique. Il ne sait plus de quelle définition de la nation se réclamer et en vient à censurer les références à la majorité francophone, parce qu'il se laisse convaincre qu'elles ont une portée xénophobe. Il croit nécessaire de déréaliser la nation pour l'ouvrir, mais il ne fait que l'appauvrir politiquement et historiquement. Ne soyons pas surpris : le souverainisme aseptisé est tout simplement incapable d'éveiller les affects politiques des Québécois, qui sont de moins en moins attentifs à leur avenir collectif.

Lors des élections québécoises de 1998, le PQ récoltera moins de votes que le PLQ, même si la carte électorale lui permettra de conserver le pouvoir.

Désormais, notre peuple ne pourra plus dire son nom et confondra l'ouverture à l'autre avec le reniement de soi. La culture politique post-référendaire est fondée sur la construction d'une définition déréalisée de la nation. Elle censure cette réalité fondamentale qui veut qu'elle s'enracine d'abord dans la majorité historique, qui en demeure le cœur vivant. Il ne faut pas s'étonner qu'une telle définition de la nation ne suscite pas de grandes mobilisations politiques : elle a davantage l'allure d'un produit du marketing politiquement correct que celle d'une vision du Québec qui rend compte de sa condition historique. Comment émanciper un peuple dont on ne sollicite plus l'identité ?

C'est sans doute en 1998 qu'on a compris que le troisième référendum ne serait pas pour demain et que ce qui avait été une question existentielle pour l'avenir d'un peuple était devenu pour les Québécois une querelle de politiciens professionnels se chamaillant pour savoir lequel de deux drapeaux, rouge ou bleu, était le plus beau. Lors des élections québécoises de 1998, le PQ récoltera moins de votes que le PLQ, même si la carte électorale lui permettra de conserver le pouvoir. Deux ans plus tard, aux élections fédérales, le Bloc recevra moins de votes que le PLC de Jean Chrétien, comme si une proportion considérable de Québécois lui avaient pardonné le plan B. Non seulement les souverainistes commenceront à reculer électoralement devant les fédéralistes, mais la question nationale fera de plus en plus bâiller les Québécois.

Le Québec sera en proie à un étrange état psychologique. Évidemment, il fait bon vivre au Québec, mais peu à peu, le peuple québécois succombera à la tentation de l'autodissolution en se présentant de plus en plus comme la « société québécoise ». On assistera à une profonde dépolitisation du pays, qui s'égarera dans la rectitude politique, pour se définir comme une petite société festive, laboratoire de la mondialisation diversitaire. Vu de loin, cela peut avoir l'allure d'une étrange sortie de l'histoire, comme si la volonté historique et politique du peuple québécois s'affaissait ; comme si, après avoir travaillé pendant des décennies à s'affranchir politiquement, le peuple québécois ne voulait plus qu'on l'embête, se repliant alors vers la vie privée, un phénomène qu'avait d'ailleurs repéré Denys Arcand au lendemain du premier référendum, dans son documentaire *Le confort et l'indifférence*.

On sait la suite des événements. Après avoir frôlé la disparition électorale en 2002, le PQ perdra le pouvoir en 2003. Il risquera de nouveau de s'effondrer en 2007, au moment de la crise des accommodements raisonnables, quand il se fera ravir le discours identitaire par l'ADQ, et en 2011, lorsqu'il manquera d'imploser après la déroute électorale du Bloc québécois. On assiste manifestement à une régression de la question nationale au Québec, comme si l'espace politique cherchait à s'en affranchir et comme si le désir de vivre la vie d'une société normale pouvait se passer du cadre de l'indépendance, ou même d'un nouveau statut politique. La conséquence était fatale : un régime politique a pour vocation de former peu à peu le peuple qu'il encadre, de révéler chez lui certaines dispositions et d'en refouler d'autres. Le régime de 1982 conditionnait les Québécois à une acceptation progressive du Canada, d'autant plus que les fédéralistes s'étaient rangés sous la bannière d'un patriotisme canadien inconditionnel.

Et maintenant ?

J'ai raconté une histoire plus triste que je ne l'aurais souhaité. C'est l'histoire d'un peuple qui avait trouvé l'énergie nécessaire pour se lever politiquement, qui a commencé la grande entreprise de redressement national, mais qui s'est ensuite divisé dans une guerre civile froide où il a gaspillé ses forces, alors qu'il aurait dû s'unir autour d'un programme commun qui lui aurait permis d'obtenir un rapport de force où il se serait doté des atouts nécessaires à sa pleine refondation politique. C'est l'histoire d'un peuple qui a transformé une question nationale qui aurait dû l'unir en une guerre fratricide qui l'a historiquement affaibli.

Une manifestation du printemps érable de 2012. Photo de Jean-François Leblanc.

Faudrait-il pour autant terminer ce chapitre par une déprimante rubrique nécrologique ? Non, trois fois non. Car l'histoire n'est jamais terminée, même si l'on peut se laisser prendre par un récit aussi beau que triste, qui semble clore le parcours d'un peuple en le couronnant d'une élégante stèle funéraire. Il y a de l'inattendu dans l'histoire. Je le demande souvent : qui pouvait prévoir, en 1985, ou même en 1987, que l'Union soviétique s'effondrerait paisiblement et que le communisme, auquel on prêtait encore plusieurs siècles d'existence, s'écraserait pacifiquement trois ans plus tard ? Qui, en janvier 1958, alors que la France flirtait de plus en plus avec la guerre civile, pouvait prévoir que le général de Gaulle serait de retour aux affaires quelques mois plus tard et engagerait son pays dans une décennie de redressement exceptionnelle ? Qui encore, en 1938, aurait misé sur Winston Churchill, antipathique bouledogue biberonnant son whisky, comme sauveur de la civilisation occidentale contre la barbarie nazie ?

L'histoire du monde est belle d'imprévus, et l'histoire du Québec l'est aussi. Je ne saurais prophétiser l'avenir de la cause indépendantiste. Mais je note une chose : l'indépendance n'était pas une lubie de boomers, comme le répètent trop souvent ses adversaires. L'indépendance n'était pas une idée importée de loin qui n'aurait rien à voir avec les aspirations profondes du peuple québécois. Elle est l'expression la plus forte de la pulsion de vie du Québec, celle par laquelle son peuple s'enracine dans son histoire pour se projeter vers l'universel. Notre histoire aurait-elle un sens sans elle ? Aujourd'hui, les Québécois ne veulent plus vraiment le savoir. Il y a dans la vie des peuples des périodes de mobilisation et des périodes de repos. Le drame arrive quand ces dernières deviennent prétexte à la léthargie, celle d'un peuple qui accepte sa défaite et en dédramatise les conséquences.

L'idée d'indépendance n'est pas morte, mais elle est abîmée. Ceux qui la défendent ne sont plus capables de s'entendre. Cela s'explique : une société démocratique n'est pas exclusivement occupée par son statut politique et les questions sociales et culturelles divisent les indépendantistes comme elles divisent les Québécois. Peut-elle renaître ? Y aura-t-il un troisième référendum ? Et, si oui, s'inscrira-t-il dans la suite des deux autres ? Une chose est certaine : des centaines de milliers de Québécois y croient toujours ardemment. Certains ont vécu les deux référendums et ne désespèrent pas d'en vivre un troisième. D'autres n'ont pas vécu le premier, ni même le deuxième, et ne comprennent pas pourquoi la lutte devrait être abandonnée, pourquoi la défaite de leurs pères devait nécessairement être la leur. Non. On ne sait jamais exactement de quoi l'histoire sera faite, mais les prophéties qui ont le plus de chances de se réaliser sont celles pour lesquelles on s'engage politiquement.

J'aimerais terminer ce chapitre avec cette phrase de Clémenceau, qui a souvent été citée, mais que je cite encore : « Dans la guerre comme dans la paix, le dernier mot est à ceux qui ne se rendent jamais. » ◆

CI-DESSUS
Photo de Jacques Nadeau.

PAGE PRÉCÉDENTE
Le 24 juin 1996, des jeunes qui ont participé au défilé de la fête nationale à Montréal sont rassemblés alors que le drapeau tendu sur le stade olympique se déchire.
Photo de Jacques Nadeau.

Notes

I · 3 juillet 1608
La fondation de Québec : les Français s'installent en Amérique du Nord

1. Marcel Trudel, *Dictionnaire biographique du Canada*, tome 1, p. 356, entrée « Gravé Du Pont, François ».

2. Samuel de Champlain, *Des Sauvages. Texte établi, présenté et annoté par Alain Beaulieu et Réal Ouellet*, Montréal, Typo, 1993, p. 96.

3. Alain Beaulieu, « La naissance de l'alliance franco-amérindienne », dans *Champlain. La naissance de l'Amérique française*, sous la direction de Raymonde Litalien et Denis Vaugeois, Paris et Québec, Nouveau Monde éditions et Éditions du Septentrion, 2004, p. 158.

4. Olive Patricia Dickason, *Les Premières Nations du Canada*, Québec, Éditions du Septentrion, 1996, p. 96.

5. Samuel de Champlain, *op. cit.*, p. 125-126.

6. George MacBeath, *Dictionnaire biographique du Canada*, tome 1. p. 300, entrée « Du Gua De Monts, Pierre ».

7. David Hackett Fischer, *Le rêve de Champlain*, Montréal, Boréal, 2011, p. 165.

8. Gilbert Pilleul, « Samuel de Champlain, fondateur de Québec et père de la Nouvelle-France », *Québecensia*, avril 2008, p. 3.

9. Marcel Trudel, *Histoire de la Nouvelle-France. II – Le comptoir : 1604-1627*, Montréal, Fides, 1966, p. 18.

10. Éric Thierry, *Samuel de Champlain. Les fondations de l'Acadie et de Québec. 1604-1611*, Québec, Septentrion, 2008, p. 72.

11. *Ibid.*, p. 12.

12. Marc Lescarbot, *Histoire de la Nouvelle-France*, tome 2, Paris, Tross, 1866, p. 521.

13. Cité dans *Québecensia*, avril 2008, p. 19.

14. *Ibid.*

15. Trudel, Marcel, *op. cit.*, p. 152.

16. Fischer, *op.cit.*, p. 279.

17. Thierry, *op. cit.*, p. 161.

18. *Ibid.*, p. 162.

19. *Ibid.*, p. 167.

20. Marcel Trudel, *Dictionnaire biographique du Canada*, tome 1, p. 192.

21. Fischer, *op. cit.*, p. 679.

22. *Ibid.*, p. 57-60.

23. Thierry, *op. cit.*, p. 157.

24. Marcel Trudel, *Histoire de la Nouvelle-France*, tome 2, p. 452.

25. *Ibid.*, p. 167, 170.

26. *Ibid.*, p. 175.

27. *Ibid.*, p. 178.

28. Pierre Boucher, *Histoire véritable et naturelle des moeurs et productions du pays de la Nouvelle-France,* Boucherville, Société historique de Boucherville, 1964 [1664], p. 52.

29. Thierry, *op. cit.*, p. 170-173.

30. *Ibid.*, p. 173.

31. Fischer, *op. cit.*, p. 293.

32. Thierry, *op. cit.*, p. 185.

33. *Ibid.*, p. 184-185.

34. *Ibid.*, p. 186-187.

35. Hubert Deschamps, *Les voyages de Samuel de Champlain*, Paris, PUF, 1951, p. 19.

36. Fischer, *op. cit.*, p. 614.

37. Gilbert Pilleul, *op. cit.*, p. 6.

II • 17 mai 1642
La fondation de Montréal : une histoire de femmes et de coureurs des bois

Gilles Boulet, Jacques Lacoursière et Denis Vaugeois, *Le Boréal Express Journal d'histoire du Canada (1524-1760)*, Sillery, Septentrion, 2009.

Dollier de Casson, *Histoire du Montréal,* nouvelle édition critique de Marcel Trudel et Marie Baboyant, Montréal, HMH, 1992.

Jacques Lacoursière, *Histoire populaire du Québec Tome 1, Des origines à 1791*, Montréal, Septentrion, 1995.

Lahontan, *Dialogues avec un sauvage*, Montréal, Leméac, 1974.

Lahontan, *Nouveaux voyages en Amérique septentrionale*, Montréal, Les Presses de l'Université de Montréal, coll. « Bibliothèque du Nouveau Monde », 1990.

Marie Morin, *Histoire simple et véritable. Les Annales de l'Hôtel-Dieu de Montréal (1659-1725)*, Montréal, Les presses de l'Université de Montréal, 1979.

Robert-Lionel Séguin, *La vie libertine en Nouvelle-France au XVII* e *siècle*, 2 vol., Montréal, Leméac, 1973.

Gabriel Sagard, *Le Grand Voyage au pays des Hurons*, Montréal, Bibliothèque québécoise, 2007.

III • 4 août 1701
La Grande Paix de Montréal : les Français
et les Amérindiens concluent une alliance décisive

1. Les principaux ouvrages portant sur la Grande Paix de Montréal de 1701 sont : Gilles Havard, *La Grande Paix de Montréal en 1701 : Les voies de la diplomatie franco-amérindienne*, Recherches amérindiennes au Québec, 1992 et *The Great Peace of Montreal of 1701. French-native Diplomacy in the Seventeenth Century*, Montréal, McGill-Queen's University Press, 2001 (cette traduction comporte de nombreux ajouts de l'auteur) ; Alain Beaulieu et Roland Viau, *La Grande Paix : chronique d'une saga diplomatique*, Montréal, Libre Expression, 2001 ; Léo Paul Desrosiers, *Iroquoisie* (quatre tomes), Sillery, Septentrion, 1998.

2. Gilles Havard, *The Great Peace of Montreal of 1701* p. 122 ; Bacqueville De La Poterie, *Histoire de l'Amérique septentrionale*, Paris, Nion, 1722, vol. 4, p. 251.

3. Les indications géographiques, tout particulièrement pour les Grands Lacs, sont approximatives, les guerres ayant causé de grandes dispersions. Voir R. Cole Harris (dir.), *Atlas historique*

du Canada, vol. 1, Montréal, Les Presses de l'Université de Montréal, 1987, planche 35 ; pour les ethnonymes en langue française des nations amérindiennes, voir planche 37.

4. Bacqueville De La Poterie, *Histoire de l'Amérique septentrionale*, p. 257.

5. Elisabeth Tooker, « The League of the Iroquois : its History, Politics, and Ritual », dans Bruce G. Trigger (dir.), *Handbook of North American Indians, vol. 15 : Northeast*, Washington, Smithsonian Institution, 1978, p. 418-420 ; Adriano Santiemma, « La Ligue des Iroquois. Une « paix » d'espace et de temps et de parenté », *Recherches amérindiennes au Québec*, Vol. XXXI, n° 2, 2001, p. 87-97.

6. Mathieu D'Avignon, *Champlain et les fondateurs oubliés : les figures du père et le mythe de la fondation*, Québec, Presses de l'université Laval, 2008 ; Yves Chrétien, Denys Delâge et Sylvie Vincent, *Au Croisement de nos destins. Quand Uepishtikueiau devint Québec*, Montréal, Recherches amérindiennes au Québec, 2009.

7. Francis Jennings, *The Founders of America*, New York, W. W. Norton, 1993, p. 180-181.

8. Samuel de Champlain, *Œuvres*, éd. par Ch.-H. Laverdière, Québec, Desbarats, 1870 ; réimpression en fac-similé avec une présentation de G.-É. Giguère, Montréal, Éditions du Jour, 1973, vol. 1, p. 388-389.

9. Alain Beaulieu, « L'on n'a point d'ennemis plus grands que ces sauvages » : l'alliance franco-innue revisitée (1603-1653) », *Revue d'histoire de l'Amérique française*, vol. 61, n° 3-4, hiver-printemps 2008, p. 365-395.

10. *Relations des Jésuites*, 1611-1672, Montréal, Éditions du Jour, 1972, vol. 5, p. 27-35.

11. Francis Jennings, *The Ambiguous Iroquois Empire*.

12. Daniel Richter, *Ordeals of The Longhouse. The Peoples of the Iroquois League in the Era of European Colonization*, Chapel Hill, The University of North Carolina Press, 1992.

13. Denys Delâge, « Les Iroquois chrétiens des réductions, 1667-1770 : 1- Migration et rapports avec les Français », *Recherches amérindiennes au Québec*, vol. XIX, 1991, n° 1-2, p. 59-70 et « Les Iroquois chrétiens des réductions, 1667-1770 : 2- Rapports avec la Ligue Iroquoise, les Britanniques et les autres nations autochtones », *Recherches amérindiennes au Québec*, vol. XXI, n° 3, p. 39-50.

14. H. C. Burleigh, « Ourehouare », *Dictionnaire biographique du Canada*, t. 1, Québec, PUL, 1966, p. 539-540.

15. Bacqueville De La Poterie, *Histoire de l'Amérique septentrionale*, vol. 4, p. 160.

16. *Dictionnaire biographique du Canada en ligne* : William N. Fenton, « KONDIARONK » ; Donald J. Horton, « OUNANGUISSÉ » ; W. J. Eccles, « TEGANISSORENS », « BUADE, LOUIS DE, comte de FRONTENAC et de PALLUAU » ; Yves F. Zoltvany, « CALLIÈRE, LOUIS-HECTOR DE ».

17. Gilles Havard, *La Grande Paix de Montréal de 1701*, p. 121.

18. Bacqueville De La Poterie, *Histoire de l'Amérique Septentrionale*, vol. 4, p. 201.

19. *Ibid.*, p. 200.

20. Donald J. Horton, « LE MOYNE DE MARICOURT, PAUL » ; Jean-Jacques Lefebvre, « LE MOYNE DE LONGUEUIL ET DE CHÂTEAUGUAY, CHARLES », *Dictionnaire biographique du Canada en ligne*.

IV · 10 février 1763
Le traité de Paris : « la France peut être heureuse sans le Québec. »

1. Pascale Smorag, *L'histoire du Midwest racontée par sa toponymie*, PUPS, 2009, p. 50.

2. Lionel Groulx, *Notre grande aventure. L'empire français en Amérique du Nord, 1535-1760*, Fides, 1958, p. 268.

3. *Ibid.*, p. 267-268.

4. Mémoires de Pierre Le Moyne d'Iberville rédigés en 1699 et en 1701, cités dans Michel Brunet et autres, *Histoire du Canada par les textes*, Fides, 1956, p. 52.

5. « À l'aube de la guerre de Sept Ans, les Français sont plus de 90 000 en Amérique septentrionale. » Voir John A. Dickinson, « L'héritage laissé par la France au Canada en 1763 » dans Serge Joyal et Paul-André Linteau, *France-Canada-Québec. 400 ans de relations d'exception*, Les Presses de l'Université de Montréal, 2008, p. 54.

6. Roland Lamontagne, « La Galissonière et ses conceptions coloniales d'après le "Mémoire sur les colonies de la France dans l'Amérique septentrionale", décembre 1750 », dans *Revue d'histoire de l'Amérique française*, vol. XV, n° 2 (septembre 1961), p. 164-165.

7. *Ibid.*, p. 168.

8. Guy Frégault, *La guerre de la conquête*, Fides, 1955, p. 140.

9. *Ibid.*, p. 177.

10. *Ibid.*, p. 169.

11. *Ibid.*, p. 189.

12. Fred Anderson, *Crucible of War. The Seven Years' War and the Fate of Empire in British North America, 1754-1766*, Alfred A. Knopf, 2000, p. 297.

13. Groulx, *op. cit.*, p. 268.

14. Anderson, *op. cit.*, p. 114 (nous traduisons).

15. Donald Creighton, *Dominion of the North*, Macmillan, 1962, p. 148 (nous traduisons). Lorsque Amherst prend connaissance des articles de capitulation de Montréal en septembre 1760, il ne s'acharne pas sur les réfugiés acadiens mentionnés à l'article 38, mais il fait une exception pour les Acadiens eux-mêmes aux articles 39 et 55. Il distingue donc les Acadiens qui ont quitté le pays et sont ainsi devenus des refugiés de ceux qui sont demeurés en Acadie et qui sont en conséquence des sujets de la Grande-Bretagne.

16. D'après une lettre de George Townshend citée dans Jacques Lacoursière et Hélène Quimper, *Québec ville assiégée, 1759-1760. D'après les acteurs et les témoins*, Septentrion, 2009, p. 14.

17. Dans une lettre à Pitt, le 2 septembre 1759, il résume : « J'ai réduit le pays en cendres, en partie pour inciter le marquis de Montcalm à s'engager dans la bataille afin d'empêcher ces ravages, et en partie pour venger les nombreux outrages dont les Canadiens ont accablé notre peuple et aussi les ignominies fréquentes qui ont commises contre nos propres territoires. » Voir Peter MacLeod, *La vérité sur la bataille des plaines d'Abraham. Les huit minutes de tir qui ont façonné un continent*, Éditions de l'homme, 2008, p. 78.

18. Lacoursière et Quimper, *op. cit.*, p. 22.

19. *Ibid.*, p. 23.

20. Frégault, *op. cit.*, p. 343.

21. Anderson, *op. cit.*, p. 394.

22. À la bataille des plaines d'Abraham du 13 septembre, le brigadier George Townshend a dénombré 58 morts du côté britannique et à peu près le même nombre du côté français. Le nombre de blessés était cependant très élevé, dû sans doute à la nature de l'engagement au cours duquel les troupes échangèrent des salves meurtrières. *Ibid.*, p. 363.

23. Denis Vaugeois, *La Fin des alliances franco-indiennes. Enquête sur un sauf-conduit de 1760 devenu un traité en 1990*, Boréal et Septentrion, 1995, p. 53. Après sa capitulation au fort Niagara l'année précédente, Pouchot avait été fait prisonnier puis échangé. Il prendra un malin plaisir à annoncer à Amherst les difficultés qui l'attendent sur le fleuve.

24. *Ibid.*, p. 36-37.

25. *Ibid.*, p. 37.

26. *Ibid.*, p. 61.

27. Louis-Antoine de Bougainville, *Écrits sur le Canada*, Septentrion, 2003 [1759], p. 302. En page 383, on lira le passage suivant : « […] les malheureux Anglais disent que si jamais ils sont dans le cas de nous assiéger et prendre, il y aura deux capitulations, une pour les troupes françaises et l'autre pour les Canadiens ». Ici, Bougainville, aide de camp du général Montcalm, est encore sous le choc du massacre de William-Henry.

28. Adam Shortt et Arthur Doughty, *Documents concernant l'histoire constitutionnelle du Canada, 1759-1791*, Ottawa, 1911, p. 4.

29. *Ibid.*

30. Lionel Groulx, *Histoire du Canada français*, Fides, 1962, tome 1, p. 151.

31. Jacques Lacoursière et autres, *Canada-Québec. Synthèse historique*, Édition du Renouveau pédagogique, 1978, p. 134.

32. Michel Brunet et autres, *op. cit.*, p. 58.

33. *Ibid.*

34. Traduction libre.

35. Adam Shortt, *op. cit.*, p. 7.

36. Philippe Aubert de Gaspé, *Mémoires*, N.S. Hardy, 1885, p. 86. Selon l'auteur, le peuple jugeait la Pompadour grande responsable « des désastres des Canadiens ».

37. Theodore Calvin Pease, *Collections of the Illinois State Historical Library*, volume XXVII, 1936, p. 398-408. En annexe, il y a un fac-similé de la carte dite de Vaudreuil dessinée par Elisabeth Mood à partir d'une copie d'époque. La carte originale ou cette copie serait conservée au Public Record Office de Londres.

38. *Op. cit.*, p. 256. Silhouette cite alors « la carte particulière du Canada et de la Louisiane par Danville ».

39. Adam Shortt, *op. cit.*, p. 61.

40. Robert Larin, *Canadiens en Guyane, 1754-1805*, Septentrion, 2006.

41. Jacques Lacoursière et autres, *Canada-Québec : synthèse historique, 1534-2010*, 2011, p. 155.

42. Bougainville, *op. cit.*, p. 41.

43. Jonathan R. Dull, *La Guerre de Sept Ans. Histoire navale, politique et diplomatique*, Les Perséides, 2009, p. 286.

44. Philip P. Boucher, *Les Nouvelles-Frances*, Septentrion, 2004, p. 134.

45. *Ibid.*, p. 128.

46. Françoise Le Jeune, « La France et le Canada du milieu du XVIIIe au milieu du XIXe siècle : cession ou conquête ? » dans Serge Joyal et Paul-André Linteau, *op. cit.*, p. 69.

47. Guy Frégault, *La société canadienne sous le régime français*, Société historique du Canada, 1963, p. 15.

48. À leur arrivée au pouvoir en 1976, les péquistes de René Lévesque héritent d'une plaque automobile, reliquat de la Révolution tranquille, qui porte l'inscription « La belle province ».

Lorsque j'ai reçu mon premier chèque comme député péquiste, j'ai noté qu'il provenait du « gouvernement de la province de Québec ». J'en fis la remarque à Louis Bernard, membre du bureau du premier ministre, qui me répondit : « Si tu veux que ton chèque soit valide, il faut que ce soit ainsi ! Constitutionnellement ! »

À l'un des premiers caucus, je soulevai le cas des plaques d'automobile et je crois bien que j'en avais étonné plusieurs. La plupart trouvaient ça « *cute* ». Le fougueux ministre des Transports, Lucien Lessard, ancien professeur d'histoire, alluma et M. Lévesque se fit attentif. Quelqu'un demanda : « Que proposes-tu à la place ? » – « Pourquoi pas : « Je me souviens » ? »

49. Guy Frégault, *La guerre de la Conquête*, Fides, 1955, p. 455-457.

50. Ces dernières années, Robert Larin a produit de courtes études sur le sujet. Voir Robert Larin, « L'exode de la Conquête » dans *Cap-aux-diamants*, no. 99, p. 38-41. Aussi « Les Canadiens passés en France à l'époque de la Conquête, 1754-1770 » dans Philippe Joutard et Thomas Wien (dir.), *Mémoires de Nouvelle-France. De France en Nouvelle-France*, Presses universiatires de Rennes, 2005, p. 145-151. Les départs ne constituent évidemment qu'un aspect de la question. Le plus grave est l'arrêt de l'immigration française. À titre d'exemple, on se souviendra que les Récollets et les Jésuites n'auront plus le droit de recruter de nouveaux membres.

51. Donald Fyson, « The Canadiens and the Conquest of Quebec : Interpretations, Realities, Ambiguities » dans Stéphan Gervais *et al.* (ed.), *Quebec questions : Quebec Studies for the Twenty-First Century*, Oxford University Press, 2010, p. 18-33

V ▪ 23 octobre 1837
L'assemblée des Six Comtés : du parti Patriote à la rébellion

1. Adam Short et Arthur G. Doughty, *Documents relatifs à l'histoire constitutionnelle du Canada, 1759-1791*, Archives publiques du Canada, 1911, p. 482-490.

2. Dorchester à Sydney, 8 nov. 1788. Cité par Robert Lahaise et Noël Vallerand, *Le Québec sous le régime anglais*, Montréal, Lanctôt Editeur, 1999, p. 60.

3. Henri Brun, *La formation des institutions parlementaires québécoises, 1791-1838*, Québec, Les Presses de l'Université Laval, 1970, p. 123 ; Thomas Chapais, *Cours d'histoire du Canada*, Trois-Rivières, Editions du Boréal express, 1972, p. 80.

4. *Journal de l'assemblée législative du Bas-Canada*, 1818, p. 8 ; Chapais, *Ibid.*, p. 82.

5. Serge Courville, *Entre ville et campagne : l'essor du village dans les seigneuries du Bas-Canada*. Québec, Les Presses de l'Université Laval, 1990, p. 214.

6. Allan Greer, *Habitants et patriotes. La rébellion de 1837 dans les campagnes du Bas-Canada*, Montréal, Éditions du Boréal, 1997, p. 199 et suivantes.

7. André Bertrand, « De l'utopie aux répercussions de la révolution de Juillet 1830 au Québec », dans Bernard Andrès et Nancy Desjardins, *Les utopies en Canada*, 1545-1845, Montréal, UQAM, p. 147-174 ; *La Minerve*, 23 août 1830 ; *The Canadian Vindicator*, 21 août 1830.

8. François-Réal Angers, *L'avenir* ou *Chant patriotique du Canada* (1836) dans John Hare, *Les patriotes : 1830-1839*, Montréal, Libération, 1971, p. 80.

9. À partir de la microfiche MIC/B524\47382 GEN de la Collection nationale de la Grande Bibliothèque à Montréal.

10. Tiré de T.-P. Bédard, *Histoire de cinquante ans*, Québec, Les presses à vapeur, 1869, p. 338.

11. *Le Canadien*, 24 février 1834.

12. Cité par, John Hare, *Les Patriotes : 1830-1839*, Montréal, Libération, 1971, p. 123.

13. Cité par Guy Frégault, *Histoire du Canada par les textes*, Montréal, Fides, 1963, tome I, p. 199-210.

14. Daniel Latouche, *Le manuel de la parole*, 1977, p. 71, Yvan Lamonde, *Ibid.*, p. 442, Gilles Laporte, *Patriotes et Loyaux, leadership régional et mobilisation populaire en 1837-1838*, Québec, Septentrion, 2003, p. 78.

15. *La Minerve*, 18 mai 1837, 5 juin, 23 juin, 24 juillet, 14 septembre et 30 octobre 1837 ; *Le Libéral*, 9 août 1837 ; *The Canadian Vindicator*, 27 janvier 1835, 26 mai 1837, 25 juillet 1837 ; *Le Canadien*, 27 juillet 1835 ; Archives nationales du Canada, Comité de correspondance de Montréal, fonds MG24 B129, vol. 1, 158-160 ; Rumilly, *Papineau et son temps*, tome 1, Montréal, Fides, 1974, p. 418

16. ANC, Comité de correspondance de Montréal, MG24 B129, vol. 1, n° 23 et 29, p. 101-118 et 130-158.

17. Laurent-Olivier David, *Les patriotes de 1837-1838*, Montréal, Lux, 2007 ; François-Xavier Garneau, *Histoire du Canada*, tome 2, Paris, Alcan, 1920 ; Gérard Filteau, *Histoire des patriotes*, Québec, Septentrion, 2002 ; Allan Greer, *Habitants et patriotes*, Montréal, Boréal, 1997.

18. Filteau, *op. cit.*, p. 341.

19. *Le libéral*, 29 octobre 1837 ; Jean-Paul Bernard, *Les rébellions de 1837-1838…*, Montréal, Boréal, 1837, p. 104.

20. Greer, *op. cit.*, p. 208.

21. Rumilly, *op. cit.*, p. 34

22. Louis-Joseph Papineau, *Histoire de l'insurrection du Canada en réfutation du rapport de Lord Durham*, (1839), Réédition Québec, 1968, p. 17.

23. *L'Ami du peuple*, 25 octobre 1837.

24. Adam Thom l'avait d'ailleurs lancé dès 1836 dans *Anti-Gallic Letters, addressed to His Excellency, the Earl of Gosford, Governernor-in-Chief of the Canadas* (Montréal : Herald Office, 226 p.).

25. Jean-Jacques Lartigue, *Mandements, lettres pastorales, circulaires et autres documents publiés dans le diocèse de Montréal depuis son érection jusqu'à l'année 1869*, tome 1, Montréal, Typographie Le nouveau monde, 1869, p. 20-21 ; *La minerve*, 30 octobre 1837 ; Gilles Chaussé, S.J. « L'Église et les patriotes », *Histoire du Québec*, Volume 5, numéro 2, novembre 1999, p. 31.

26. Yvan Lamonde, *Signé Papineau. La correspondance d'un exilé*, Montréal, Presses de l'Université de Montréal, 2009, p. 167.

27. Cité dans Laurent-Olivier David, *Les patriotes de 1837-1838*, Montréal, Eusèbe Sénécal, 1884, p. 117.

28. *Le rapport de Durham*, présenté, traduit et annoté par Marcel-Pierre Hamel de la Société historique de Montréal, Editions du Québec, 1948, p. 110-112.

29. Gilles Laporte, « Querelle monumentale à propos de l'héritage patriote », *Montréal en tête*, numéro 62 (été 2011), p. 31-33.

VI ▪ 1ᵉʳ juillet 1867
L'Acte de l'Amérique du Nord britannique

1. Bruno Théret, « Du principe fédéral à une typologie des fédérations : quelques propositions », dans Jean-François Gaudreault-Desbiens et Fabien Gélinas (dir.), *Le fédéralisme dans tous ses états. Gouvernance, identité et méthodologie*, Cowansville, Éditions Yvon Blais, 2005, p. 128.

2. Carl J. Friedrich, *Tendances du fédéralisme en théorie et en pratique*, Londres, Frederick A. Prueger Publishers, 1971, p. 185.

3. Francis Delpérée et Marc Verdussen, « L'égalité, mesure du fédéralisme », dans Jean-François Gaudreault-Desbiens et Fabien Gélinas (dir.), *op. cit.*, p. 199. Les auteurs se réfèrent à J. E. Trent, qui s'exprimait en ces termes : « le principe fédéral qui sous-tend tous les autres est la notion d'équilibre », qui « ne représente pas une position arrêtée mais plutôt une attitude de base. » Voir J. E. Trent, « Les origines du fédéralisme sont ses principes : le cas du Canada », dans P. Destatte (dir.), *L'idée fédéraliste dans les États-Nations*, Bruxelles, Presses universitaires européennes, 1999, p. 136. Voir également : Olivier Beaud, *Théorie de la fédération*, Paris, PUF, 2007, p. 281.

4. Nous avons démontré ailleurs que la Cour suprême fait face à un certain déficit de légitimité en tant qu'arbitre ultime des différends fédératifs au Canada. Voir Eugénie Brouillet et Yves Tanguay, « The Legitimacy of Constitutional Arbitration in a Multinational Federative Regime : The Case of the Supreme Court of Canada », *University of British Columbia Law Review*, 2012, nᵒ 45, p. 47-101 ; également publié en version courte dans Michel Seymour et Guy Laforest (dir.), *Le fédéralisme multinational : un modèle viable ?*, Bruxelles, Peter Lang, 2011, p. 133-153.

5. L.R.C. 1985, app. II, nᵒ 4.

6. *Ibid.*, articles III et IV.

7. Jacques-Yvan Morin et José Woerhling, *Les constitutions du Canada et du Québec du régime français à nos jours*, Montréal, Les Éditions Thémis, 1994, p. 68.

8. Donald V. Smiley, *The Federal Conditions in Canada*, Toronto, McDraw-Hill Ryerson Limited, 1987, p. 126.

9. Jacques-Yvan Morin et José Woerhling, *op. cit.*, p. 149.

10. *Ibid.*, p. 75.

11. W. P. M. Kennedy, *The Constitution of Canada, 1534-1937*, Londres, Oxford University Press, 1938, p. 283.

12. John Boyd, *Sir George Étienne Cartier*, Montréal, Librairie Beauchemin Limitée, 1918, p. 189 et 190.

13. Jean-Charles Taché, *Des Provinces de l'Amérique du Nord et d'une union fédérale*, Québec, J. T. Brousseau, 1858, p. 181.

14. *Débats parlementaires sur la question de la confédération des provinces de l'Amérique britannique du Nord*, 3ᵉ session, 8ᵉ Parlement provincial du Canada, Québec, Hunter, Rose et Lemieux, Imprimeurs parlementaires, 1865, p. 552.

15. John Boyd, *op. cit.*, p. 191.

16. W. P. M. Kennedy, *op. cit.*, p. 286.

17. Extrait cité dans Jean-Charles Bonenfant, *La naissance de la Confédération*, Montréal, Leméac, 1969, p. 54.

18. W. P. M. Kennedy, *op. cit.*, p. 288.

19. John Boyd, *op. cit.*, p. 195.

20. Jean-Charles Bonenfant, *op. cit.*, p. 57.

21. *Ibid.*, p. 51.

22. *Débats parlementaires sur la question de la Confédération des provinces de l'Amérique britannique du Nord, op. cit.*, p. 40 et 41.

23. C. P. Stacey, « The Defense Problem and Canadian Confederation », dans Kaye Lamb, *Five Aspects of Canadian Confederation*, Revista de Historia de América, 1968, p. 9.

24. *Débats parlementaires* […], *op. cit.*, p. 54 et 55.

25. Wolfgang Koerner, *Les fondements du fédéralisme canadien*, Service de recherche, Bibliothèque du Parlement, Division des affaires politiques et sociales, 1988, p. 26.

26. Jean-Charles Bonenfant, *op. cit.*, p. 51.

27. C. P. Stacey, *op. cit.*, p. 12.

28. Propos de Cartier dans *Débats parlementaires* […], p. 33.

29. G. P. Browne, *Documents on the Confederation of British North America*, Toronto, McClelland and Stewart, 1969, p. XVI.

30. Propos de George Brown dans *Débats parlementaires* […], p. 108 ; Jean-Charles Bonenfant, « Le Québec et la naissance de la Confédération canadienne », dans Kayer Lamb, *Five Aspects of Canadian Confederation*, Revista de Historia de America, 1968, no. 65-66, p. 28.

31. *Débats parlementaires* […], p. 63.

32. Ralph C. Nelson *et al.*, « Canadian Confederation as a Case Study in Community Formation », dans Ged Martin (ed.), *The Causes of Canadian Confederation*, Frederickton, Acadiensis Press, 1990, p. 84.

33. K. C. Wheare, *Federal Government*, 3ᵉ édition, Londres, Oxford University Press, 1947, p. 40 à 43.

34. *Rapport de la Commission royale d'enquête sur les problèmes constitutionnels*, vol. I, Québec, Imprimeur de la Reine, 1956, p. 14.

35. A. I. Silver, *The French-Canadian Idea of Confederation 1864-1900*, 2ᵉ éd., Toronto, University of Toronto Press, 1997, p. 38.

36. *Débats parlementaires* […], p. 59.

37. A. I. Silver, *op. cit.*, p. 50.

38. *Ibid.*, p. 41, note 47.

39. *Débats parlementaires* […], p. 28. Nos italiques.

40. *Ibid.*, p. 30.

41. *Ibid.*, p. 33.

42. *Ibid.*, p. 33 et 34.

43. Samuel Laselva, *The Moral Foundations of Canadian Federalism*, Montréal et Kingston, McGill-Queen's University Press, 1996, p. XII.

44. John Boyd, *op. cit.*, p. 211.

45. *Ibid.*, p. 214.

46. *Ibid.*, p. 225.

47. *Débats parlementaires* […], p. 54.

48. *Ibid.*, p. 55 et 58. Nos italiques.

49. *Ibid.*, p. 59.

50. K. C. Wheare, *op. cit.*, p. 19.

51. *Loi constitutionnelle de 1867*, supra note 13, préambule.

52. *Débats parlementaires* […], propos de Joseph M. Blanchet (p. 552) d'Étienne Pascal Taché (p. 10) et de Joseph Cauchon (p. 700).

53. G. P. Browne, *op. cit.*, p. 124.

54. A. Margaret Evans, *Sir Oliver Mowat*, Toronto, University of Toronto press, 1992, p. 145.

55. Paul Romney, « The Nature and Scope of Provincial Autonomy : Oliver Mowat, the Quebec Resolutions and the Construction of the British North America Act », *Can. J. of Pol. Sc.*, 3, 25, 1992 ; « Why Lord Watson Was Right », dans Janet Ajzenstat (éd.), *Canadian Constitutionalism : 1791-1991*, Canadian Study of Parliament Group, Ottawa, Imprimeur de la Reine, 1992.

56. Henri Brun, Guy Tremblay et Eugénie Brouillet, *Droit constitutionnel*, 5ᵉ édition, Cowansville, Éditions Yvon Blais, 2008, p. 416 à 420. La Cour suprême du Canada affirmait d'ailleurs en 1998 que ce pouvoir est tombé en désuétude : *Renvoi relatif à la sécession du Québec*, [1998] 2 R.C.S. 217, p. 250.

57. Christopher Moore, *1867 : How the Fathers Made a Deal*, Toronto, McClelland and Stewart Inc., 1997, p. 121.

58. G. V. La Forest, *Disallowance and Reservation of Provincial Legislation*, Department of Justice, mars 1955, p. 5.

59. « Les résolutions de la Conférence de Québec – octobre 1864 (Les 72 Résolutions) », traduction officieuse en ligne sur le site de Bibliothèque et Archives Canada : www.collectionscanada.gc.ca. Nos italiques.

60. Christopher Moore, *op. cit.*, p. 125.

61. *Ibid.*, p. 121-124 et 151. Paul Romney est du même avis : Paul Romney, « Why Lord Watson Was Right », *op. cit.*, p. 7 à 17.

62. *Débats parlementaires* […], propos d'Antoine-Aimé Dorion, p. 262. Voir les interventions au même effet de J.-B. E. Dorion (p. 861, 862) et de H. G. Joly (p. 367).

63. *Ibid.*, propos de Hector Langevin, p. 382 et 383. Voir également G. V. La Forest, *op. cit.*, p. 7 et 8.

64. *Ibid.*, propos de G. Brown (p. 109), E. P. Taché (p. 124), P. Denis (p. 877) et G.-E. Cartier, (p. 413).

65. *Ibid.*, propos de J. Scoble, p. 912.

66. *Ibid.*, p. 383.

67. *Globe*, 4 juillet 1887, extrait cité dans A. Margaret Evans, *op. cit.*, p. 146.

68. *Ibid.*, aux pp. 146 et 147.

69. G. P. Browne, *op. cit.*, p. 171, lettre datée du 5 décembre 1864. Nous traduisons.

70. Christopher Moore, *op. cit.*, p. 127.

71. G. V. La Forest, *op. cit.*, p. 76 et 77.

72. Jean-Charles Bonenfant, « L'esprit de 1867 », dans la *Revue d'histoire de l'Amérique française*, juin 1963, p. 32.

VII ▪ 1ᵉʳ avril 1918

Émeute à Québec contre la conscription : résistance politique ou culturelle ?

1. Martin Auger, « On the Brink of Civil War : The Canadian Government and the Suppression of the 1918 Quebec Easter Riots », *The Canadian Historical Review*, vol. 89, nᵒ 4, décembre 2008, p. 503-540.

2. Henri Bourassa, *La Conscription*, Montréal, Le Devoir, 1917, p. 40. Cette brochure, qui rassemble neuf articles sur le sujet parus dans *Le Devoir* du 28 mai au 6 juin 1917, a été imprimée le 9 juin.

3. Jean Provencher, *Québec sous la loi des mesures de guerre – 1918*, Trois-Rivières, Éditions du Boréal express, 1971, p. 52.

4. Martin Auger, *op. cit.*, p. 505.

5. *Ibid.*, p. 529.

6. *La Presse*, 1ᵉʳ avril 1918, p. 78.

7. Jean Provencher, *op. cit.*, p. 78.

8. Martin Auger, *op. cit.*, p. 510-511.

9. Robert Laird Borden (éd. : Heath Macquarrie), *Robert Laird Borden : His Memoirs*, Volume 2, Toronto, McClelland and Stewart, 1969, p. 131-132.

10. Jean Provencher, *op. cit.*, p. 96.

11. *Ibid.*, p. 101-102.

12. Lt. Col T. M. Hunter, « Some aspects of Disciplinary Policy in Canadian Services, 1914-1946 », Service historique, Report Nᵒ 91, Historical Section, Army Headquarters, 15 juillet 1960, p. 4 s.

13. Gérard Filteau, *Le Québec, le Canada et la Guerre 14-18*, Montréal, Éditions de l'Aurore, 1977, p. 13-18 et 27-37.

14. Consulter à ce sujet : Gérard Pinsonneault, « La propagande de recrutement militaire au Canada, 1914-1917. Essai en histoire des mentalités », mémoire de maîtrise, Université de Sherbrooke, 1981, 183 p.

15. Paul Maroney, « The Great Adventure : The Context and Ideology of Recruiting in Ontario, 1914-17 », *Canadian Historical Review*, vol. 77, nᵒ 1, mars 1996, p. 62-98.

16. *Montreal Gazette*, 10 mars 1916, cité par Mason Wade, *Les Canadiens français de 1760 à nos jours*, 1911-1963, tome II, Ottawa, Le Cercle du Livre de France, 1963, p. 99.

17. Mason Wade, *op. cit.*, p. 98.

18. Armand Lavergne, cité dans Mason Wade, *ibid.*, p. 92-93.

19. Margaret Levi, *Social Science History*, vol. 20, nᵒ 1, printemps 1996, p. 133-167.

20. *La Patrie*, 8 avril 1918, p. 3.

1. La date retenue pour le titre de cette conférence est celle qui a véritablement marqué l'histoire, à savoir celle de l'adoption de la Loi accordant aux femmes le droit de vote et d'éligibilité par l'Assemblée législative le 18 avril 1940. Le 25 avril 1940, le Conseil législatif adopte le projet qui est sanctionné le même jour par le lieutenant-gouverneur, cette dernière date étant aussi utilisée pour identifier cet événement.

2. Ont été consultées les synthèses suivantes en histoire des femmes : Collectif Clio (Micheline Dumont, Michèle Jean, Marie Lavigne et Jennifer Stoddart), *L'Histoire des femmes au Québec depuis quatre siècles*, Montréal, Le Jour, 1992, 646 p. ; Denyse Baillargeon, *Brève histoire des femmes au Québec*, Montréal, Éditions du Boréal, 2012, 281 p.

3. *Débats de l'Assemblée législative*, 11 avril 1940.

4. *Ibid.*

5. Marie Lavigne, « Réflexions féministes autour de la fertilité des Québécoises », dans N. Fahmy-Eid et M. Dumont (dir.), *Maîtresses de maison, maîtresses d'école. Femmes, famille et éducation dans l'histoire du Québec*, Montréal, Boréal Express, 1983, p. 326. Dans la cohorte des femmes nées vers 1887, 14,1 % ne se marient jamais, 10,8 % n'ont pas d'enfant et 15.8 % n'auront donné naissance qu'à 1 ou 2 enfants.

6. Gérard Bouchard, *Quelques arpents d'Amérique. Population, économie, famille au Saguenay 1838-1971*, Montréal, Les Éditions du Boréal, 1996, p. 185.

7. Le taux d'urbanisation est de 51,8 % en 1921.

8. Lors du recensement de 1941, on dénombre 63,3 % de Québécois vivant en milieu urbain.

9. Au Québec, en 1901, elles forment 15,6 % de la population active, en 1941, 22 % soit 260 191 travailleuses.

10. Le secteur manufacturier occupe 40 % des travailleuses en 1911 et 30 % en 1941 à Montréal. Avec le travail domestique, ce secteur en 1941 occupe près de 60 % des travailleuses montréalaises.

11. Procès-verbal du congrès de la CTCC, résolution 34, 1921, archives de la CSN.

12. *Ibid.*, résolution 15, 1935.

13. *Débats de l'Assemblée législative*, 22 janvier 1935, p. 116.

14. Lorsqu'il est fait mention dans ce texte de Marie Gérin-Lajoie, il s'agit de Marie Lacoste Gérin-Lajoie (1867-1945), féministe et réformiste sociale. Sa fille Marie Gérin-Lajoie (1890 à 1971), la première bachelière canadienne-française, a fondé l'Institut Notre Dame du Bon-Conseil.

15. Cité dans Éric Bédard, *Les réformistes. Une génération canadienne-française au milieu du XIXe siècle*, Montréal, Boréal, 2009, p. 200.

16. Cleverdon, Catherine L., *The Woman Suffrage Movement in Canada. The Start of Liberation 1900-1920*, Toronto, University of Toronto Press, 1974, p. 216.

17. André Bernard, *La politique au Canada et au Québec*, Sillery, Les Presses de l'Université du Québec, 1980, p. 167-168.

18. Sur cette question voir C. L. Cleverdon, *op cit.*, p. 106.

19. Pour l'histoire de cette association voir Yolande Pinard, « Les débuts du mouvement des femmes à Montréal : 1893-1902 » dans Marie Lavigne et Yolande Pinard (dir.), *Travailleuses et féministes. Les femmes dans la société québécoise*, Montréal, Les éditions du Boréal express, 1983.

20. *Ibid.*, p. 188.

21. *Ibid.*, p. 189.

22. *Ibid.*, p. 193-196.

23. Susan Mann Trofimenkoff, « Henri Bourassa et la question des femmes » dans M. Lavigne et Y. Pinard, *op. cit.*, p. 294.

24. Henri Bourassa, *Hommes et femmes ou Femmes-Hommes. Études à bâtons rompus sur le féminisme*, Montréal, Imprimerie du Devoir, 1925, 83 p. La première partie du livre est intitulée « Première poussée de féminisme » et regroupe les éditoriaux de mars et avril 1913.

25. Susan Mann Trofimenkoff, *op. cit.*, p. 293-306.

26. « Carrie Derick », *Dictionnaire biographique du Canada*.

27. Cité dans Marie Lavigne, Yolande Pinard et Jennifer Stoddart, « La Fédération nationale Saint-Jean Baptiste et les revendications féministes au début du 20ᵉ siècle », *Travailleuses et féministes. Les femmes dans la société québécoise*, Montréal, Les éditions du Boréal express, 1983, p. 206.

28. Cité dans Nicolle Forget, *Thérèse Casgrain. La gauchiste en collier de perles*, Montréal, Fides, 2013.

29. Lettre de Mᵍʳ Bégin à L.-A. Taschereau, 11 janvier 1922, Archives nationales du Québec, Fonds Louis-Alexandre Taschereau, citée dans Nicolle Forget, *op. cit.*

30. Luigi Trifiro, « Une intervention à Rome dans la lutte pour le suffrage féminin au Québec (1922) », dans *RHAF*, vol. 32, n° 1, juin 1978.

31. *Ibid.*

32. Thérèse Casgrain, cité dans Nicolle Forget, *op. cit.*

33. *Débats de l'Assemblée législative*, 1929, p. 444.

34. L'« esprit français », note le conseiller législatif Giroux, « explique l'absence de nos jours du suffrage féminin en France, en Suisse, en Louisianne et au Québec ». *Débats de l'Assemblée législative*, 1940, tiré à part (1990), p. 22. Ces mêmes députés qui ont rejeté presqu'aussi souvent les lois sur l'admission des femmes au Barreau se gardent bien toutefois de souligner que les Françaises peuvent pratiquer le droit depuis 1900.

35. *Débats de l'Assemblée législative*, 1927, p. 500.

36. *Ibid.*, p. 501.

37. Idola St-Jean, *Le Monde ouvrier*, 18 janvier 1928, cité dans Michèle Jean, « Idola St-Jean, féministe (1880-1945) », dans *Mon héroine. Conférence du théâtre expérimental des femmes, Montréal, 1980-1981*, Éditions du Remue-Ménage, p. 145.

38. *Ibid.*, p. 501.

39. *Débats de l'Assemblée législative*, 1929, p. 443.

40. *Débats de l'assemblée législative*, 18 avril 1940, p. 291. L'expression « passer des télégraphes » désignait la pratique de voter frauduleusement à la place d'un électeur qui ne se présentait pas au bureau de vote, par choix ou non.

41. *Débats de l'Assemblée législative*, 1928, p. 343-344.

42. *Débats de l'Assemblée législative*, 1935, p. 564.

43. C.-L. Cleverdon, p. 253.

44. *Le Devoir*, le 2 mars 1940, p. 1.

45. Thérèse Casgrain, « 40ᵉ anniversaire du droit de vote... », *Perspectives*, p. 4., cité dans Maryse Darsigny *et. al.*, *L'épopée du suffrage féminin au Québec (1920-1940)*, UQAM, 1990, p. 26.

46. Susan Mann Trofimenkoff, *op. cit.*, p. 300.

47. *Débats de l'assemblée législative*, 18 avril 1940, p. 291.

48. Cité dans Paul-André Linteau, René Durocher et Jean-Claude Robert, *Histoire du Québec contemporain*, tome 1, Montréal, Boréal Express, 1979, p. 279.

49. Directeur général des élections, « Bref historique du droit de vote au Québec », www.elections-quebec.qc.ca.

50. Diane Lamoureux, « La démocratie avec les femmes », dans *Globe. Revue internationale d'études québécoises*, vol. 3, n° 2, 2000, p. 25.

51. Directeur général des élections, « Historique des taux de participation », electionsquebec. qc.ca. La liste électorale compte désormais 1 865 396 inscrits soit une fois et demi plus d'électeurs qu'au scrutin précédent, www.electionsquebec.qc.ca.

52. Chantal Maillé, *La Presse*, 21 avril 1990, p. B6.

53. Assemblée nationale du Québec, « Les élections et les résultats électoraux depuis 1867. La présence féminine », www.assnat.qc.ca.

IX ▪ 22 juin 1960
L'élection de Jean Lesage : « un changement de la vie » ?

1. François Furet, *Penser la Révolution française*, Paris, Gallimard, 1978, p. 11-130.

2. Deux exemples parmi d'autres : Gilles Paquet, *Oublier la Révolution tranquille. Pour une nouvelle socialité*, Montréal, Liber, 1999 ; Vincent Geloso, *Du Grand Rattrapage au Déclin Tranquille. Une histoire économique et sociale du Québec de 1900 à nos jours*, Montréal, Accent grave, 2013.

3. Ce discours convenu et largement partagé n'a pas donné lieu à des démonstrations très étoffées. Deux exemples de ce regard porté sur la Révolution tranquille et sur la « Grande noirceur » qui l'aurait précédée : Jacques Pelletier, « La Révolution tranquille a-t-elle bien eu lieu ? », dans Yves Bélanger, Robert Comeau et Céline Métivier (dir.), *La Révolution tranquille. 40 ans plus tard : un bilan*, Montréal, VLB éditeur, 2000, p. 71-77 ; Andrée Lévesque, « À la recherche du temps dépassé », *Le Devoir*, 23 mars 2004.

4. Yvan Lamonde, « Malaise dans la culture québécoise : les méprises à propos de la Révolution tranquille », dans Guy Berthiaume et Claude Corbo (dir.), *La Révolution tranquille en héritage*, Montréal, Boréal, 2011, p. 17.

5. Sauf exception indiquée en note, les données de cette section ont été puisées dans Paul-André Linteau, René Durocher, Jean-Claude Robert et François Ricard, *Histoire du Québec contemporain*, tome 2. *Le Québec depuis 1930*, Montréal, Boréal, 1989.

6. Denyse Baillargeon, *Un Québec en mal d'enfants. La médicalisation de la maternité, 1910-1970*, Montréal, Remue-Ménage, 2004.

7. Vincent Geloso, *Du Grand Rattrapage au Déclin Tranquille*, op. cit., p. 80.

8. Jean-Louis Roy, *La marche des Québécois. Le temps des ruptures (1945-1960)*, Montréal, Leméac, 1976, p. 69.

9. Pierre Fortin, « La Révolution tranquille et l'économie : où étions-nous, que visions-nous, qu'avons-nous accompli ? » dans Guy Berthiaume et Claude Corbo (dir.), *op. cit.*, p. 97.

10. Jacques Rouillard, « La Révolution tranquille : rupture ou tournant ? », *Revue d'études canadiennes*, hiver 1998, vol. 32, n° 4, p. 29.

11. *Ibid.*, p. 27.

12. Pierre Fortin, *loc. cit.*, p. 94.

13. Vincent Geloso, *Du Grand Rattrapage au Déclin Tranquille*, p. 56.

14. Pierre Louis Lapointe, « L'Office de l'électrification rurale (1945-1964), enfant chéri de Maurice Le Noblet Duplessis », dans Xavier Gélinas et Lucia Ferretti (dir.), *Duplessis, son milieu, son époque*, Québec, Septentrion, 2010, p. 152-174.

15. Vincent Geloso et Pierre Fortin utilisent des indices différents pour faire valoir leurs points de vue.

16. Pierre Fortin, *loc. cit.*, p. 98.

17. André Raynauld, *La propriété des entreprises au Québec, les années 60*, Montréal, Les Presses de l'Université de Montréal, 1974, p. 81.

18. Jacques Rouillard, *Le syndicalisme québécois. Deux siècles d'histoire*, Montréal, Boréal, 2004, p. 122.

19. Presse canadienne, « Le secteur domiciliaire du bâtiment ne va plus », *Le Soleil*, 18 juin 1960, p. 1.

20. Xavier Gélinas, *La droite intellectuelle et la Révolution tranquille*, Québec, Presses de l'Université Laval, 2007 ; Michael D. Behiels, *Prelude to Quebec's Quiet Revolution. Liberalism versus neo-nationalism, 1945-1960*, Montréal et Kingston, McGill-Queen's University Press, 1985.

21. Michael Gauvreau, *Les origines catholiques de la Révolution tranquille*, Montréal, Fides, 2008 ; Louise Bienvenue, *Quand la jeunesse entre en scène. L'action catholique avant la Révolution tranquille*, Montréal, Boréal, 2003 ; Martin-M. Meunier et Jean-Philippe Warren, *Sortir de la « Grande noirceur ». L'horizon « personnaliste » de la Révolution tranquille*, Québec, Septentrion, 2002.

22. Danielle Gauvreau, Diane Gervais et Peter Gossage, *La fécondité des Québécoises 1870-1970*, Montréal, Boréal, 2007, p. 135-155. La baisse de la fécondité, qui débute bien avant les années 1950, est cependant plus forte dans les villes qu'à la campagne.

23. Denyse Baillargeon, *Brève histoire des femmes au Québec*, Montréal, Boréal, 2012, p. 157 et 166.

24. « Faute d'argent, le PSD ne participera pas à la campagne mais il invite les « dégoûtés » à annuler leur vote », *Le Devoir*, 9 juin 1960, p. 1.

25. Alain Lavigne, *Duplessis, pièce manquante d'une légende. L'invention du marketing politique*, Québec, Septentrion, 2012.

26. Xavier Gélinas, « Duplessis et ses historiens, d'hier à demain », dans Xavier Gélinas et Lucia Ferretti (dir.), *op. cit.*, p. 19-20.

27. Jean-Charles Panneton, *Pierre Laporte*, Québec, Septentrion, 2012, p. 135-136 ; Jocelyn Saint-Pierre, *Histoire de la tribune de la presse à Québec, 1871-1959*, Montréal, VLB éditeur, 2007, p. 266-270.

28. En 1958 et 1959, Jean Drapeau effectue une grande tournée du Québec. Plusieurs pensent alors qu'il pourrait monter une équipe pour l'élection de 1960. En 1959, il publie l'embryon d'une plate-forme. Voir Susan Purcell et Brian McKenna, *Jean Drapeau*, Montréal, Stanké, 1981, p. 125-156 ; *Jean Drapeau vous parle*, Montréal, Éditions de l'Homme, 1959.

29. Jean-Louis Roy, *Les programmes électoraux du Québec*, tome II, 1931-1966, Montréal, Leméac, 1971, p. 374-378.

30. Lucien Langlois, « Simplement et honnêtement », *Montréal-Matin*, 9 mai 1960, p. 2.

31. « Il n'y pas de meilleur programme », *Montréal-Matin*, 1er juin 1960, p. 4.

32. *Les électeurs québécois. Attitudes et opinions à la veille de l'élection de 1960*, Groupe de recherches sociales, Montréal, 1960, 225 p.

33. *Ibid.*, p. 66.

34. *Ibid.*, p. 144.

35. On retrouve l'expression dans Paul Labonne, *Paul Sauvé. Désormais, l'avenir (1907-1960)*, Montréal, Point de fuite, 2003, p. 87.

36. Le niveau d'imposition serait passé de 9 à 10 %, et le niveau d'imposition du fédéral aurait diminué en proportion.

37. Antonio Barrette, *Mémoires*, Montréal, Beauchemin, 1966, p. 231.

38. Pour le remercier de son action, l'Université McGill lui remet un doctorat *honoris causa* de l'Université McGill en pleine campagne électorale. Voir la photo en première page du *Montréal-Matin* du 31 mai 1960.

39. Jean-Claude Deschênes, « La Révolution tranquille et les réformes de la santé », dans Yves Bélanger, Robert Comeau et Céline Métivier (dir.), *op. cit.*, p. 293.

40. Antonio Barrette, *Mémoires*, p. 241.

41. *Ibid.*, p. 244.

42. Gérard Filion, « Un document sur lequel l'électorat pourra porter un jugement », *Le Devoir*, 11 mai 1960, p. 4.

43. Sur cette autonomisation du Parti libéral du Québec, lire Michel Lévesque, « Le Parti libéral du Québec et les origines de la Révolution tranquille : le cas de la Fédération libérale du Québec (1950-1960) », thèse de doctorat, Département d'histoire, Université du Québec à Montréal, 1997. Voir aussi Michel Lévesque, *Histoire du Parti libéral du Québec. La nébuleuse politique, 1867-1960*, Québec, Septentrion, 2013.

44. Selon François Aquin, président des jeunes libéraux en 1960, la F.L.Q. comptait 110 000 membres en 1963. François Aquin, « Jean Lesage, un rassembleur démocrate », dans Robert Comeau (dir.), *Jean Lesage et l'éveil d'une nation*, Québec, Presses de l'Université du Québec, 1989, p. 41.

45. Georges-Émile Lapalme, *Pour une politique. Le programme de la Révolution tranquille*, Montréal, VLB éditeur, 1988 ; Michel Lévesque, « Le Parti libéral du Québec et les origines de la Révolution tranquille », p. 455.

46. Cité dans Michel Lévesque, « Le Parti libéral du Québec et les origines de la Révolution tranquille », p. 464.

47. Dans ses Mémoires, Barrette ne se montre pas complètement satisfait de la publicité. Il aurait souhaité qu'on insiste davantage sur son règlement universitaire. Antonio Barrette, *op. cit.*, p. 259.

48. Pierre Laporte, « M. Antonio Barrette fait une campagne électorale bien différente – en mieux – de celle de M. Duplessis », *Le Devoir*, 4 juin 1960, p. 1.

49. « Promesse sans condition de l'hon. Barrette. Construction du pont à Shawinigan », *Montréal-Matin*, 14 juin 1960, p. 1.

50. Pierre Laporte, « MM. Barrette et Lesage ont leurs méthodes personnelles pour convaincre les électeurs », *Le Devoir*, 17 mai 1960, p. 1.

51. Pierre Laporte, « M. Lesage a fait une campagne originale et intelligente – Elle fut passionnante pour ceux qui l'ont faite avec lui », *Le Devoir*, 18 juin 1960, p. 1.

52. Lucien Langlois, « Une assemblée contradictoire », *Montréal-Matin*, 18 mai 1960, p. 2.

53. « M. Lesage : je suis prêt à rencontrer M. Barrette en assemblée contradictoire », *Le Devoir*, 19 mai 1960, p. 1.

54. « Échos de campagne », *Le Devoir*, 24 mai 1960, p. 1.

55. Gérard Dion et Louis O'Neil, *Le chrétien et les élections*, Montréal, Éditions de l'Homme, 1960, p. 26.

56. Père Richard Arès, s.j., « Si l'on veut des élections démocratiques et morales, le 22 juin », *Le Devoir*, 26 mai 1960, p. 6.

57. *Le Devoir*, 3 juin 1960, p. 1.

58. « Lévesque : il faut plus que vouloir un scrutin honnête, il faut une action énergique », *Le Devoir*, 20 juin 1960, p. 1.

59. Antonio Barrette, *op. cit.*, p. 262-263.

60. Voir, sur cette question, l'analyse d'André Laurendeau, « Ce qui a changé », *Le Devoir*, 4 juin 1960, p. 4.

61. « Échos de la campagne », *Le Devoir*, 13 mai 1960, p. 1. ; « Échos de la campagne », *Le Devoir*, 26 mai 1960, p. 1.

62. On sait qu'un mystérieux « René Lévesque » se présentera aussi dans la circonscription de Montréal-Laurier. *Le Devoir* du 10 juin le dépeint comme un barbu qui « écrit des vers et passe une partie de ses nuits dans un établissement de « Beatniks » de la rue Clark » !

63. « Lesage dénonce "l'opération gauchisme" de l'U. Nationale et fait l'éloge de René Lévesque », *Le Devoir*, 20 juin 1960, p. 1.

64. « Une nouvelle équipe à la direction de la province », *Le Soleil*, 23 juin 1960, p. 4.

65. Louis Hémon, *Maria Chapdelaine*, Paris, Maxi-Livres, 2001, p. 157-158.

X • 30 octobre 1995
Le référendum sur la souveraineté : il était une fois l'indépendance

1. Alexis de Tocqueville, *Souvenirs*, Paris, Gallimard, 1964, p. 30.

2. Régis Debray, *À demain de Gaulle*, Paris, Gallimard, 1990.

3. L'histoire demeure encore aujourd'hui la meilleure école de la liberté politique. Avec elle, on voit de quelle manière l'homme fait en bonne partie son destin, et comment ce qui passe aujourd'hui pour l'inévitable résultat d'une longue chaîne d'événements n'était il y a quelques années qu'une possibilité historique parmi d'autres. Examiner l'histoire politique, c'est voir pourquoi ce qui s'est passé a eu lieu, et comment, au fil des événements, les hommes ont réagi d'une manière ou d'une autre devant une conjoncture dans laquelle ils doivent se positionner mais qu'ils ne peuvent jamais vraiment créer complètement. C'est pourquoi, à mes étudiants qui me demandent souvent de quelle manière commencer leur étude du politique, je suggère de lire la biographie des grands hommes politiques. Ils y voient directement de quelle manière une grande volonté peut s'emparer de grandes circonstances et y imprimer sa marque.

4. Guy Laforest, *Trudeau et la fin d'un rêve canadien*, Sillery, Septentrion, 1992.

5. Le texte est disponible sur le site de l'Assemblée nationale : www.assnat.qc.ca.

6. *Notre avenir politique. Enquête de l'Action française, 1922*, Montréal, Bibliothèque de l'Action française, 1923.

7. Marcel Chaput, *Pourquoi je suis séparatiste*, Montréal, Éditions de l'homme, 1961.

Références iconographiques

ARCHIVES INSTITUTIONNELLES

Archives de la Côte-du-Sud
et du Collège de Sainte-Anne
p. 129.

Archives de la Ville de Montréal
p. 51, 61, 137, 152 et 195.

Archives de l'Université de Montréal
p. 75 et 105.

Archives du Parti libéral du Québec
p. 186 et 205.

Archives *La Presse*
p. 138, 188 et 189 (Michel Gravel), 193 (Réal Saint-Jean) et 219 (Jean Goupil).

Archives *Le Nouvelliste*
p. 206.

Bibliothèque de l'Université McGill
p. 33.

Bibliothèque et Archives Canada (BAC)
p. 12, 13, 14, 16, 18, 20, 21, 23, 24, 27, 28, 33, 35, 36, 38, 44, 45, 46, 47, 60, 64, 65, 66, 90, 91, 92, 95, 104, 106, 112, 123, 125, 126, 127, 130, 131, 132, 134, 135, 142, 148, 149, 155, 178, 180, 199 et 212.

Bibliothèque et Archives nationales du Québec (BAnQ)
p. 31, 36, 37, 94, 97, 98, 107, 109, 139, 141, 143, 144, 154, 160, 161, 162, 163, 165, 166, 167, 168, 170, 171, 172, 174, 175, 176, 177, 181, 182, 183, 184, 190, 194, 197, 201, 202, 203, 204, 210 et 218.

Bibliothèque nationale de France (BNF)
p. 10, 25, 38, 56, 68 (détail de la p. 71), 69, 71, 74 et 86.

Fondation Lionel-Groulx
p. 213, 214 et 215.

Library of Congress (LOC)
p. 50, 55 et 120.

Société historique du Saguenay
p. 216.

MUSÉES

Château Ramezay :
musée et site historique de Montréal
p. 76 et 94.

Musée canadien de la guerre (MCG)
p. 136, 146, 147, 150 et 151.

Musée des Hospitalières de l'Hôtel-Dieu de Montréal, collection des Religieuses Hospitalières de Saint-Joseph (RHSJ).
p. 34.

Musée McCord
p. 24, 29, 42, 49, 53, 54, 57, 58, 67, 77, 102, 108, 110, 111, 116, 117, 121, 122, 124, 128, 153, 157, 158 et 169.

Musée Gilcrease
p. 59, 257, 261, 263 et 264 (*Codex canadensis*).

Musée Frans Hals
p. 22.

Musée national des beaux-arts du Québec (MNBAQ)
p. 19, 43 et 103.

PHOTOGRAPHES

Jean-Luc Dion
p. 217.

Jean Gagnon
p. 40 et 41.

Jean-François Leblanc
p. 211, 222, 226, 229, 231 et 239.

Réjean Meloche (Les archives du futur)
p. 218.

Jacques Nadeau
p. 220, 225, 227, 228, 230, 233, 235, 236, 237, 240 et 241.

Wangkun Jia (Shutterstock)
p. 46.

Notes biographiques des auteurs

Éric Bédard

Docteur en histoire de l'Université McGill et diplômé de l'Institut d'études politiques de Paris, Éric Bédard est professeur à la TÉLUQ, l'école supérieure de formation à distance de l'Université du Québec. Il a publié, aux éditions du Boréal, *Recours aux sources. Essais sur notre rapport au passé* (2011, Prix Richard-Arès) et *Les Réformistes. Une génération canadienne-française au milieu du XIXe siècle* (2009, Prix Clio-Québec et Prix de la présidence de l'Assemblée nationale). En 2012, il a fait paraître chez First une *Histoire du Québec pour les Nuls* qui a remporté un vif succès. Historien en résidence à *Au tour de l'histoire* et animateur d'*À la page*, émissions diffusées sur la chaîne MAtv, il est membre des conseils d'administration des fondations Lionel-Groulx et René-Lévesque

Mathieu Bock-Côté

Sociologue et chroniqueur au *Journal de Montréal*, Mathieu Bock-Côté est l'auteur de *Fin de cycle. Aux origines du malaise politique québécoise* (Boréal, 2012), de *La dénationalisation tranquille. Mémoire, identité et multiculturalisme dans le Québec post-référendaire* (Boréal, 2007) et d'*Exercices politiques* (VLB éditeur, 2013) ainsi que de plusieurs articles scientifiques. Ses travaux portent principalement sur la question nationale, l'histoire des idées politiques et le multiculturalisme.

Eugénie Brouillet

Avocate et professeure de droit constitutionnel, Eugénie Brouillet occupe depuis 2012 le poste de doyenne de la Faculté de droit de l'Université Laval. Ses domaines de recherche sont le droit constitutionnel – en particulier le fédéralisme canadien et comparé en contexte plurinational – et la protection des droits et libertés de la personne. Elle est l'auteure de *La négation de la nation. L'identité culturelle québécoise et le fédéralisme canadien* (Septentrion, 2005), Prix Richard-Arès 2006 et deuxième prix de la Présidence de l'Assemblée nationale. Elle est également l'auteure de nombreux articles et coauteure avec les professeurs Henri Brun et Guy Tremblay du traité *Droit constitutionnel* (Yvon Blais, 2008, 5e éd.). Eugénie Brouillet est également membre du Groupe de recherche sur les sociétés plurinationales (GRSP) et vice-présidente de l'Association québécoise de droit constitutionnel (AQDC).

Denys Delâge

Professeur émérite au département de sociologie de l'Université Laval, Denys Delâge est un spécialiste de l'histoire des réseaux d'alliance franco et anglo-amérindiens centrés à Montréal. Il a publié en 1985 *Le Pays renversé. Amérindiens et Européens en Amérique du Nord-Est, 1600-1664* (Boréal, 1991). Il est également l'auteur, avec Jean Pierre Sawaya, de l'ouvrage *Les traités des Sept Feux avec les Britanniques. Droits et pièges d'un héritage colonial* (Septentrion, 2001). Il est le directeur de la revue *Recherches Amérindiennes au Québec*. Membre de la Société des Dix, il a publié plusieurs articles dans les *Cahiers des dix*, la revue de cette société fondée en 1935 par un groupe d'historiens québécois. Il a remporté le Prix Gérard-Parizeau 2013 pour sa contribution à l'histoire des Autochtones de la Nouvelle-France et du Québec.

Jean-Claude Germain

Jean-Claude Germain est écrivain, dramaturge, metteur en scène, directeur artistique, acteur, conférencier, journaliste, chroniqueur et raconteur. Il a écrit et mis en scène une trentaine de pièces dont *Les hauts et les bas d'la vie d'une diva* (1974), *Un pays dont la devise est je m'oublie* (1976) et *Le miroir aux tartuffes* (1998). Il a été directeur général et artistique du Théâtre d'aujourd'hui (1972-1982), vice-président du Conseil des arts et des lettres du Québec (1993-1997) et président d'honneur du Salon du livre de Montréal (1990-1998). Il a été récipiendaire des prix Victor-Morin (1977), Gascon-Thomas (1994) et Fleury-Mesplet (2001). Il a raconté *Le Feuilleton de Montréal* (1642-1992) dans le cadre d'une chronique quotidienne à CBF Bonjour (1991-1992). Ses derniers livres, parus chez Hurtubise HMH : *Rue Fabre, centre de l'univers. Historiettes de mon jeune âge* (2007) ; *Le cœur rouge de la bohème. Historiettes de ma première jeunesse* (2008) ; *Nous étions le Nouveau Monde* (2 t., 2009 et 2012) ; et les « *Nouvelles historiettes de la bohème* » : *La femme nue habillait la nuit* (2010) et *Sur le chemin de la Roche percée* (2013).

Jacques Lacoursière

Depuis quarante-huit ans, Jacques Lacoursière s'est donné comme mission de faire connaître et aimer l'histoire du Québec, autant par ses écrits que par la radio, la télévision, le cinéma et les conférences. Dans le domaine télévisuel, il a notamment été recherchiste, coscénariste et animateur de la série *Épopée en Amérique* (1996). À la radio, il a animé l'émission *J'ai souvenir encore* (1994-2004). Il a dirigé et publié de nombreux ouvrages, dont les cinq premiers tomes de l'*Histoire populaire du Québec* (Septentrion, 1995) et *Histoire du Québec. Des origines à nos jours* (Éditions Nouveau Monde, 2005). Il est également coauteur de *Canada-Québec : synthèse historique* (Boréal Express, 1969) et de *Nos Racines : histoire vivantes des Québécois* (Robert Laffont, 1980). Récipiendaire de plusieurs prix et distinctions, il est notamment chevalier de l'Ordre national du Québec, officier de l'Ordre du Canada et membre de l'Académie des lettres et des sciences de la Société royale du Canada. En 2008, il est fait chevalier de l'Ordre national du Mérite de la République française. La même année, deux doctorats *honoris causa* lui ont été décernés ; le premier par l'Université de Moncton et le second, par l'Université du Québec à Montréal et la Télé-Université.

Gilles Laporte

Historien spécialiste de l'histoire du XIXᵉ siècle québécois, Gilles Laporte enseigne l'histoire du Québec au Cégep du Vieux Montréal et à l'UQAM, où il dispense le seul cours au Canada consacré aux rébellions et aux patriotes de 1837-1838. Auteur de nombreux articles ainsi que des ouvrages *Patriotes et Loyaux. Mobilisation politique et leadership régional à la veille des Rébellions de 1837-1838* (Septentrion, 2004), *Fondements historiques du Québec* (Chenelière Éducation, 2008) et *Molson et le Québec* (Michel Brûlé, 2009), il est aussi administrateur du plus vaste site web consacré à ces rébellions, qui permet notamment de retracer le rôle de 34 000 individus impliqués dans la lutte patriote. Il est, enfin, l'un des artisans de la Journée nationale des patriotes, qui commémore depuis dix ans la lutte livrée par ces derniers pour la démocratie et la reconnaissance nationale. En 2010, la Société Saint-Jean-Baptiste lui a conféré le titre de Patriote de l'année pour sa contribution à la défense et la promotion de l'histoire du Québec. En 2013, il a été élu président du Mouvement national des Québécoises et Québécois.

Marie Lavigne

Historienne et administratrice, Marie Lavigne a publié de nombreux ouvrages et articles. Elle est coauteure de *L'Histoire des femmes au Québec depuis quatre siècles* (Éditions du Jour, 1982 et 1992), livre pour lequel le Collectif Clio a reçu le Prix du public du Salon du livre de Montréal. Elle est aussi l'auteure, avec Yolande Pinard, des synthèses *Les femmes dans la société québécoise. Aspects historiques* et *Travailleuses et féministes. Les femmes dans la société québécoise*. Administratrice au gouvernement du Québec de 1978 à 2012, elle a été successivement présidente-directrice générale du Conseil du statut de la femme, du Conseil des arts et des lettres du Québec et, jusqu'à tout récemment, de la Société de la Place des Arts de Montréal. Membre fondatrice du Partenariat du Quartier des spectacles, elle en préside le comité de gouvernance et d'éthique. Elle est aussi administratrice du Groupe Femmes, politique et démocratie, du Festival Trans-Amériques, de la Fondation des artistes et de la Fondation René-Derouin. Elle a prononcé de nombreuses conférences sur des sujets liés à la condition féminine, à la culture et à la gestion des arts.

Béatrice Richard

Professeure agrégée, Béatrice Richard est directrice du département des Humanités et Sciences sociales au Collège militaire royal de Saint-Jean et professeure affiliée au département d'histoire du Collège militaire royal du Canada. Membre de la Société historique du Canada et de l'Association québécoise d'histoire politique, elle se spécialise dans l'histoire culturelle de la guerre et des questions militaires, avec un intérêt particulier pour l'attitude des Canadiens français. Lauréate en 2011 du prix remis par la Revue de la Société historique du Canada pour le meilleur article paru dans ses pages, elle a obtenu en 2004 le Prix C. P. Stacey, qui couronne le meilleur livre d'histoire militaire au Canada, avec *La mémoire de Dieppe. Radioscopie d'un mythe* (VLB éditeur) ; elle est la première femme francophone à avoir obtenu cette reconnaissance.

Denis Vaugeois

Historien lauréat du Prix Gérard-Parizeau 2008, Denis Vaugeois partage son temps entre l'édition (il est cofondateur du Boréal et du Septentrion) et la recherche. Il a signé diverses études portant principalement sur la présence française en Amérique, sur les Amérindiens et sur les Juifs. Il a été l'un des principaux artisans du journal historique *Boréal Express* et le coauteur du livre *Histoire 1534-1968*, qu'on retrouve aujourd'hui sous le titre *Canada-Québec : Synthèse historique*, au Septentrion. Sa bibliographie comprend plusieurs autres ouvrages parmi lesquels *La fin des alliances franco-indiennes* (Boréal, 1995, finaliste au Prix du Gouverneur général), *America. L'expédition de Lewis & Clark et la naissance d'une nouvelle puissance* (Septentrion, 2002, Mention de l'Académie de la Marine), *Champlain, la naissance de l'Amérique française* (Septentrion, 2004, en codirection avec Raymonde Litalien) et *Les premiers Juifs d'Amérique, 1760-1860. L'extraordinaire histoire de la famille Hart* (Septentrion, 2011 ; Prix Koffler). Il a par ailleurs coécrit avec Raymonde Litalien et Jean-François Palomino *La Mesure d'un continent. Atlas historique de l'Amérique du Nord, 1492-1914* (Septentrion, 2007), ouvrage qui a remporté les prix Hercule-Catenacci et Marcel-Couture en 2008 de même qu'une mention spéciale de l'Institut d'histoire de l'Amérique française.

Remerciements

Je remercie le conseil d'administration de la Fondation Lionel-Groulx et son président, Claude Béland, qui ont cru au projet « Dix journées qui ont fait le Québec » et m'ont donné les moyens de le réaliser. Merci au vice-président de la Fondation, Robert Comeau, et au comité des historiens de la Fondation pour leurs précieux conseils. Merci à l'équipe de la Fondation, Myriam D'Arcy, Étienne Lafrance et Mathieu Gauthier-Pilote, qui ont assuré le suivi de ce grand projet.

Merci à nos partenaires : Bibliothèque et Archives nationales du Québec, son président-directeur général, Guy Berthiaume, et son équipe, qui ont accueilli la série de conférences à la Grande Bibliothèque ; et la chaîne MAtv, sa présidente, Isabelle Dessureault, et son équipe, qui ont assuré la captation et la télédiffusion des conférences.

Merci bien sûr aux conférencières et aux conférenciers, qui ont fait du projet le succès que l'on sait. Un merci tout particulier à l'animateur des conférences et de la série télé, Sébastien Ricard.

Merci enfin à VLB éditeur, son président, Martin Balthazar, son directeur des essais, Alain-Nicolas Renaud, et leur équipe, qui ont fait de *Dix journées qui ont fait le Québec* le beau livre que vous avez entre les mains.

PIERRE GRAVELINE

Table des matières

8   Introduction

11   **I** · **3 juillet 1608**
La fondation de Québec : les Français
s'installent en Amérique du Nord
JACQUES LACOURSIÈRE

31   **II** · **17 mai 1642**
La fondation de Montréal : une histoire de femmes
et de coureurs des bois
JEAN-CLAUDE GERMAIN

49   **III** · **4 août 1701**
La Grande Paix de Montréal : les Français
et les Amérindiens concluent une alliance décisive
DENYS DELÂGE

69   **IV** · **10 février 1763**
Le traité de Paris : « la France peut être heureuse sans le Québec. »
DENIS VAUGEOIS

91   **V** · **23 octobre 1837**
L'assemblée des Six Comtés : du parti Patriote à la rébellion
GILLES LAPORTE

113   **VI** · **1er juillet 1867**
L'Acte de l'Amérique du Nord britannique
EUGÉNIE BROUILLET

137   **VII** · **1er avril 1918**
Émeute à Québec contre la conscription :
résistance politique ou culturelle ?
BÉATRICE RICHARD

161   **VIII** · **18 avril 1940**
L'adoption du droit de vote des femmes :
le résultat d'un long combat
MARIE LAVIGNE

187   **IX** · **22 juin 1960**
L'élection de Jean Lesage :
« un changement de la vie » ?
ÉRIC BÉDARD

209   **X** · **30 octobre 1995**
Le référendum sur la souveraineté :
il était une fois l'indépendance
MATHIEU BOCK-CÔTÉ

243   Notes
258   Références iconographiques
259   Notes biographiques des auteurs
262   Remerciements

Cet ouvrage composé en Whitman corps 11,6 a été achevé d'imprimer au Québec
sur les presses de Solisco imprimeurs le vingt-neuf octobre deux mille treize
pour le compte de VLB éditeur.